KB182151

왕초보
회계원리

시대에듀

2025 시대에듀 왕초보 회계원리

Always **with you**

사람의 인연은 길에서 우연하게 만나거나 함께 살아가는 것만을 의미하지는 않습니다.
책을 펴내는 출판사와 그 책을 읽는 독자의 만남도 소중한 인연입니다.
시대에듀는 항상 독자의 마음을 헤아리기 위해 노력하고 있습니다. 늘 독자와 함께하겠습니다.

머리말 PREFACE

출간에 앞서 이미 시중에 나와 있는 수많은 회계입문도서 중 하나를 추가한다는 사실이 마음에 큰 부담으로 다가온다. 그럼에도 불구하고 전산회계나 회계실무를 익히기에 적합한 회계입문도서를 집필하고자 하는 첫 마음을 다시 되새기며 마지막 탈고까지 최선을 다하였다.

본서는 다음과 같이 구성되어 있다.

❶ 회계이론정리
❷ 핵심예제
❸ 주관식 문제와 객관식 문제

본서는 회계이론을 논리적이고 간결하게 정리하였으며, 독자들이 읽어가면서 자연스레 회계의 구조를 익힐 수 있도록 가능한 일관된 논리로 전개하였고, 보다 쉽게 이해할 수 있도록 간단한 계산사례와 예제를 들어가며 설명하였다. 본문의 예제를 반복해서 풀어보고 이론을 읽어둔다면 효과적으로 회계에 입문할 수 있을 것이라 확신한다. 또한 매 단원마다 주관식 문제를 두어 본문에서 익혔던 예제와 이론을 정리하고 분개연습을 할 수 있도록 구성하였으며, 객관식 문제를 수록하여 각종 자격시험에도 대비할 수 있도록 하였다.

본서의 특징은 다음과 같다.

첫째, 계산사례를 통하여 이론의 내용을 정리할 수 있다.

기존의 많은 도서들이 이론내용만 요약하여 수험생들로 하여금 단순히 암기만 하게 하는 것을 아쉽게 생각하여 본서에서는 이론학습 후 계산사례를 들어 단순암기가 아닌 이해할 수 있도록 구성하였다.

둘째, 전산회계 및 회계실무에 사용되는 계정과목과 회계처리를 사용하였다.

전산회계에서 사용되는 계정과목은 사실상 실무에서 널리 사용되는 것들이다. 그럼에도 많은 도서에서는 계정과목 사용의 미묘한 차이로 인해 수험생들에게 많은 혼란을 주었다. 예를 들어 전산회계 시험이나 실제 회계실무에서는 외상매출금이나 외상매입금과 같은 계정과목을 사용하나, 대부분의 회계 입문서에서는 매출채권 또는 매입채무 계정과목을 사용하여 설명하고 있다. 따라서 본서에서는 전산회계 관련 자격 시험이나 회계실무를 대비할 수 있도록 최대한 같은 계정과목 체계로 접근하였다.

셋째, 충분한 연습문제를 수록하였다.

회계를 단순히 머리로만 이해하려고 하는 것보다, 손으로 직접 분개를 해본다면 더욱 효과적으로 회계의 흐름을 이해할 수 있다. 따라서, 각 단원에 직접 분개연습을 해볼 수 있도록 예제와 연습문제를 충실히 수록하였다.

본서가 나오기까지 아낌없는 지원을 해주신 시대에듀 편집부와 박수인 세무사, 세무법인 리젠 식구들에게 감사의 말씀을 전한다.

세무사 김태원

회계 자격시험 정보 INFORMATION

전산회계 1급 · 2급, 전산세무 1급 · 2급

◉ 시험 개요

전산세무회계 자격시험은 전산세무회계 실무처리능력을 보유한 전문인력을 양성할 수 있도록 조세의 최고전문가인 세무사 1만여명으로 구성된 한국세무사회가 엄격하고 공정하게 실시하여 그 능력을 등급으로 부여함으로써, 학교의 세무회계 교육방향을 제시하여 인재를 양성시키도록 하고, 기업체에는 실무능력을 갖춘 인재를 공급하여 취업의 기회를 부여하며, 평생교육을 통한 우수한 전문인력 양성으로 국가발전에 기여하고자 하는 시험입니다.

구 분	내 용
시험방식	이론시험 30% + 실무시험 70%
합격기준	100점 만점에 합계 70점 이상
시험일정	연 6회
주 관	한국세무사회(license.kacpta.or.kr)

※ 이론시험과 실무시험은 동시에 치러지며, 실무시험은 케이렙(KcLep) 프로그램을 사용한다.
※ 학점은행제 인정학점은 전산회계1급 4점, 전산세무1급 16(24)점, 전산세무2급 10(12)점이다.
 – 괄호 학점은 2009년 3월 1일 이전 취득한 자격에 한해 인정되는 학점이다.

◉ 취득 현황

등 급	연 도	접수자수	응시자수	취득자수	합격률(%)
전산회계 1급	2023	96,957	68,843	23,967	34.81
	2022	102,424	69,501	31,641	45.53
전산회계 2급	2023	42,982	31,935	18,333	57.41
	2022	44,707	32,331	18,503	57.23
전산세무 1급	2023	18,590	11,138	2,069	18.58
	2022	19,187	10,874	1,263	11.61
전산세무 2급	2023	69,944	48,701	16,881	34.66
	2022	74,008	49,568	20,248	40.85

재경관리사, 회계관리 1급 · 2급

시험 개요

재경관리사는 재무회계, 세무회계, 원가관리회계 지식과 실무능력을 갖춘 재경전문가로의 역할을 수행할 수 있는지 평가하고, 회계관리 1급은 재무회계, 세무회계에 관한 지식을 갖추고 기업의 회계실무자 및 중간관리자로서 업무를 수행할 수 있는지 평가하며, 회계관리 2급은 회계 입문자에게 필요한 기본적 회계지식과 재무제표의 기본개념을 이해하였는지 평가합니다.

구 분	내 용
시험방식	이론시험 100%
합격기준	과목별 100점 만점에 과목별 70점 이상
시험일정	연 8회
주 관	삼일회계법인(www.samilexam.com)

※ 학점은행제 인정학점은 재경관리사 14(18)점, 회계관리 1급 5(6)점, 회계관리 2급 4점이다.
 – 괄호 학점은 2009년 3월 1일 이전 취득한 자격에 한해 인정되는 학점이다.

취득 현황

등 급	연 도	접수자수	응시자수	취득자수	합격률(%)
재경관리사	2023	25,998	20,223	5,416	26.78
	2022	22,956	17,553	4,197	23.91
회계관리 1급	2023	6,898	4,747	1,594	33.58
	2022	5,389	3,692	1,339	36.27
회계관리 2급	2023	11,275	8,421	4,276	50.78
	2022	8,432	6,459	3,365	52.1

회계 자격시험 정보 INFORMATION

FAT 1급 · 2급, TAT 1급 · 2급

◎ 시험 개요

AT 자격시험은 우리나라 최고의 회계 · 세무 전문가 단체인 한국공인회계사회에서 주관하는 국가공인 회계 · 세무 실무자격으로 기업에서 사용하는 회계 · 세무 실무프로그램의 회계 및 세무처리 능력을 평가하는 시험입니다.

구 분	내 용
시험방식	이론시험 30% + 실무시험 70%
합격기준	100점 만점에 합계 70점 이상
시험일정	월 1회(TAT 1급, FAT 2급은 연 6회)
주 관	한국공인회계사회(at.kicpa.or.kr)

※ 비대면 온라인 시험으로 이론시험과 실무시험은 동시에 치러지며, 실무시험은 더존 Smart A(iPLUS) 프로그램을 사용한다.
※ 학점은행제 인정학점은 TAT1급 16점, TAT2급 10점, FAT1급 4점이다.

◎ 취득 현황

등 급	연 도	접수자수	응시자수	취득자수	합격률(%)
TAT 1급	2023	1,729	1,301	452	34.74
	2022	4,081	2,417	752	31.11
TAT 2급	2023	10,427	8,350	3,705	44.37
	2022	16,688	12,013	4,742	39.47
FAT 1급	2023	14,221	12,238	7,372	60.24
	2022	21,503	17,037	9,758	57.28
FAT 2급	2023	2,786	2,326	1,615	69.43
	2022	5,888	4,685	2,719	58.04

ERP정보관리사 회계 1급 · 2급

시험 개요

ERP는 독립적으로 분리된 전산시스템인 생산, 자재, 영업, 인사, 회계 등 전부분에 걸쳐 있는 경영자원을 하나의 체계로 통합, 재구축하여 기업의 생산성 향상 및 지속적인 성장을 가능케 하는 21세기 대표 정보시스템입니다. 2급은 기본적인 회계관리의 성격과 범위를 이해하고, 재무회계에 관한 이론적 실무지식을 습득하고 있는가의 여부를, 1급은 회계관리를 위해 필요한 재무회계, 세무회계, 관리회계의 이론적지식과 실무지식을 습득하고 있는가의 여부를 평가합니다.

구 분	내 용
시험방식	이론시험 + 실무시험
합격기준	• 1급 : 이론시험, 실무시험 평균 70점 이상(각 60점 미만 시 과락) • 2급 : 이론시험, 실무시험 평균 60점 이상(각 40점 미만 시 과락)
시험일정	연 6회
주 관	한국생산성본부(license.kpc.or.kr)

※ 이론시험과 실무시험은 동시에 치러지며, 실무시험은 더존의 핵심ERP와 영림원의 SystemEver 프로그램을 사용한다.
※ 학점은행제 인정학점은 ERP 회계1급 6점, ERP 회계2급 4점이다.

취득 현황

등 급	연 도	접수자수	응시자수	취득자수	합격률(%)
1급	2023	4,420	3,222	1,658	51.46
	2022	4,916	3,596	1,706	47.44
2급	2023	7,228	6,020	4,689	77.89
	2022	8,044	6,797	5,622	82.71

회계 자격시험 정보 INFORMATION

전산회계운용사 1급 · 2급 · 3급

시험 개요

방대한 회계정보의 체계적인 관리 필요성이 높아짐에 따라 전산회계운용 전문가에 대한 기업 현장의 수요도 증가하고 있습니다. 전산회계운용사는 회계시스템을 이용하여 회계정보의 운용능력을 평가하는 국가기술자격시험입니다.

구 분	내 용
시험방식	필기시험, 실기시험
합격기준	• 필기시험 : 과목별 100점 만점에 평균 60점 이상(과목당 40점 미만 시 과락) • 실기시험 : 100점 만점에 70점 이상
시험일정	상 시
주 관	대한상공회의소(license.korcham.net)

※ 필기시험 합격 후 실기시험에 응시할 수 있으며, 실기시험은 더존의 Smart A(New sPLUS), 웹케시 sERP2.0 기반의 CAMP sERP를 사용한다.
※ 학점은행제 인정학점은 전산회계운용사 1급 18(27)점, 2급 14(18)점이다.
　- 괄호 학점은 2009년 3월 1일 이전 취득한 자격에 한해 인정되는 학점이다.

취득 현황

등 급	연 도	필기시험				실기시험			
		접 수	응 시	합 격	합격률(%)	접 수	응 시	합 격	합격률(%)
1급	2023	445	261	130	49.8	182	157	58	36.9
	2022	367	225	121	53.8	239	201	65	32.3
2급	2023	4,562	3,178	1,260	39.6	2,491	2,092	1,015	48.5
	2022	5,109	3,626	1,458	40.2	2,901	2,443	1,097	44.9
3급	2023	2,501	2,079	1,235	59.4	6,026	5,502	2,615	47.5
	2022	2,853	2,416	1,453	60.1	6,731	6,143	2,882	46.9

기업회계

시험 개요

기업회계 자격시험은 재무회계와 원가회계 등 기업회계의 이론과 실무에 관한 능력을 객관화된 등급으로 인증함으로써, 회계관련 교육방향을 제시하고 평생학습과 취업기회를 확대하며, 전산회계처리능력과 더불어 기업에서 필요로 하는 체계적이고 수준있는 지식을 겸비한 전문인력을 양성하여 산업계의 요구에 부응하면서 국가발전에 기여하고자 하는 시험입니다.

구 분	내 용
시험방식	필기시험(1부, 2부)
합격기준	1부, 2부 합산 평균 70점 이상
시험일정	연 6회
주 관	한국세무사회(license.kacpta.or.kr)

※ 1부와 2부 시험은 동시에 치러진다.

취득 현황

등 급	연 도	접수자수	응시자수	취득자수	합격률(%)
1급	2023	502	206	24	11.65
	2022	565	248	36	14.52
2급	2023	891	542	208	38.38
	2022	937	577	208	36.05
3급	2023	1,755	1,403	720	51.32
	2022	1,776	1,421	784	55.17

❖ 출처 : 민간자격정보서비스, 국가기술자격 통계연보, 국가평생교육진흥원

회계 주요 계정과목 ACCOUNT

재무상태표 계정과목

재무상태표

기업명	보고기간종료일	(보고통화 및 금액단위)

자 산	부 채
유동자산	유동부채
당좌자산	비유동부채
재고자산	자 본
비유동자산	자본금
투자자산	자본잉여금
유형자산	자본조정
무형자산	기타포괄손익누계액
기타비유동자산	이익잉여금

◉ 자 산

1. 유동자산

❶ 당좌자산

계정과목	내 용
현 금	통화(지폐와 동전)와 통화대용증권* *타인발행수표, 자기앞수표, 우편환증서(송금환증서), 만기 도래한 국·공채 및 사채, 배당금지급통지서 등
현금성자산	취득일로부터 만기(상환일)가 3개월 이내이고 거래비용이 없고 가치변동의 위험이 경미한 금융상품
보통예금	입출금이 자유로운 일반적인 예금
당좌예금	은행과 당좌거래 계약을 체결하여 예입하고 그 예금액 내에서 당좌수표 또는 어음을 발행하여 대금의 지급을 은행에 위임하는 예금
단기금융상품	3개월 초과 1년 이내에 만기가 도래하는 정기예금, 정기적금 등의 금융상품
단기대여금	거래처, 관계회사 등에 대여한 자금으로 회수기한이 1년 이내에 도래하는 것
단기매매증권	단기간 내에 매각하거나 재매입할 목적으로 취득하는 지분증권과 채무증권
만기보유증권	만기가 확정된 채무증권으로서 상환금액이 확정되었거나 확정이 가능한 채무증권을 만기까지 보유할 적극적인 의도와 능력이 있는 경우의 채무증권
매도가능증권	단기매매증권이나 만기보유증권으로 분류되지 않은 지분증권과 채무증권
미수금	일반적 상거래 이외에서 발생한 미수채권

미수수익	당기에 속하는 수익 중 결산시점까지 회수되지 않는 미수액
선급금	계약금과 같이 상품 등의 매입을 위하여 선급한 금액
선급비용	지급된 비용 중 결산일 현재 기간이 경과되지 않는 비용
가지급금	현금 지출이 있으나 계정과목이 미확정인 임시계정
소모품	소모성 비품(단기적 사용) 등 구입 시 자산으로 처리
선납세금	법인세 중간예납세액과 원천징수된 세액
외상매출금	일반적인 상거래에서 외상으로 판매하고 받은 채권
받을어음	일반적인 상거래에서 외상으로 판매하고 받은 어음

※ 선일자수표, 우표(수입인지), 종업원가불금, 차용증은 회계상 현금으로 분류하지 아니한다.
※ 통화, 통화대용증권, 현금성자산, 당좌예금, 보통예금은 재무제표 작성 시 현금및현금성자산으로 분류한다.
※ 일반적인 상거래란 기업의 주된 사업으로 사업자 등록증에 표기되어 있는 업태나 종목들과 관련이 있는 사업을 말한다.

❷ 재고자산

계정과목	내 용
상 품	상기업이 판매를 목적으로 구입한 물품
제 품	제조업이 판매를 목적으로 제조한 생산품, 부산물 등
반제품	자가제조한 중간제품, 부분품 등으로 판매가 가능한 제품
재공품	제품 또는 반제품의 제조를 위한 공정과정에 있는 것(미완성품)
원재료	제품을 제조하기 위하여 구입한 주원료

2. 비유동자산

❶ 투자자산

계정과목	내 용
투자부동산	토지, 건물 등을 영업활동이 아닌 주로 시세차익을 얻을 목적으로 보유하는 경우
매도가능증권	단기매매증권이나 만기보유증권이 아닌 1년 초과 후 처분예정인 지분증권과 채무증권
만기보유증권	만기가 1년 후로 확정되었으며 만기까지 보유할 적극적인 의도와 능력이 있는 경우의 채무증권
장기금융상품	만기가 1년 후에 도래하는 정기예금, 정기적금 등의 금융상품
장기대여금	1년 이후 상환할 조건인 대여금

※ 매도가능증권과 만기보유증권은 만기 도래 시점이 1년 이하인 경우 유동자산, 1년 초과인 경우 비유동자산으로 분류한다.

회계 주요 계정과목 ACCOUNT

❷ 유형자산

계정과목	내 용
토 지	영업활동에 사용하기 위하여 구입한 땅
건 물	영업활동에 사용하는 공장, 사무실, 창고 등
기계장치	영업활동에 사용하는 기계장치, 운송설비와 기타의 부속설비 등
건설중인자산	영업활동에 사용할 유형자산을 건설 또는 취득하기 위한 비용이 지출되었으나 건설 또는 취득이 완료되지 않은 상태의 자산
차량운반구	영업활동에 사용하는 승용차, 트럭, 오토바이 등
비 품	영업활동에 사용하는 집기, 비품, 책상, 의자 등(장기적인 사용가능)

※ 동일한 건물도 그 용도가 투자의 목적이면 투자자산으로, 영업활동을 위한 것이면 유형자산으로 분류한다.

❸ 무형자산

계정과목	내 용
특허권	신규 발명품에 대한 특허를 등록하고 얻은 독점적 권리
실용신안권	산업상 이용할 수 있는 물품의 형상, 구조, 조합에 관한 신규의 고안을 등록하고 얻는 권리
저작권	창작한 저작물에 대하여 저작자가 가지는 배타적이고 독점적인 권리
소프트웨어	컴퓨터를 작동시키는 프로그램 및 이와 관련된 문서들(ex. MS오피스, 한글2010 등)
영업권	영업상의 권리 또는 권리금(외부에서 구입한 영업권만 인정)
개발비	신제품, 신기술 등 개발 관련하여 발생한 비용으로 미래 경제적 효익을 기대할 수 있는 금액

❹ 기타비유동자산

계정과목	내 용
임차보증금	부동산 등의 임대차에서 임대인에게 지급하는 보증금
장기매출채권	회수기일이 결산일로부터 1년 이후에 도래하는 매출채권
장기미수금	회수기일이 결산일로부터 1년 이후에 도래하는 미수금
이연법인세자산	기업회계상 법인세와 세무회계상 법인세의 차이로 미래에 경감될 일시적 차이
부도어음과수표	어음과 수표에 대한 대금 청구 시 지급이 거절된 경우

◉ 부 채

1. 유동부채

계정과목	내 용
외상매입금	일반적인 상거래에서 외상으로 매입한 경우의 채무
지급어음	일반적인 상거래에서 외상으로 매입하고 어음을 지급한 경우
미지급금	일반적인 상거래 이외에서 발생한 채무
미지급비용	기간 경과분 비용(이자비용, 임차료 등) 중 아직 지급되지 않은 비용
선수수익	차기에 해당하는 수익(미경과분)을 당기에 미리 지급받은 금액
단기차입금	상환기한이 1년 이내에 도래하는 차입금
선수금	미래에 재화 또는 용역을 제공하기로 약속하고 상대방으로부터 대금의 전부 또는 일부를 미리 수령한 경우
예수금	일반적인 상거래 이외에서 발생한 일시적 예수금액(소득세, 국민연금, 건강보험료 등)
가수금	현금 등 입금이 있었으나 그 내용이 불분명할 때 처리하는 임시계정
미지급세금	부가가치세 납부세액이나 법인세 납부세액을 과세기간 말에 분개할 때 사용
미지급배당금	배당결의일에 현금배당을 하기로 결의하고 아직 미지급한 금액
부가세예수금	상품, 제품, 비품 등 물품 판매 시에 거래징수한 부가가치세로서 매출세액을 말함
유동성장기부채	장기차입금 중 결산일 현재 상환기일이 1년 이내에 도래하는 채무의 경우 유동성장기부채로 재분류

※ 해당 자산 또는 부채의 만기일(상환일)이 1년 이내면 유동으로 1년 초과는 비유동으로 구분한다.
※ 예수금은 소득세, 지방소득세, 4대보험 등의 근로자부담금을 회사에서 원천징수하여 일시적으로 보관할 때 주로 사용된다.

2. 비유동부채

계정과목	내 용
사 채	기업이 자금을 조달하기 위해 사채권을 발행하여 만기일에 원금을 지급하고 일정한 이자를 지급할 것을 약속한 채무증권
장기차입금	1년 이후에 상환기한이 도래하는 차입금
퇴직급여충당부채	직원이 퇴직할 때 지급해야 할 퇴직급여를 충당하기 위해 설정한 금액
임대보증금	부동산 등의 임대차에서 임차인에게 받은 보증금
장기미지급금	일반적인 상거래 이외에 발생한 1년 이후 만기가 도래하는 채무
이연법인세부채	기업회계상 법인세와 세무회계상 법인세의 차이로 미래에 가산될 일시적 차이

회계 주요 계정과목 ACCOUNT

⊙ 자 본

1. 자본금

계정과목	내 용
자본금	회사의 주주가 투자한 금액
인출금	개인기업의 기업주가 개인적인 이유로 자본금을 인출한 경우

2. 자본잉여금

계정과목	내 용
주식발행초과금	주식 할증발행 시 주식의 발행금액이 액면금액을 초과한 금액
감자차익	감자 시 주식의 취득금액이 액면금액보다 낮은 경우 그 차액
자기주식처분이익	자기주식 처분 시 취득금액보다 처분금액이 높은 경우 그 차액

3. 자본조정

계정과목	내 용
주식할인발행차금	주식 할인발행 시 주식의 발행금액이 액면금액을 미달하는 금액
감자차손	감자 시 주식의 취득금액이 액면금액보다 높은 경우 그 차액
자기주식처분손실	자기주식 처분 시 자기주식 취득금액보다 처분금액이 낮은 경우 그 차액
자기주식	회사가 발행한 자기회사의 주식을 구입하는 경우 그 구입가액

4. 기타포괄손익누계액

계정과목	내 용
매도가능증권평가손익	매도가능증권을 기말에 공정가치로 평가하는 경우 발생하는 평가손익
재평가잉여금	유형자산과 무형자산을 재평가모형으로 평가 시 발생하는 재평가이익
해외사업환산손익	해외사무소나 지점 등을 운영하는 경우 그 자산, 부채 등을 원화로 환산하는 경우 발생하는 환산손익

5. 이익잉여금

계정과목	내 용
이익준비금	상법에 의해 자본금의 1/2에 달할 때까지 결산 시 금전에 의한 이익배당액의 1/10 이상의 금액을 적립한 금액
사업확장적립금	회사의 임의로 정관의 규정이나 주주총회의 결의에 따라 사업확장에 대비하기 위해 적립한 금액
감채기금적립금	회사의 임의로 정관의 규정이나 주주총회의 결의에 따라 사채를 상환할 목적으로 적립한 금액
미처분이익잉여금	전기이월이익잉여금과 당기순이익을 합한 금액

※ 이익준비금은 법정적립금이며 사업확장적립금과 감채기금적립금은 임의적립금이다.

손익계산서 계정과목

손익계산서

기업명	회계기간	(보고통화 및 금액단위)
매출액		×××
매출원가		(×××)
매출총손익		×××
판매비와관리비		(×××)
영업손익		×××
영업외수익		×××
영업외비용		(×××)
법인세비용차감전순손익		×××
법인세비용		(×××)
당기순손익		×××

◉ 수 익

1. 영업수익(매출액)

계정과목	내 용
상품매출	상품을 판매하여 발생한 상품 순매출액
제품매출	제품을 판매하여 발생한 제품 순매출액

2. 영업외수익

계정과목	내 용
이자수익	금융기관 등에 대한 예금이나 대여금 등에 대하여 받은 이자
배당금수익	주식에 대하여 받은 배당금
단기매매증권평가이익	결산 시 단기매매증권을 공정가치로 평가할 때 장부금액보다 공정가치가 높은 경우 그 차액
단기매매증권처분이익	단기매매증권을 처분할 때 장부금액보다 처분금액이 높은 경우 그 차액
외환차익	외화자산의 회수와 외화부채의 상환 시 환율차이로 발생하는 이익
외화환산이익	외화자산과 외화부채를 결산일 환율로 평가할 때 발생하는 이익
유형자산처분이익	유형자산을 장부금액(취득원가 − 감가상각누계액)보다 높은 금액으로 처분할 때 그 차액
잡이익	영업활동 이외의 활동에서 금액이 적은 이익이나 빈번하지 않은 이익
자산수증이익	현금이나 기타자산을 무상으로 받았을 때 생기는 이익
채무면제이익	채무를 면제받아 생기는 이익

회계 주요 계정과목 ACCOUNT

◉ 비 용

1. 매출원가

계정과목	내 용
상품매출원가	판매된 상품의 매입원가로 상품매출에 대응되는 원가
제품매출원가	판매된 제품의 제조원가로 제품매출에 대응되는 원가

2. 판매비와관리비

계정과목	내 용
급 여	근로제공의 대가로 회사의 직원에게 지급하는 대가
퇴직급여	근속기간이 경과함에 따라 증가하는 퇴직급여충당부채를 설정하고 퇴직금을 비용으로 인식하는 계정
복리후생비	근로환경의 개선 및 업무능률의 향상을 위하여 지출하는 노무비적인 성격의 비용
여비교통비	근로자가 업무수행을 위해 사외로 출장하는 경우 발생하는 출장비, 시내교통비 등
접대비	회사의 업무와 관련하여 거래관계의 개선, 신규시장 개척 등을 위하여 특정인에게 지출하는 비용
통신비	업무와 관련하여 발생한 전화, 핸드폰, 팩스, 인터넷 등의 요금
수도광열비	업무와 관련하여 발생한 가스, 전기, 수도, 난방 등의 요금
전력비	제조공장에서 업무와 관련하여 발생한 전기요금
도서인쇄비	도서구입 및 인쇄와 관련된 비용
세금과공과	업무와 관련하여 발생한 세금으로 재산세, 자동차세, 대한상공회의소회비, 적십자회비, 협회비 등
감가상각비	유형자산인 건물, 기계장치, 차량운반구, 비품 등의 감가상각 금액
임차료	부동산이나 동산을 빌린 것에 대한 대가
수선비	건물, 기계장치 등의 현상유지를 위한 수리비용
보험료	보유 중인 자산의 화재보험이나 임직원의 업무손해 관련 보험, 임직원 대상 상해 보험 등 업무 관련 보험지출액
차량유지비	회사 소유 차량을 운행하면서 소요되는 주유비, 수리비 등
경상연구개발비	신제품이나 신기술의 연구와 개발 등을 위하여 실시하는 실험이나 연구 등의 활동으로 인하여 발생하는 비용
교육훈련비	임직원의 업무능력 향상을 위하여 지출하는 학원비, 공교육비, 강사 초청비 등
광고선전비	광고선전을 목적으로 불특정 다수를 위하여 지출하는 신문, 라디오, TV 등의 광고료, 전단지 인쇄비 등 홍보물 제작비용, 광고선전 목적의 이벤트 비용
대손상각비	일반적 상거래에서 발생한 채권 중 회수가 불가능한 채권을 비용으로 회계처리하거나 대손추산액을 대손충당금으로 설정하기 위하여 비용으로 처리하는 계정
소모품비	회사의 소모성 비품을 구매한 비용처리(단기적 사용)

3. 영업외비용

계정과목	내 용
매출채권처분손실	매출채권을 금융회사 등에 매각 시 발생하는 손실
외화환산손실	외환채권 · 채무의 기말평가 시 생기는 손실
기부금	대가성 없이 무상으로 기증하는 금전, 기타의 재산가액(불우이웃돕기성금 등)
재해손실	화재, 수해, 지진 등 자연적 재해로 인해 발생하는 손실
잡손실	영업활동 이외에서 발생하는 기타의 손실(일시적, 소액인 경우)

상반되는 개념의 계정과목

자 산	부 채		비 용	수 익
단기대여금	단기차입금		상품매출원가	상품매출
외상매출금	외상매입금		이자비용	이자수익
받을어음	지급어음		단기매매증권평가손실	단기매매증권평가이익
미수금	미지급금		단기매매증권처분손실	단기매매증권처분이익
선급금	선수금		외환차손	외환차익
미수수익	선수수익		외화환산손실	외화환산이익
선급비용	미지급비용		수수료비용	수수료수익
가지급금	가수금		임차료	임대료
장기대여금	장기차입금		유형자산처분손실	유형자산처분이익
임차보증금	임대보증금		잡손실	잡이익

기타포괄손익누계액 가산	기타포괄손익누계액 차감		자본잉여금	자본조정
매도가능증권평가이익	매도가능증권평가손실		주식발행초과금	주식할인발행차금
해외사업환산이익	해외사업환산손실		감자차익	감자차손
파생상품평가이익	파생상품평가손실		자기주식처분이익	자기주식처분손실

회계 핵심용어 정리 EXPLANATION

회계	정보이용자(이해관계자)이 합리적인 판단과 의사결정을 할 수 있도록 기업실체에 관한 유용한 정보를 식별 · 측정 · 전달하는 과정
부기	기업의 경영활동에서 발생하는 사건을 기록해 나가는 행위
분개	회계상 거래를 차변과 대변으로 나누어 분개장에 기록하는 것
전기	분개장에 분개한 것을 총계정원장에 옮겨 기록하는 것
당기	올해의 회계기간, 전년은 전기, 내년은 차기라 함
계상	금액을 계산하여 재무제표에 기록하는 것
예입	현금을 은행에 맡기는 것. 즉, 예금계좌에 현금을 예금하는 것
보고기간	재무상태표의 작성대상이 되는 기간. 회계기간이라고도 하며 일반적으로 재무제표는 1년 단위로 작성되므로 1년이 보고기간이 된다. 보고기간이 1월 1일부터 12월 31일까지인 경우 보고기간종료일은 12월 31일이 된다.
경상적	특별한 사정이나 변화가 생기지 않은 일반적이고 일정한 상태
실사	실제수량을 파악하기 위하여 재고자산을 일일이 눈으로 파악하고 숫자를 세는 것
시송품	매입자로 하여금 일정기간 사용한 후에 매입여부를 결정하는 조건으로 판매한 상품
적송품	위탁자가 수탁자에게 판매를 위탁하기 위하여 보낸 상품
우편환증서	먼거리에 있는 사람들이 현금을 주고받기 위하여 사용하는 것. 현금을 보내려는 사람이 우체국에 가서 현금을 지급하고 받는 사람에게 보내면, 우체국에서는 우편환증서를 작성하여 받는 사람에게 전달한다. 우편환증서를 받은 사람은 가까운 우체국에 가서 이 우편환증서를 제시하고 현금을 찾을 수 있다.

양도성예금증서(CD)	정기예금을 입금하였다는 것을 증명하는 증서로서, 자유롭게 금융시장에서 매매할 수 있는 금융상품
요구불예금	예금의 입금과 출금에 제한이 없는 자유로운 예금인 반면에 낮은 이자를 받거나 이자가 없는 형태의 예금
공정가치	판매자와 구매자가 모두 관련되는 거래에 관한 충분한 정보를 가지고 있으며 합리적으로 판단한다고 가정했을 때 거래될 수 있는 가격
국채	중앙정부가 자금조달이나 정책집행을 위해 발행하는 만기가 정해진 채무증서로 일반 국민들은 이 국채를 구입하여 국가에 돈을 빌려주게 된다. 국채를 구입한 사람들은 국채에 표시된 이자를 정기적으로 지급받다가 국채에 표시된 만기일에 원금을 상환받는다.
공채	공채는 국채와 유사하나 발행기관이 정부가 아닌 공기업과 같은 정부투자기관이라는 점에서만 차이가 있는 채권
사채(회사채)	사채는 국채·공채와 유사하나 발행자가 일반 기업이라는 점에서만 차이가 있는 채권. 전환사채는 사채의 만기일에 원금을 상환받거나 주식으로 전환하는 것 중 선택이 가능한 형태의 사채
공·사채이자표	국공채, 사채를 구입한 경우 이들 채권에는 이자지급일이 적혀있는 이자표가 함께 발행되는데 그 지급일이 되면 우표와 같이 생긴 이자표를 채권에서 뜯어서 국가나 회사에 제시하고 이자를 지급받을 수 있다.
출자	사업을 영위하기 위한 자본으로 금전·기타의 재산·신용·노무를 조합·회사·기타 법인에게 출연하는 일. 즉, 법인이라면 주식을 발행한다는 의미
증자	주식을 발행하여 주주들로부터 자본금을 납입받고 자본금을 증가시키는 것 ❸ 감자
미실현보유손익	자산을 보유하고 있는 기간 동안에 발생하는 평가이익 또는 평가손실. 그 자산을 처분하게 되면 회사에 현금이 유입되거나 유출되므로 처분손익은 실현손익이 된다.

이 책의 차례 CONTENTS

PART 1
회계의 기초원리

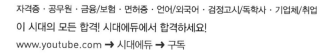

CHAPTER 01 회계의 기본개념

1 회계의 의미

1 회계란 무엇인가?

회계란 기업의 재무상태를 측정하여 이해관계자들에게 정보로 전달하는 과정이다. 따라서 측정대상이 되는 것과 정보를 전달받는 정보이용자가 존재한다. 측정대상은 바로 기업의 경영활동으로 재산의 변동, 즉 자산, 부채, 자본의 변동과 기업의 수익활동, 즉 수익과 비용, 이익과 같은 내용을 측정하고 기록하는 것이다. 이를 회사의 재무정보라 한다.

2 재무상태와 경영성과

회사의 재무정보는 크게 재산상황과 수익상황으로 나누어 볼 수 있다.

(1) 재산상황의 정보(재무상태)

재산상황이란 회사의 총 재산은 물론이고, 투자자가 투자한 자본뿐 아니라 채무상황까지도 보고하게 된다. 여기서 회사의 재산을 '자산'이라 하며, 투자자가 회사에 투자한 돈을 '자본', 외부로부터 차입하여 빚을 지게 된 것을 '부채'라 한다. 이러한 재산상황은 일자별로 거래 내용에 따라 그 상황이 달라진다. 따라서 재산상황의 보고는 일정시점을 기준으로 하여 그 시점의 재산상황을 보고하여야 한다.

(2) 수익상황의 보고(경영성과)

수익상황이란 회사가 경영활동을 통해 얼마의 돈을 벌어들였으며, 또 어느 정도의 비용을 사용하였는지, 그에 따른 순이익은 얼마인지를 나타내는 것이다. 이때 벌어들인 돈은 '수익'이라 하며, 사용한 경비는 '비용'이라 한다. 이러한 수익상황은 매일의 거래 내용에 따라 계속해서 발생하게 된다. 따라서 이는 어느 시점만의 상황을 보고할 수 없다. 반드시 일정기간을 정하여 그 기간의 수익상황을 보고하여야 하는 것이다.

(3) 재무상태 및 경영성과의 보고수단

재무정보는 '재무제표'라는 문서를 통해 보고하게 된다. 즉, 기업에서 일어나는 일련의 경영활동을 기록하여 재무제표를 작성하는 것이다. 앞에서 살펴본 재산상황에 대하여는 '재무상태표'라는 문서를 작성하고, 수익상황에 대하여는 '손익계산서'라는 문서를 작성하게 된다. 이러한 재무정보를 기록한 문서, 즉 '재무제표'를 통해서 정보이용자에게 정보를 제공하게 된다.

(4) 회계기간

재무상태는 일정시점의 정보이고, 경영성과는 일정기간의 정보이므로 회계를 이용하여 재무상태와 경영성과를 측정 및 보고하기 위해서는 일정기간 단위로 거래를 파악하여야 하는데 이를 회계기간이라 한다. 즉, 회계기간이란 기업의 경영성과와 재무상태를 파악하기 위한 시간적인 개념을 말한다.

3 재무정보이용자

기업이 제공하는 재무정보의 이용자는 크게 나누어 투자자, 채권자, 그리고 기타정보이용자로 구분할 수 있다.

(1) 투자자

투자자는 기업실체가 발행한 지분증권(주식) 또는 채무증권(회사채)에 투자한 자 등을 말한다.

(2) 채권자

채권자는 기업에 대해 법적 채권을 가지고 있는 자금대여자 등을 말하며, 일반적으로 은행 등 금융기관을 말한다.

(3) 기타정보이용자

기타정보이용자는 경영자, 재무분석가와 신용평가기관 같은 정보중개인, 조세당국, 감독·규제기관 및 잠재적 투자자 등을 말한다.

4 단식부기와 복식부기

복식부기란 하나의 거래에 대하여 두 가지 이상을 기록하는 회계시스템을 말한다. 이와는 반대로 단식부기의 경우 하나의 거래에 대하여 현금의 증감과 같은 한 가지 기록만을 수행한다(예 가계부). 단식부기는 현금의 유출과 유입에 따라 장부에 기록하므로 현재 장부에 기록한 금액과 실제로 보유한 현금이 일치하는지 여부만 알 수 있다. 그러나 현금을 제외한 재산의 변동 여부에 대해서는 알 수가 없고, 그 현금 기록에 대해서도 오류를 검증할 방법이 없다.

복식부기는 현금뿐만 아니라 현금 이외의 모든 재산을 대상으로 하고, 그 기록에 대해서도 오류를 검증할 능력이 있으므로 현대의 모든 기업은 복식부기의 원리를 기본으로 한 회계제도를 채택하고 있다. 앞으로 본서를 통하여 배우게 되는 회계는 복식부기 시스템이다. 따라서 모든 회계의 기록은 항상 복식으로 기록하게 되는데, 복식으로 기록한다는 것은 하나의 사건을 왼쪽과 오른쪽에 나누어서 동시에 기록해 나간다는 의미이다. 회계에서는 다음과 같이 모든 계정을 왼쪽과 오른쪽으로 나누어 기록하는데 이때 왼쪽을 '차변'이라 하고 오른쪽을 '대변'이라 한다.

왼 쪽 (차 변)	오른쪽 (대 변)

2 재무상태표의 기본개념

1 재무상태표의 의의

(1) 의 미

재무상태표는 일정시점의 기업의 재무상태, 즉 자산, 부채, 자본을 파악하기 위해 작성한다.

(2) 양 식

재무상태표

기업명	보고기간종료일	(보고통화 및 금액단위)
자 산		부 채
		자 본
(차 변)		(대 변)

(3) 재무상태표 등식

재무상태표에서 차변의 합계와 대변의 합계는 항상 일치하는데, 자산의 총 합계는 부채와 자본의 합계와 일치하게 된다. 이를 등식으로 표현한 것을 재무상태표 등식이라 한다.

〈재무상태표 등식〉

$$자 산 = 부 채 + 자 본$$
$$(차 변) \qquad (대 변)$$

2 재무상태표의 계정

(1) 자 산

기업이 소유하고 있으며 금전적인 가치가 있을 뿐만 아니라 앞으로도 유용하게 사용할 수 있는 회사의 재산을 '자산'이라고 한다. 자산은 또 회사의 권리라고도 표현할 수 있는데, 예를 들어 외상으로 매출하였을 때 미래에 외상대금을 청구할 수 있는 권리를 '외상매출금'이라 하며 이를 자산에 포함하게 된다.

〈자산의 종류〉

현 금	회사 자금으로써 회사의 재산에 해당
예 금	현금을 예치하여 차후 현금이란 자산을 찾을 수 있는 권리
외상매출금	상품을 외상으로 판매한 후 외상대금을 청구할 수 있는 권리
미수금	상품 외 자산을 판매한 후 대금을 받지 않아, 차후에 그 외상대금을 청구할 수 있는 권리
선급금	상품 등을 매입하기 위하여 계약금을 지급한 것으로 차후 잔금만을 지급하고 상품 등의 자산을 구입할 수 있는 권리
대여금	타인에게 현금을 빌려주고 차후에 현금이란 자산을 청구할 수 있는 권리
상 품	판매할 목적으로 소유하고 있는 물건
건물, 토지, 비품	기업활동에 사용하고 있는 회사의 재산
받을어음	상품 등의 자산을 판매한 후 약속어음이나 환어음을 수취하여 차후 대금을 받을 수 있는 권리
차량운반구	자동차, 운반기구

(2) 부 채

부채란 현재 기업이 부담하고 있으며 향후 자원의 유출이 예상되는 의무를 말한다. 즉, 기업이 부담하고 있는 빚으로써 미래에 갚아야 할 의무를 부채라 한다.

〈부채의 종류〉

외상매입금	상품을 외상으로 구입한 금액으로 차후에 대금을 갚아야 할 의무
차입금	남에게 빌린 돈으로써 차후에 현금으로 갚아야 할 의무
선수금	상품을 사고자 하는 사람에게 미리 받은 선금이나 계약금. 이는 받은 계약금에 대하여 차후에 상품 등을 인도함으로써 갚아야 할 의무에 해당
미지급금	상품 이외의 물건을 외상으로 구입한 경우 그 금액으로 차후에 대금을 갚아야 할 의무
지급어음	상품 등의 자산을 매입하고 약속어음 발행 시 갚아야 할 의무

(3) 자 본

자본이란 회사의 소유주 자신이 투자한 출자금으로써 소유주지분을 말한다. 또한 이는 기업의 자산에서 부채를 차감한 잔여지분이라고도 한다. 즉, 회사의 재산인 자산을 팔았을 때 부채를 갚아야 하므로 부채부분을 채권자지분이라 하고, 그 나머지에 대하여는 소유주 자신의 것이므로 자본은 소유주지분이라 한다. 또한 회사의 자산 중 부채를 우선적으로 갚아야 하므로 자본을 잔여지분 또는 순자산이라 한다.

〈자본의 종류〉

자본금	주주가 회사에 납입한 출자금
이익잉여금	순이익의 누적액

예제 **재무상태표 계정(1)**

다음의 계정과목을 자산, 부채, 자본으로 표시하시오.

(1)	현 금	( )	(2)	외상매입금	( )	
(3)	상 품	( )	(4)	외상매출금	( )	
(5)	토 지	( )	(6)	자본금	( )	
(7)	대여금	( )	(8)	비 품	( )	
(9)	선수금	( )	(10)	미수금	( )	
(11)	미지급금	( )	(12)	차입금	( )	
(13)	선급금	( )	(14)	이익잉여금	( )	

풀이

(1) 자 산   (2) 부 채   (3) 자 산   (4) 자 산   (5) 자 산   (6) 자 본   (7) 자 산
(8) 자 산   (9) 부 채   (10) 자 산   (11) 부 채   (12) 부 채   (13) 자 산   (14) 자 본

예제 **재무상태표 계정(2)**

1. 다음의 계정들을 분류하여 각 자산, 부채, 자본의 합계를 계산하시오.

현 금	300,000원	상 품	700,000원	외상매입금	200,000원
차입금	400,000원	대여금	100,000원	자본금	1,000,000원
외상매출금	200,000원	건 물	300,000원		

풀이

(1) 자 산
    300,000원(현금) + 700,000원(상품) + 100,000원(대여금) + 200,000원(외상매출금) + 300,000원(건물) = 1,600,000원
(2) 부 채
    200,000원(외상매입금) + 400,000(차입금) = 600,000원
(3) 자 본
    1,000,000원(자본금)

2. 다음의 계정들을 분류하여 각 자산, 부채, 자본의 합계를 계산하시오.

현 금	100,000원	선수금	100,000원	자본금	500,000원
차량운반구	300,000원	미지급금	100,000원	미수금	200,000원
받을어음	400,000원	지급어음	300,000원		

풀이

(1) 자 산
   100,000원(현금) + 300,000원(차량운반구) + 200,000원(미수금) + 400,000원(받을어음)
   = 1,000,000원
(2) 부 채
   100,000원(선수금) + 100,000원(미지급금) + 300,000원(지급어음) = 500,000원
(3) 자 본
   500,000원(자본금)

3. 다음의 계정들을 분류하여 각 자산, 부채, 자본의 합계를 계산하시오.

현 금	300,000원	외상매출금	200,000원	차입금	500,000원
토 지	500,000원	이익잉여금	300,000원	자본금	700,000원
예 금	500,000원				

풀이

(1) 자 산
   300,000원(현금) + 200,000원(외상매출금) + 500,000원(토지) + 500,000원(예금) = 1,500,000원
(2) 부 채
   500,000원(차입금)
(3) 자 본
   700,000원(자본금) + 300,000원(이익잉여금) = 1,000,000원

다음 자료를 참고하여 (주)리젠의 20x1년 1월 1일과 12월 31일의 재무상태에 의하여 기초재무
상태표와 기말재무상태표를 작성하시오.

〈1월 1일〉

현 금	500,000원	외상매출금	700,000원
상 품	800,000원	외상매입금	400,000원
차입금	600,000원	토 지	1,000,000원
자본금	2,000,000원		

〈12월 31일〉

현 금	1,400,000원	예 금	400,000원
외상매출금	900,000원	상 품	800,000원
토 지	1,000,000원	외상매입금	400,000원
차입금	1,300,000원	이익잉여금	800,000원
자본금	2,000,000원		

풀이

재무상태표

(주)리젠	20x1.1.1		(단위 : 원)
현 금	500,000	외상매입금	400,000
외상매출금	700,000	차입금	600,000
상 품	800,000	자본금	2,000,000
토 지	1,000,000		
자산 총계	3,000,000	부채와 자본 총계	3,000,000

재무상태표

(주)리젠	20x1.12.31		(단위 : 원)
현 금	1,400,000	외상매입금	400,000
예 금	400,000	차입금	1,300,000
외상매출금	900,000	자본금	2,000,000
상 품	800,000	이익잉여금	800,000
토 지	1,000,000		
자산 총계	4,500,000	부채와 자본 총계	4,500,000

3 손익계산서의 기본개념

1 손익계산서의 의의

(1) 의 미

손익계산서는 일정기간의 경영성과, 즉 수익과 비용을 파악하기 위해서 작성하는 재무제표이다.

(2) 양 식

손익계산서

| 기업명 | 회계기간 | (보고통화 및 금액단위) |

비 용 (차 변)	수 익 (대 변)

2 손익계산서의 계정

기업의 경영성과는 영업활동을 통해 얼마의 이익을 냈는지 여부에 달려 있다. 여기서 이익이란 회사가 얻은 수익에서 비용을 차감한 것, 즉 순이익을 말한다. 여기서 수익과 비용의 대표적인 항목을 살펴보면 다음과 같다.

〈수익의 종류〉

매출액	상품, 제품을 판매하거나 용역을 제공하고 얻은 수익
임대료	건물이나 토지 등을 임대하고 얻은 수익
이자수익	은행에 예금한 금액에 대하여 받은 이자
수수료수익	수수료 수취로 인한 수익

〈비용의 종류〉

매출원가	매출된 상품, 제품의 원가
급 여	종업원에게 지급하는 근로의 대가
광고선전비	TV, 라디오, 신문, 인터넷 등에 광고선전을 위하여 지출하는 비용
임차료	부동산과 점포, 사무실, 기계장치 등을 빌린 경우에 지급하는 대가
감가상각비	건물, 기계장치 등 유형자산에 대한 원가배분액
이자비용	차입금에 대해 발생하는 이자
세금과공과	각종 세금이나 공과금 납부액
보험료	화재보험, 자동차보험 등의 납부액
도서인쇄비	각종 도서, 잡지, 신문구독료 지출액
접대비	사업과 관련된 거래처 접대로 인한 지출액
수선비	사업용 자산의 수선비용 지출액

예제 손익계산서 계정(1)

다음의 계정과목을 수익, 비용으로 표시하시오.

(1)	매출액	( )	(2)	매출원가	( )
(3)	임차료	( )	(4)	임대료	( )
(5)	세금과공과	( )	(6)	수선비	( )
(7)	감가상각비	( )	(8)	수수료수익	( )
(9)	접대비	( )	(10)	보험료	( )
(11)	이자수익	( )	(12)	급 여	( )

풀이

(1) 수 익   (2) 비 용   (3) 비 용   (4) 수 익   (5) 비 용   (6) 비 용   (7) 비 용
(8) 수 익   (9) 비 용   (10) 비 용   (11) 수 익   (12) 비 용

예제 손익계산서 계정(2)

1. 다음의 계정들을 분류하여 수익, 비용의 합계를 각각 계산하시오.

매출액	1,000,000원	매출원가	600,000원	접대비	100,000원
임차료	200,000원	이자비용	200,000원	임대료	600,000원
급 여	100,000원				

풀이

(1) 수 익
    1,000,000원(매출액) + 600,000원(임대료) = 1,600,000원
(2) 비 용
    600,000원(매출원가) + 100,000원(접대비) + 200,000원(임차료) + 200,000원(이자비용)
    + 100,000원(급여) = 1,200,000원

2. 다음의 계정들을 분류하여 각 수익, 비용의 합계를 계산하시오.

매출액	800,000원	감가상각비	200,000원	수수료수익	400,000원
수선비	100,000원	세금과공과	100,000원	광고선전비	200,000원
매출원가	500,000원	이자수익	200,000원		

풀이

(1) 수 익
    800,000원(매출액) + 400,000원(수수료수익) + 200,000원(이자수익) = 1,400,000원
(2) 비 용
    200,000원(감가상각비) + 100,000원(수선비) + 100,000원(세금과공과) + 200,000원(광고선전비)
    + 500,000원(매출원가) = 1,100,000원

손익계산서의 작성

다음 자료를 참고하여 (주)리젠의 20x1년의 손익계산서를 작성하시오.

급 여	300,000원	매출액	1,000,000원
임대료	400,000원	광고선전비	150,000원
이자비용	50,000원	소모품비	100,000원

풀이

손익계산서

(주)리젠	20x1.1.1 ~ 20x1.12.31		(단위 : 원)
급 여	300,000	매출액	1,000,000
광고선전비	150,000	임대료	400,000
이자비용	50,000		
소모품비	100,000		
당기순이익	800,000		
	1,400,000		1,400,000

3 재무상태표와 손익계산서의 관계

기업의 경영성과는 영업활동을 통해 얼마의 이익을 냈는지 여부에 달려 있다. 여기서 '이익'이란 회사가 영업활동을 통해 얻은 수익에서 비용을 차감한 것을 말한다. 재무상태표에서 이러한 이익을 통하여 증가된 부분을 '이익잉여금'이라는 계정에 기록한다.

(1) 순자산 증가에 따른 손익의 증감계산

기업의 경영활동은 계속해서 재산의 변동을 가져온다. 재산의 변동 중 재산이 증가되었다면 회사는 이익을 보게 된 것이고, 재산이 감소하였다면 손실을 보게 된 것이다. 1월 1일의 재산과 12월 31일의 재산을 비교하면 회사에 이익이 난 것인지 손실이 난 것인지를 파악해 볼 수 있다. 여기서 재산이란 '순자산'을 의미한다. 자산에서 부채를 뺀 것이 결국 소유주의 것이므로 순자산이 증가된 부분을 이익으로 인식하는 개념이다.

$$\begin{matrix} 기말\ 순자산 \\ (기말자본) \end{matrix} - \begin{matrix} 기초\ 순자산 \\ (기초자본) \end{matrix} = \begin{matrix} (+)\ 당기순이익 \\ (-)\ 당기순손실 \end{matrix}$$

(2) 자본등식

수익의 증가는 이익을 증가시키므로 자본을 증가시키고, 비용의 증가는 이익을 감소시키므로 자본을 감소시킨다. 즉, 당기순손익은 기말자본을 변화시킨다. 회계기간 중 다른 자본거래가 존재하지 않을 경우 산식은 아래와 같다.

$$기말자산 - 기말부채 = 기초자본 \pm 당기순손익$$

예제   재무상태표와 손익계산서

다음 자료를 참고하여 (주)KG의 20x1년도의 기초재무상태표와 기말재무상태표, 손익계산서를 작성하시오.

(주)KG의 기초재무상태

현 금	700,000원	상 품	900,000원	외상매출금	800,000원
받을어음	800,000원	대여금	500,000원	자본금	3,000,000원
외상매입금	400,000원	미지급금	300,000원		

(주)KG의 기말재무상태

현 금	1,300,000원	상 품	800,000원	차입금	600,000원
선급금	500,000원	건 물	2,400,000원	자본금	3,000,000원
외상매입금	700,000원	미지급금	400,000원	외상매출금	1,000,000원

(주)KG의 경영성과

매출액	3,200,000원	이자수익	100,000원	임대료	500,000원
통신비	150,000원	급 여	600,000원	이자비용	500,000원
광고선전비	250,000원	매출원가	1,000,000원		

풀이

재무상태표

(주)KG	20x1.1.1		(단위 : 원)
현 금	700,000	외상매입금	400,000
외상매출금	800,000	미지급금	300,000
대여금	500,000	자본금	3,000,000
상 품	900,000		
받을어음	800,000		
	3,700,000		3,700,000

재무상태표

(주)KG   20x1.12.31   (단위 : 원)

현 금	1,300,000	외상매입금	700,000
외상매출금	1,000,000	미지급금	400,000
선급금	500,000	차입금	600,000
상 품	800,000	자본금	3,000,000
건 물	2,400,000	이익잉여금	1,300,000
	6,000,000		6,000,000

손익계산서

(주)KG   20x1.1.1 ~ 20x1.12.31   (단위 : 원)

매출원가	1,000,000	매출액	3,200,000
통신비	150,000	이자수익	100,000
급 여	600,000	임대료	500,000
이자비용	500,000		
광고선전비	250,000		
당기순이익	1,300,000		
	3,800,000		3,800,000

CHAPTER 01 회계의 기본개념

PART 1

주관식 ▶ 연습문제

01 다음의 계정과목을 자산, 부채, 자본, 수익, 비용으로 표시하시오.

(1)	차량운반구	(	)	(2)	미수금	(	)
(3)	매출액	(	)	(4)	급 여	(	)
(5)	대여금	(	)	(6)	선수금	(	)
(7)	임대료	(	)	(8)	외상매입금	(	)
(9)	매출원가	(	)	(10)	광고선전비	(	)
(11)	자본금	(	)	(12)	상 품	(	)
(13)	이자수익	(	)	(14)	보험료	(	)
(15)	건 물	(	)	(16)	외상매출금	(	)
(17)	차입금	(	)	(18)	임차료	(	)
(19)	받을어음	(	)	(20)	감가상각비	(	)
(21)	예 금	(	)	(22)	세금과공과	(	)

풀이

(1) 자 산	(2) 자 산	(3) 수 익	(4) 비 용	(5) 자 산
(6) 부 채	(7) 수 익	(8) 부 채	(9) 비 용	(10) 비 용
(11) 자 본	(12) 자 산	(13) 수 익	(14) 비 용	(15) 자 산
(16) 자 산	(17) 부 채	(18) 비 용	(19) 자 산	(20) 비 용
(21) 자 산	(22) 비 용			

02 다음 자료를 참고하여 손익계산서와 재무상태표를 작성하시오(단, 통합과목 표기는 생략함).

〈자료 1〉

매 출	600,000원	자본금	300,000원	차입금	180,000원
선수금	70,000원	예 금	280,000원	이자비용	50,000원
현 금	150,000원	급 여	450,000원	미수금	140,000원
상 품	80,000원				

풀이

손익계산서

수 익		600,000
매 출	600,000	
비 용		500,000
급 여	450,000	
이자비용	50,000	
당기순이익		100,000

재무상태표

자 산		부 채	
현 금	150,000	차입금	180,000
예 금	280,000	선수금	70,000
미수금	140,000		
상 품	80,000	자 본	
		자본금	300,000
		이익잉여금	100,000
자산 총계	650,000	부채와 자본 총계	650,000

〈자료 2〉

매 출	1,800,000원	광고선전비	150,000원	현 금	500,000원
임차료	400,000원	매출원가	1,200,000원	차입금	800,000원
상 품	240,000원	미지급금	200,000원	대여금	380,000원
건 물	400,000원	외상매출금	480,000원	임대료	200,000원
자본금	750,000원				

손익계산서

수 익		2,000,000
매 출	1,800,000	
임대료	200,000	
비 용		1,750,000
매출원가	1,200,000	
임차료	400,000	
광고선전비	150,000	
당기순이익		250,000

재무상태표

자 산		부 채	
현 금	500,000	차입금	800,000
외상매출금	480,000	미지급금	200,000
대여금	380,000		
상 품	240,000	자 본	
건 물	400,000	자본금	750,000
		이익잉여금	250,000
자산 총계	2,000,000	부채와 자본 총계	2,000,000

03 다음의 자료 중 회계상 거래인 것에는 ○를 아닌 것에는 ×를 표시하시오.

① 종업원의 급여로 1,000,000원을 지급하다. 　　　　　　　　　　(　)
② 현금 500,000원을 도난당하다. 　　　　　　　　　　　　　　　(　)
③ 적금이 만기가 되어 800,000원을 현금으로 찾다. 　　　　　　　(　)
④ 거래처에 상품 300,000원을 외상으로 매출하다. 　　　　　　　　(　)
⑤ 은행으로부터 차입한 차입금 5,000,000원을 상환하다. 　　　　　(　)
⑥ 화재로 20,000,000원 상당의 공장건물이 소실되다. 　　　　　　(　)
⑦ 거래처에 상품 500,000원을 매출하기로 계약하다. 　　　　　　　(　)

① ○　② ○　③ ○　④ ○　⑤ ○　⑥ ○　⑦ ×

01 다음 중 자산, 부채 및 자본에 관한 설명으로 잘못된 것은?

① 자산은 미래에 현금유입을 가져올 것으로 기대되는 자원이다.

② 부채는 미래에 현금유출이 예상되는 의무이다.

③ 자본은 자산과 부채를 더한 금액을 말한다.

④ 자산, 부채 및 자본은 재무상태표를 구성하는 요소이다.

해설 자본은 자산에서 부채를 차감한 금액이다.

정답 ③

02 다음 중 부채로 계상할 수 없는 것은?

① 비품을 외상으로 구입한 금액

② 은행으로부터 빌린 금액

③ 상품을 판매하기 전에 미리 받은 금액

④ 회사가 종업원에게 빌려준 금액

해설 ④ 대여금은 자산에 해당한다.
① 미지급금 ② 차입금 ③ 선수금

정답 ④

03 다음 각 항목에 대한 계정과목의 분류가 잘못된 것은?

① 자산 : 현금, 상품, 건물, 보통예금

② 부채 : 미지급금, 외상매입금, 단기차입금

③ 비용 : 임차료, 선급금, 세금과공과, 여비교통비

④ 수익 : 배당금수익, 수수료수익, 이자수익

해설 선급금은 상품을 주문하고 계약금을 지급한 경우 사용하는 계정과목으로 자산에 해당한다.

정답 ③

04 다음 각 항목에 대한 계정과목의 분류가 바르게 연결된 것은?

① 자산 : 현금, 상품, 건물, 지급어음
② 부채 : 미지급금, 외상매입금, 단기대여금
③ 수익 : 상품매출이익, 수수료수익, 임차료
④ 비용 : 세금과공과, 여비교통비, 광고선전비

해설 지급어음은 부채, 단기대여금은 자산, 임차료는 비용에 속하는 계정과목이다.

정답 ④

05 다음 각 항목에 대한 계정과목의 분류가 바르게 연결된 것은?

① 자산 : 토지, 비품, 지급어음, 미수금
② 부채 : 미지급금, 단기차입금, 가지급금
③ 비용 : 선수금, 복리후생비, 여비교통비
④ 수익 : 상품매출액, 수수료수익, 이자수익

해설 지급어음은 부채, 가지급금은 자산, 선수금은 부채에 해당하는 계정과목이다.

정답 ④

06 다음 재무상태에 대한 자료에서 자본은 얼마인가?

• 상 품	1,200,000원	• 현 금	800,000원
• 미수금	600,000원	• 차량운반구	3,400,000원
• 외상매입금	1,700,000원	• 미지급금	1,300,000원

① 2,000,000원　　　　　　　　　　② 3,000,000원
③ 4,000,000원　　　　　　　　　　④ 6,000,000원

해설 • 자산 = 1,200,000원(상품) + 800,000원(현금) + 600,000원(미수금) + 3,400,000원(차량운반구)
　　　 = 6,000,000원
　　 • 부채 = 1,700,000원(외상매입금) + 1,300,000원(미지급금) = 3,000,000원
　　 ∴ 자본 = 자산 6,000,000원 − 부채 3,000,000원 = 3,000,000원

정답 ②

07 (주)A의 20x5년 12월 31일 현재(기말) 재무상태와 경영성과는 다음과 같다. 20x5년 1월 1일 기초 자산 총액이 3,000,000원인 경우, 기초부채 총액은 얼마인가?

• 자산 총액	2,500,000원	• 부채 총액	1,500,000원
• 수익 총액	800,000원	• 비용 총액	600,000원

① 1,000,000원　　　　　　　　　　　② 1,200,000원
③ 2,000,000원　　　　　　　　　　　④ 2,200,000원

해설　• 2,500,000원(기말자산) − 1,500,000원(기말부채) = 1,000,000원(기말자본)
　　　• 800,000원(수익 총액) − 600,000원(비용 총액) = 200,000원(순이익)
　　　• 1,000,000원(기말자본) − 200,000원(순이익) = 800,000원(기초자본)
　　　• 3,000,000원(기초자산) − 800,000원(기초자본) = 2,200,000원(기초부채)

정답 ④

08 (주)B의 다음 자료를 보고 (가) ~ (다)에 들어갈 금액으로 옳은 것은?

구 분		회계연도	제3기(20x1년)	제4기(20x2년)
기초자산			500,000원	(나)
기초부채			200,000원	300,000원
자 본	기 초		300,000원	?
	기 말		(가)	390,000원
수익 총액			100,000원	200,000원
비용 총액			60,000원	(다)

	(가)	(나)	(다)
①	300,000원	640,000원	200,000원
②	300,000원	690,000원	150,000원
③	340,000원	640,000원	150,000원
④	340,000원	690,000원	200,000원

해설　(가) : 제3기(20x1년) 300,000원(기초자본) + 40,000원(당기순이익) = 340,000원(기말자본)
　　　(나) : 제4기(20x2년) 300,000원(기초부채) + 340,000원(기초자본) = 640,000원(기초자산)
　　　(다) : 제4기(20x2년) 200,000원(수익 총액) − 50,000원*(당기순이익) = 150,000원(비용 총액)
　　　　　*390,000원(기말자본) − 340,000원(기초자본)

정답 ③

09 회계기간에 관한 설명 중 옳은 것은?

① 회계기간은 반드시 1년을 기준으로 설정하여야 한다.

② 사업개시일부터 청산일까지를 말한다.

③ 기업의 경영성과와 재무상태를 파악하기 위한 시간적인 개념이다.

④ 기업의 각종 재산 및 자본의 증감변화를 기록, 계산하기 위하여 설정한 장소적 범위이다.

해설 기업의 경영성과와 재무상태를 파악하기 위한 시간적인 개념이 회계기간이다.

정답 ③

10 다음은 무엇에 대한 설명인가?

기업의 일정기간 동안의 경영실적을 명확하게 계산하기 위하여 6개월 또는 1년 단위로 구분하여 설정하는 기간을 말한다.

① 회계기간

② 회계기말

③ 회계공준

④ 회계결산

해설 기업의 일정기간 동안의 경영실적을 명확하게 계산하기 위하여 6개월 또는 1년 단위로 구분하여 설정하는 기간을 회계기간이라 한다.

정답 ①

CHAPTER 02

PART 1 회계의 기초원리

재무제표 작성 프로세스

지금까지 살펴본 바와 같이 회계란 회사의 재무정보를 장부에 기입하고, 정보를 전달하는 과정을 말하는 것이다. 그러면, 이번 장에서는 어떠한 방법으로 장부에 기록하고 재무정보를 생산하는지 알아볼 것이다. 재무정보를 장부에 기록하는 방법은 일련의 과정을 거치게 되는데 이를 회계의 순환과정이라 한다. 회계의 순환과정은 먼저 장부에 기록할 거래를 파악하고 분개를 거쳐 총계정원장에 기재하고, 마감절차를 걸쳐 장부를 작성하게 된다. 이를 도표로 나타내면 다음과 같다.

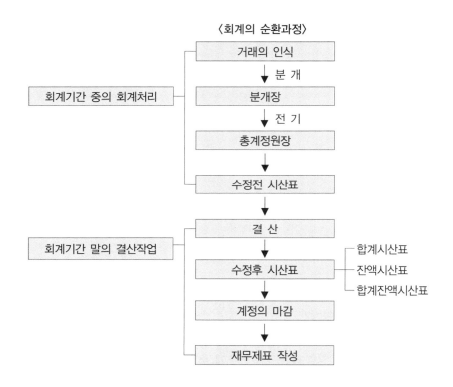

〈회계의 순환과정〉

1 거래의 인식

기업의 경영활동(영업활동)에서 자산, 부채, 자본에 증감변화를 가져오거나 수익 또는 비용이 발생하는 것을 회계상 거래라 한다. 일상생활에서의 거래라고 하는 것과 회계상 거래는 다르다. 일상에서는 땅을 사기 위해 약속을 하는 것도 거래라고 하지만 단순한 약속은 회계상 거래가 아니다. 반면에 땅을 사기로 하면서 일부만 계약금으로 지불할 경우 일상에서는 지불한 금액만을 거래 금액으로 인식하지만, 회계에서는 앞으로 지불하기로 한 전체 금액을 포함하여 거래 금액을 인식해야 한다. 회계상 거래로 인식하기 위해서는 다음의 두 가지 요건을 갖추어야 한다.

① 기업의 행위가 재무상태에 영향을 미쳐야 한다.

　자산, 부채, 자본의 변동을 가져오거나 수익 또는 비용이 발생하여야 한다. 즉, 기업의 재무상태(자산, 부채, 자본, 수익, 비용)와 관련없이 일어난 행위는 회계상 거래가 아닌 것이다.

② 자산 등의 변동이 있더라도 그 내용을 금액으로 측정할 수 있어야 한다.

　재무정보인 재무제표는 화폐단위로 기록되어 있으므로, 재산 등의 변동이 있더라도 이를 금액으로 측정할 수 없다면 장부에 기록할 수 없을 것이다.

예제 **거래의 인식**

다음 거래를 회계상의 거래에 해당하는 것과 해당하지 않는 것으로 분류하고 그 이유를 설명하라.

(1) 현금 100,000원을 정기적금에 가입하기로 약정하다.
(2) 사무실에서 사용할 비품을 300,000원에 구입하고 대금은 현금으로 지급하다.
(3) 화재로 2,000,000원의 건물이 소실되다.
(4) 은행에 현금 500,000원을 예금하다.
(5) 거래처에 상품 5,000,000원을 매출하기로 계약하다.
(6) 현금 80,000원을 도난당했다.
(7) 상품 300,000원을 매출하고 대금은 현금으로 받다.
(8) 현금 15,000,000원을 출자하여 회사를 설립하다.

풀이

1. 회계상의 거래
(2) 자산(비품) 300,000원이 증가하고 자산(현금) 300,000원이 감소하였으므로 회계상의 거래이다.
(3) 자산(건물) 2,000,000원이 감소하고 비용(재해손실) 2,000,000원이 발생하였으므로 회계상의 거래이다.
(4) 자산(현금) 500,000원이 감소하고 자산(예금) 500,000원이 증가하였으므로 회계상의 거래이다.
(6) 자산(현금) 80,000원이 감소하고 비용(도난손실) 80,000원이 발생하였으므로 회계상의 거래이다.
(7) 수익(매출) 300,000원이 발생하고 자산(현금) 300,000원이 증가하였으므로 회계상의 거래이다.
(8) 자산(현금) 15,000,000원이 증가하고 자본(자본금) 15,000,000원이 증가하였으므로 회계상의 거래이다.

2. 회계상의 거래가 아닌 것
(1) 약정한 사실만으로는 자산, 부채, 자본에 아무런 영향을 미치지 않으므로 회계상의 거래가 아니다.
(5) 매출을 계약한 사실만으로는 자산, 부채, 자본에 아무런 영향을 미치지 않으므로 회계상의 거래가 아니다.

---

2 거래의 판단사례

(1) 일상생활에서는 거래로 보나 회계상 거래가 아닌 사례

예 건물의 임대차계약, 매출액에 대한 계약, 상품의 주문 등

계약이나 주문을 했다는 사실만으로는 자산, 부채, 자본이나 손익과 관련이 없으므로 회계상 거래로 보지 않는다.

(2) 일상생활에서는 거래로 보지 않으나 회계상 거래인 사례

예 회사 자산의 도난, 파손 또는 화재로 인한 소실 등

위 예는 일반적으로는 거래로 보지 않으나 회계상 자산의 변동 등과 관련이 있으므로 회계상 거래로 본다.

3 거래의 이중성

위에서 살펴본 대로 회계상 거래란 자산, 부채, 자본의 변동 또는 손익의 발생과 관련이 있다. 이러한 거래를 자세히 분석하면 하나의 사실에 대하여 두 가지 이상의 거래가 복합적으로 발생함을 알 수 있다. '상품을 매입하고 현금 100,000원을 지급하다.'는 회계상 거래이다. 이를 자세히 분석하면 상품이란 자산이 100,000원 증가하였고 대신에 현금이란 자산이 100,000원 감소한 것이다. 이렇게 거래의 내용이 자산, 부채, 자본의 변동에만 영향을 미치는 것을 교환거래, 수익과 비용에 영향을 미치는 거래를 손익거래, 교환거래와 손익거래가 혼합되어 발생하는 것을 혼합거래라 한다.

4 거래의 기록

'Chapter 01 회계의 기본개념'에서 살펴본 대로 자산은 왼쪽인 차변에, 부채와 자본은 오른쪽인 대변에, 수익은 오른쪽인 대변에, 비용은 왼쪽인 차변에 기록된다. 이때에 자산의 증가는 본래 자신의 자리인 차변에 기록하고 부채와 자본의 증가는 본래 자신의 자리인 대변에 기록한다. 반면에 자산의 감소는 본래 자신의 자리와 반대인 대변에, 부채와 자본의 감소는 본래 자신의 자리와 반대인 차변에 기록한다.

수익의 발생은 대변에 비용의 발생은 차변에 기록한다. 이를 표로 나타내면 다음과 같은데 이를 T-계정이라 한다.

자 산	
자산의 증가	자산의 감소

부 채	
부채의 감소	부채의 증가

자 본	
자본의 감소	자본의 증가

수익 · 비용	
비용의 발생	수익의 발생

이를 정리하면 다음과 같은 T-계정을 그려볼 수 있다.

(차 변)	(대 변)
자 산	부 채
	자 본
비 용	수 익

5 거래의 8요소

위 내용을 살펴보면 자산, 부채, 자본에 대하여 각각 증가와 감소가 존재하는 것을 알 수 있다. 그러나 수익과 비용은 각각 특수한 경우를 제외하고는 대부분 발생만 있으므로 거래에 있어서 이를 자산의 증가·감소, 부채의 증가·감소, 자본의 증가·감소, 수익과 비용의 발생 이렇게 8가지 요소로 나타낼 수 있다. 회계상 모든 거래는 거래의 8요소 가운데 한 가지만 발생하는 것이 아니라 서로 연결되어 발생되고 기록된다. 거래 8요소 간의 결합에 따라 총 16가지 거래기록에 대한 경우의 수가 나오는데 이를 정리하면 다음 표와 같다.

〈거래 8요소의 결합관계표〉

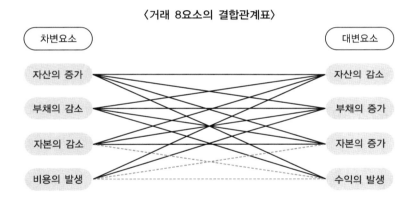

→ 위의 그림에서 점선으로 표시된 거래는 거의 발생하지 않는 거래이다.

1 분 개

회계상 거래로 파악하고 이를 차변 항목과 대변 항목으로 분류하고 이를 기록하는 과정이다. 이러한 분개는 다음과 같은 절차를 거치는 것이 보다 쉽게 접근할 수 있다.

① 먼저 해당 거래에 대하여 계정을 판단한다.

　자산인지, 부채 또는 자본인지, 수익이나 비용인지를 판단하는 것이다.

② 해당 계정을 차변에 기입할 것인지, 대변에 기입할 것인지를 판단한다.

　앞에서 살펴본 T-계정을 그려놓고 자산은 본래 차변이 자신의 자리이므로 자산 항목이 증가하였으면 차변에 기입하고, 자산이 감소하였으면 대변 항목에 기록하는 것이다. 부채는 본래 대변이 자신의 자리이므로 부채가 증가하였으면 대변에, 감소하였으면 차변에 기록한다. 자본 역시 마찬가지이다. 수익의 발생은 대변에 비용의 발생은 차변에 기록한다.

(차 변)	(대 변)
자 산	부 채
	자 본
비 용	수 익

증가 : 본래 자리 / 감소 : 반대편 자리

2 분개와 거래의 8요소

분개를 하는 것은 거래의 8요소와 연결하여 생각할 수 있다. 즉, 거래란 반드시 자산의 증가·감소, 부채의 증가·감소, 자본의 증가·감소, 수익과 비용의 발생 이렇게 8가지 요소로 나타낼 수 있으므로 분개를 이와 관련지어 나타내면 다음과 같다.

(1) 거래의 사례

3/1　(주)미래는 현금 8,000,000원을 출자하여 회사를 설립하다.

3/2　비품을 구입하고 대금 300,000원을 현금으로 지급하다.

3/3　본사 사무실용 건물을 매입하고 현금 5,000,000원을 지급하다.

3/4　상품 600,000원 상당액을 매입하고, 대금은 차후에 지급하기로 하다.

3/5　상품 600,000원 상당액을 매입하고, 대금 중 300,000원은 현금으로 지급하고 잔액은 외상으로 처리하다.

3/6　원가 200,000원의 상품을 매출하고 현금 400,000원을 받다.

3/7 원가 600,000원의 상품을 800,000원에 매출하고 대금은 차후에 받기로 하였다.

3/8 은행에 현금을 예금하고 이자로 100,000원을 지급받았다.

3/9 직원에 대한 급여 100,000원을 현금으로 지급하였다.

3/10 건물 일부를 수리하고 수리비 100,000원 상당액을 다음 달 말일에 지급하기로 하다.

3/11 건물 일부를 임대하고 임대료 700,000원을 현금으로 지급받다.

(2) 분개와 거래의 8요소

3/1	(차) 현 금	8,000,000	(대) 자본금	8,000,000		
	(자산의 증가)		(자본의 증가)			
3/2	(차) 비 품	300,000	(대) 현 금	300,000		
	(자산의 증가)		(자산의 감소)			
3/3	(차) 건 물	5,000,000	(대) 현 금	5,000,000		
	(자산의 증가)		(자산의 감소)			
3/4	(차) 상 품	600,000	(대) 외상매입금	600,000		
	(자산의 증가)		(부채의 증가)			
3/5	(차) 상 품	600,000	(대) 현 금	300,000		
	(자산의 증가)		(자산의 감소)			
			외상매입금	300,000		
			(부채의 증가)			
3/6	(차) 현 금	400,000	(대) 매출액	400,000		
	(자산의 증가)		(수익의 발생)			
	(차) 매출원가	200,000	(대) 상 품	200,000		
	(비용의 발생)		(자산의 감소)			
3/7	(차) 외상매출금	800,000	(대) 매출액	800,000		
	(자산의 증가)		(수익의 발생)			
	(차) 매출원가	600,000	(대) 상 품	600,000		
	(비용의 발생)		(자산의 감소)			
3/8	(차) 현 금	100,000	(대) 이자수익	100,000		
	(자산의 증가)		(수익의 발생)			
3/9	(차) 급 여	100,000	(대) 현 금	100,000		
	(비용의 발생)		(자산의 감소)			
3/10	(차) 수선비	100,000	(대) 미지급금	100,000		
	(비용의 발생)		(부채의 증가)			
3/11	(차) 현 금	700,000	(대) 임대료	700,000		
	(자산의 증가)		(수익의 발생)			

예제 분개와 거래의 8요소

다음은 (주)택스넷의 5월 한 달간의 거래에 관한 자료이다. 다음의 거래를 분개하고 거래의 8요소를 표시하시오.

(1) 5월 2일   현금 28,000,000원을 출자하여 회사를 설립하다.
(2) 5월 4일   건물을 구입하고 현금 10,000,000원을 지급하다.
(3) 5월 7일   비품 500,000원을 구입하고 대금은 외상으로 하다.
(4) 5월 9일   상품 6,000,000원을 매입하고 대금은 현금으로 지급하다.
(5) 5월 11일   은행의 보통예금 통장에 8,000,000원을 예금하다.
(6) 5월 14일   원가 1,500,000원의 상품을 4,000,000원에 외상으로 매출하다.
(7) 5월 19일   5월 7일의 비품 구입대금을 전액 현금으로 지급하다.
(8) 5월 25일   종업원 급여 500,000원을 지급하다.
(9) 5월 26일 은행에서 4,000,000원을 차입하였다.
(10) 5월 31일   상품 6,000,000원을 매입하고 대금은 약속어음을 발행하다.

풀이

(1) 5월 2일   현금 28,000,000원을 출자하여 회사를 설립하다.
　　(차) 현 금　　　　　　　　28,000,000　　(대) 자본금　　　　　　　28,000,000
　　　　(자산의 증가)　　　　　　　　　　　　　(자본의 증가)

(2) 5월 4일   건물을 구입하고 현금 10,000,000원을 지급하다.
　　(차) 건 물　　　　　　　　10,000,000　　(대) 현 금　　　　　　　10,000,000
　　　　(자산의 증가)　　　　　　　　　　　　　(자산의 감소)

(3) 5월 7일   비품 500,000원을 구입하고 대금은 외상으로 하다.
　　(차) 비 품　　　　　　　　　500,000　　(대) 미지급금　　　　　　　500,000
　　　　(자산의 증가)　　　　　　　　　　　　　(부채의 증가)

(4) 5월 9일   상품 6,000,000원을 매입하고 대금은 현금으로 지급하다.
　　(차) 상 품　　　　　　　　6,000,000　　(대) 현 금　　　　　　　6,000,000
　　　　(자산의 증가)　　　　　　　　　　　　　(자산의 감소)

(5) 5월 11일   은행의 보통예금 통장에 8,000,000원을 예금하다.
　　(차) 보통예금　　　　　　　8,000,000　　(대) 현 금　　　　　　　8,000,000
　　　　(자산의 증가)　　　　　　　　　　　　　(자산의 감소)

(6) 5월 14일   원가 1,500,000원의 상품을 4,000,000원에 외상으로 매출하다.
　　(차) 외상매출금　　　　　　4,000,000　　(대) 매출액　　　　　　　4,000,000
　　　　(자산의 증가)　　　　　　　　　　　　　(수익의 발생)
　　(차) 매출원가　　　　　　　1,500,000　　(대) 상 품　　　　　　　1,500,000
　　　　(비용의 발생)　　　　　　　　　　　　　(자산의 감소)

(7) 5월 19일　5월 7일의 비품 구입대금 500,000원을 전액 현금으로 지급하다.

　　(차) 미지급금　　　　　　　　500,000　　　(대) 현 금　　　　　　　　500,000
　　　　(부채의 감소)　　　　　　　　　　　　　　　(자산의 감소)

(8) 5월 25일　종업원 급여 500,000원을 지급하다.

　　(차) 급 여　　　　　　　　　500,000　　　(대) 현 금　　　　　　　　500,000
　　　　(비용의 발생)　　　　　　　　　　　　　　　(자산의 감소)

(9) 5월 26일　은행에서 4,000,000원을 차입하다.

　　(차) 현 금　　　　　　　　　4,000,000　　(대) 차입금　　　　　　　　4,000,000
　　　　(자산의 증가)　　　　　　　　　　　　　　　(부채의 증가)

(10) 5월 31일　상품 6,000,000원을 매입하고 대금은 약속어음을 발행하다.

　　(차) 상 품　　　　　　　　　6,000,000　　(대) 지급어음　　　　　　　6,000,000
　　　　(자산의 증가)　　　　　　　　　　　　　　　(부채의 증가)

3 총계정원장

분개가 끝나면 분개한 내용을 계정별로 옮겨 놓는 절차가 있는데 이를 전기라 한다. 전기를 하게 되면 일정기간 동안의 해당 계정의 증가·감소액을 파악할 수 있고 일정시점에서 해당 계정의 잔액을 알 수 있다. 이러한 거래를 각 계정과목별로 분류하고 정리하여 하나로 모아둔 장부를 총계정원장이라고 한다. 전기를 하는 방법은 다음과 같은 절차에 의해서 이루어진다.

① 차·대변에 기록된 분개에 해당하는 계정을 찾는다.

② 분개된 차변(또는 대변) 계정의 금액을 총계정원장의 해당 계정 차변(또는 대변)에 기입하고 상대 계정과목을 기입한다.

　　[예] 3월 7일 상품을 800,000원에 외상으로 판매하였을 때 분개와 전기는 다음과 같이 된다.

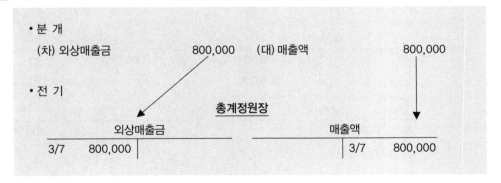

앞에서 살펴본 (주)미래의 아래와 같은 분개를 총계정원장에 전기하면 다음과 같다.

3/1	(차)	현 금	8,000,000	(대)	자본금		8,000,000	
3/2	(차)	비 품	300,000	(대)	현 금		300,000	
3/3	(차)	건 물	5,000,000	(대)	현 금		5,000,000	
3/4	(차)	상 품	600,000	(대)	외상매입금		600,000	
3/5	(차)	상 품	600,000	(대)	현 금		300,000	
					외상매입금		300,000	
3/6	(차)	현 금	400,000	(대)	매출액		400,000	
		매출원가	200,000		상 품		200,000	
3/7	(차)	외상매출금	800,000	(대)	매출액		800,000	
		매출원가	600,000		상 품		600,000	
3/8	(차)	현 금	100,000	(대)	이자수익		100,000	
3/9	(차)	급 여	100,000	(대)	현 금		100,000	
3/10	(차)	수선비	100,000	(대)	미지급금		100,000	
3/11	(차)	현 금	700,000	(대)	임대료		700,000	

현 금

3/1	8,000,000	3/2	300,000
3/6	400,000	3/3	5,000,000
3/8	100,000	3/5	300,000
3/11	700,000	3/9	100,000

자본금

		3/1	8,000,000

비 품

3/2	300,000	

건 물

3/3	5,000,000	

상 품

3/4	600,000	3/6	200,000
3/5	600,000	3/7	600,000

외상매입금

		3/4	600,000
		3/5	300,000

매출액

		3/6	400,000
		3/7	800,000

외상매출금

3/7	800,000	

매출원가

3/6	200,000	
3/7	600,000	

이자수익

		3/8	100,000

급 여

3/9	100,000	

수선비

3/10	100,000	

미지급금

		3/10	100,000

임대료

		3/11	700,000

4 합계잔액시산표

합계잔액시산표란 각 계정의 차변 합계액과 대변 합계액을 모아 작성한 표이다. 시산표의 합계액은 그 회계기간에 있어서의 거래총액으로 나타난다. 이는 원장기입의 정확여부를 검사하기 위하여 작성하는 일람표이다. 시산표는 분개장에서 원장으로 전기가 정확히 이루어졌는가 등을 대차평균의 원리에 의해 검증한다. 결산에 대비하여 작성하는 중간단계의 표라고 보면 된다.

합계잔액시산표

기업명		제××기 : xxxx년 xx월 xx일 현재	(보고통화 및 금액단위)	
차변 합계		계정과목	대변 합계	
잔 액	합 계		합 계	잔 액
		합 계		

자산 + 비용 = 부채 + 자본 + 수익

앞에서 언급하였던 (주)미래의 3월분 거래내용 중 총계정원장에 전기된 내용을 바탕으로 합계잔액시산표를 작성하면 다음과 같다.

합계잔액시산표

(주)미래		제××기 : 20x1년 3월 31일 현재	(단위 : 원)	
차변 합계		계정과목	대변 합계	
잔 액	합 계		합 계	잔 액
3,500,000	9,200,000	현 금	5,700,000	
800,000	800,000	외상매출금		
400,000	1,200,000	상 품	800,000	
300,000	300,000	비 품		
5,000,000	5,000,000	건 물		
		외상매입금	900,000	900,000
		미지급금	100,000	100,000
		자본금	8,000,000	8,000,000
		매출액	1,200,000	1,200,000
		이자수익	100,000	100,000
		임대료	700,000	700,000
800,000	800,000	매출원가		
100,000	100,000	급 여		
100,000	100,000	수선비		
11,000,000	17,500,000	합 계	17,500,000	11,000,000

예제 전기/합계잔액시산표

다음 (주)택스넷의 분개를 총계정원장에 전기하고 합계잔액시산표를 작성하시오.

(1)	5/2	(차) 현 금	28,000,000	(대) 자본금	28,000,000
(2)	5/4	(차) 건 물	10,000,000	(대) 현 금	10,000,000
(3)	5/7	(차) 비 품	500,000	(대) 미지급금	500,000
(4)	5/9	(차) 상 품	6,000,000	(대) 현 금	6,000,000
(5)	5/11	(차) 보통예금	8,000,000	(대) 현 금	8,000,000
(6)	5/14	(차) 외상매출금	4,000,000	(대) 매출액	4,000,000
		매출원가	1,500,000	상 품	1,500,000
(7)	5/19	(차) 미지급금	500,000	(대) 현 금	500,000
(8)	5/25	(차) 급 여	500,000	(대) 현 금	500,000
(9)	5/26	(차) 현 금	4,000,000	(대) 차입금	4,000,000
(10)	5/31	(차) 상 품	6,000,000	(대) 지급어음	6,000,000

풀이

(1) 총계정원장

현 금

5/2	28,000,000	5/4	10,000,000
5/26	4,000,000	5/9	6,000,000
		5/11	8,000,000
		5/19	500,000
		5/25	500,000

자본금

		5/2	28,000,000

건 물

5/4	10,000,000	

비 품

5/7	500,000	

미지급금

5/19	500,000	5/7	500,000

상 품

5/9	6,000,000	5/14	1,500,000
5/31	6,000,000		

보통예금

5/11	8,000,000	

외상매출금

5/14	4,000,000	

지급어음

		5/31	6,000,000

매출액		매출원가	
	5/14 4,000,000	5/14 1,500,000	

차입금		급 여	
	5/26 4,000,000	5/25 500,000	

(2) 합계잔액시산표

합계잔액시산표

(주)택스넷   제××기 : 20x1년 5월 31일 현재   (단위 : 원)

차변 합계		계정과목	대변 합계	
잔 액	합 계		합 계	잔 액
7,000,000	32,000,000	현 금	25,000,000	
8,000,000	8,000,000	보통예금		
4,000,000	4,000,000	외상매출금		
10,500,000	12,000,000	상 품	1,500,000	
10,000,000	10,000,000	건 물		
500,000	500,000	비 품		
		지급어음	6,000,000	6,000,000
	500,000	미지급금	500,000	
		차입금	4,000,000	4,000,000
		자본금	28,000,000	28,000,000
		매출액	4,000,000	4,000,000
1,500,000	1,500,000	매출원가		
500,000	500,000	급 여		
42,000,000	69,000,000	합 계	69,000,000	42,000,000

1 재무제표의 작성

이렇게 정리된 각 계정별 잔액을 바탕으로 손익계산서와 재무상태표를 작성하게 된다. 손익계산서는 수익과 비용을 기록한 것이며, 재무상태표는 자산, 부채, 자본을 기록한 것이다. 재무제표 작성 시에는 손익계산서를 먼저 작성하고 재무상태표를 작성하여야 한다. 왜냐하면 재무상태표 항목 중 하나인 자본에 당기순이익을 기록하여야 하는데 이는 손익계산서를 작성하여서 계산된 결과치이기 때문이다.

손익계산서

(주)미래	20x1.3.1 ~ 3.31		(단위 : 원)
매출원가	800,000	매출액	1,200,000
급 여	100,000	이자수익	100,000
수선비	100,000	임대료	700,000
당기순이익	1,000,000		
	2,000,000		2,000,000

재무상태표

(주)미래	20x1.3.31		(단위 : 원)
현 금	3,500,000	외상매입금	900,000
외상매출금	800,000	미지급금	100,000
상 품	400,000	자본금	8,000,000
비 품	300,000	이익잉여금	1,000,000
건 물	5,000,000		
자산 총계	10,000,000	부채와 자본 총계	10,000,000

2 대차평균의 원리

지금까지 살펴본 대로 발생한 거래를 장부에 기록하기 위해서는 복식부기의 원리에 따라 차변과 대변으로 나누어 기록해야 한다. 이때 모든 거래는 거래요소의 결합관계에 따라 반드시 차변과 대변에 같은 금액을 기입하며 아무리 많은 거래를 기입하더라도 기입한 전체의 차변 합계금액과 대변 합계금액은 반드시 일치하게 되는데 이것을 부기에서는 대차평균의 원리라고 한다. 위에서 작성된 재무상태표와 손익계산서를 살펴보아도 결국에는 차변과 대변에 각각 같은 금액이 기록되므로 최종적으로는 차변과 대변의 합계가 같게 된 것이다. 대차평균의 원리에 근거하면 마지막에 차변과 대변의 합계액을 비교해 봄으로써 분개의 적정성 여부를 검증해 볼 수 있는데 이것이 복식부기의 가장 큰 장점이라고 할 수 있다.

손익계산서와 재무상태표

다음 (주)택스넷의 합계잔액시산표를 기초로 하여 손익계산서와 재무상태표를 작성하시오.

합계잔액시산표

(주)택스넷   제××기 : 20x1년 5월 31일 현재   (단위 : 원)

차변 합계		계정과목	대변 합계	
잔 액	합 계		합 계	잔 액
7,000,000	32,000,000	현 금	25,000,000	
8,000,000	8,000,000	보통예금		
4,000,000	4,000,000	외상매출금		
10,500,000	12,000,000	상 품	1,500,000	
10,000,000	10,000,000	건 물		
500,000	500,000	비 품		
		지급어음	6,000,000	6,000,000
	500,000	미지급금	500,000	
		차입금	4,000,000	4,000,000
		자본금	28,000,000	28,000,000
		매출액	4,000,000	4,000,000
1,500,000	1,500,000	매출원가		
500,000	500,000	급 여		
42,000,000	69,000,000	합 계	69,000,000	42,000,000

풀이

손익계산서

(주)택스넷   20x1.5.1 ~ 20x1.5.31   (단위 : 원)

매출원가	1,500,000	매출액	4,000,000
급 여	500,000		
당기순이익	2,000,000		
	4,000,000		4,000,000

재무상태표

(주)택스넷   20x1.5.31   (단위 : 원)

현 금	7,000,000	차입금	4,000,000
보통예금	8,000,000	지급어음	6,000,000
외상매출금	4,000,000	자본금	28,000,000
상 품	10,500,000	이익잉여금	2,000,000
비 품	500,000		
건 물	10,000,000		
자산 총계	40,000,000	부채와 자본 총계	40,000,000

주관식 ▶ 연습문제

01 다음은 (주)경영의 4월 한 달간의 거래자료이다. 다음의 요구사항에 답하시오.

4월 1일	현금 10,000,000원을 자본으로 납입하고 영업을 개시하다.
2일	영업용 건물 3,000,000원과 사무용 비품 200,000원을 구입하고 대금은 현금으로 지급하다.
3일	상품 1,700,000원을 매입하고 대금 중 500,000원은 현금으로 지급하고 잔액은 외상으로 하다.
4일	원가 500,000원의 상품을 1,000,000원에 외상으로 매출하다.
6일	상품 3,000,000원을 현금으로 매입하다.
7일	은행의 보통예금 계좌에 2,000,000원을 예금하다.
9일	은행에서 차입금 3,000,000원을 현금 차입하다.
11일	외상매입대금 200,000원을 현금으로 지급하다.
12일	광고선전비로 1,000,000원을 현금으로 지출하다.
13일	외상매출대금 1,000,000원을 현금으로 회수하다.
15일	원가 2,000,000원의 상품을 4,000,000원에 외상으로 매출하다.
17일	상품 1,500,000원을 매입하고 대금은 현금으로 지급하다.
20일	단기차입금 중 1,000,000원을 현금으로 상환하다.
22일	원가 1,000,000원의 상품을 2,000,000원에 현금매출하다.
25일	종업원 급여 500,000원을 현금지급하다.
27일	외상매출대금 중 2,000,000원을 보통예금 계좌로 입금받다.

〈요구사항〉
1. 위의 거래를 분개하고 거래의 8요소를 적어보시오.
2. 총계정원장에 전기하시오.
3. 합계잔액시산표를 작성하시오.
4. 손익계산서와 재무상태표를 작성하시오.

풀이 1. 위의 거래를 분개하고 거래의 8요소를 적어보시오.

4/1 현금 10,000,000원을 자본으로 납입하고 영업을 개시하다.

(차) 현 금	10,000,000	(대) 자본금	10,000,000
(자산의 증가)		(자본의 증가)	

4/2 영업용 건물 3,000,000원과 사무용 비품 200,000원을 구입하고 대금은 현금으로 지급하다.

(차) 건 물	3,000,000	(대) 현 금	3,200,000
(자산의 증가)		(자산의 감소)	
비 품	200,000		
(자산의 증가)			

4/3 상품 1,700,000원을 매입하고 대금 중 500,000원은 현금으로 지급하고 잔액은 외상으로 하다.

(차) 상 품	1,700,000	(대) 현 금	500,000
(자산의 증가)		(자산의 감소)	
		외상매입금	1,200,000
		(부채의 증가)	

4/4 원가 500,000원의 상품을 1,000,000원에 외상으로 매출하다.

(차) 외상매출금	1,000,000	(대) 매출액	1,000,000
(자산의 증가)		(수익의 발생)	
(차) 매출원가	500,000	(대) 상 품	500,000
(비용의 발생)		(자산의 감소)	

4/6 상품 3,000,000원을 현금으로 매입하다.

(차) 상 품	3,000,000	(대) 현 금	3,000,000
(자산의 증가)		(자산의 감소)	

4/7 은행의 보통예금 계좌에 현금 2,000,000원을 예금하다.

(차) 보통예금	2,000,000	(대) 현 금	2,000,000
(자산의 증가)		(자산의 감소)	

4/9 은행에서 단기차입금 3,000,000원을 현금 차입하다.

(차) 현 금	3,000,000	(대) 단기차입금	3,000,000
(자산의 증가)		(부채의 증가)	

4/11 외상매입대금 200,000원을 현금으로 지급하다.

(차) 외상매입금	200,000	(대) 현 금	200,000
(부채의 감소)		(자산의 감소)	

4/12 광고선전비로 1,000,000원을 현금으로 지출하다.

(차) 광고선전비	1,000,000	(대) 현 금	1,000,000
(비용의 발생)		(자산의 감소)	

4/13 외상매출대금 1,000,000원을 현금으로 회수하다.

(차) 현 금	1,000,000	(대) 외상매출금	1,000,000
(자산의 증가)		(자산의 감소)	

4/15 원가 2,000,000원의 상품을 4,000,000원에 외상으로 매출하다.

(차) 외상매출금	4,000,000	(대) 매출액	4,000,000
(자산의 증가)		(수익의 발생)	
(차) 매출원가	2,000,000	(대) 상 품	2,000,000
(비용의 발생)		(자산의 감소)	

4/17 상품 1,500,000원을 매입하고 대금은 현금으로 지급하다.

(차)	상 품	1,500,000	(대)	현 금	1,500,000
	(자산의 증가)			(자산의 감소)	

4/20 단기차입금 중 1,000,000원을 현금으로 상환하다.

(차)	단기차입금	1,000,000	(대)	현 금	1,000,000
	(부채의 감소)			(자산의 감소)	

4/22 원가 1,000,000원의 상품을 2,000,000원에 현금으로 매출하다.

(차)	현 금	2,000,000	(대)	매출액	2,000,000
	(자산의 증가)			(수익의 발생)	
(차)	매출원가	1,000,000	(대)	상 품	1,000,000
	(비용의 발생)			(자산의 감소)	

4/25 종업원 급여 500,000원을 현금으로 지급하다.

(차)	급 여	500,000	(대)	현 금	500,000
	(비용의 발생)			(자산의 감소)	

4/27 외상매출대금 중 2,000,000원을 보통예금 계좌로 입금받다.

(차)	보통예금	2,000,000	(대)	외상매출금	2,000,000
	(자산의 증가)			(자산의 감소)	

2. 총계정원장에 전기하시오.

현 금

4/1	10,000,000	4/2	3,200,000
4/9	3,000,000	4/3	500,000
4/13	1,000,000	4/6	3,000,000
4/22	2,000,000	4/7	2,000,000
		4/11	200,000
		4/12	1,000,000
		4/17	1,500,000
		4/20	1,000,000
		4/25	500,000

자본금

		4/1	10,000,000

건 물

4/2	3,000,000

비 품

4/2	200,000

상 품

4/3	1,700,000	4/4	500,000
4/6	3,000,000	4/15	2,000,000
4/17	1,500,000	4/22	1,000,000

외상매입금

4/11	200,000	4/3	1,200,000

매출액				외상매출금			
	4/4	1,000,000	4/4	1,000,000	4/13	1,000,000	
	4/15	4,000,000	4/15	4,000,000	4/27	2,000,000	
	4/22	2,000,000					

매출원가		
4/4	500,000	
4/15	2,000,000	
4/22	1,000,000	

보통예금				단기차입금			
4/7	2,000,000		4/20	1,000,000	4/9	3,000,000	
4/27	2,000,000						

광고선전비				급 여		
4/12	1,000,000		4/25	500,000		

3. 합계잔액시산표를 작성하시오.

합계잔액시산표

(주)경영　　　　　　　　제××기 : 20x1년 4월 30일 현재　　　　　　　(단위 : 원)

차변 합계		계정과목	대변 합계	
잔 액	합 계		합 계	잔 액
3,100,000	16,000,000	현 금	12,900,000	
4,000,000	4,000,000	보통예금		
2,000,000	5,000,000	외상매출금	3,000,000	
2,700,000	6,200,000	상 품	3,500,000	
3,000,000	3,000,000	건 물		
200,000	200,000	비 품		
	200,000	외상매입금	1,200,000	1,000,000
	1,000,000	단기차입금	3,000,000	2,000,000
		자본금	10,000,000	10,000,000
		매출액	7,000,000	7,000,000
3,500,000	3,500,000	매출원가		
1,000,000	1,000,000	광고선전비		
500,000	500,000	급 여		
20,000,000	40,600,000	합 계	40,600,000	20,000,000

4. 손익계산서와 재무상태표를 작성하시오.

손익계산서

(주)경영	20x1.4.1 ~ 20x1.4.30		(단위 : 원)
매출원가	3,500,000	매출액	7,000,000
급 여	500,000		
광고선전비	1,000,000		
당기순이익	2,000,000		
	7,000,000		7,000,000

재무상태표

(주)경영	20x1.4.30		(단위 : 원)
현 금	3,100,000	외상매입금	1,000,000
보통예금	4,000,000	단기차입금	2,000,000
외상매출금	2,000,000	자본금	10,000,000
상 품	2,700,000	이익잉여금	2,000,000
비 품	200,000		
건 물	3,000,000		
자산 총계	15,000,000	부채와 자본 총계	15,000,000

앞의 손익계산서를 보고식 손익계산서로 작성하면 다음과 같다.

손익계산서

(주)경영	20x1.4.1 ~ 20x1.4.30	(단위 : 원)
수 익		7,000,000
매출액	7,000,000	
비 용		5,000,000
매출원가	3,500,000	
광고선전비	1,000,000	
급 여	500,000	
당기순이익		2,000,000

01 다음 중 회계상의 거래로 옳은 것만 고른 것은?

> ㄱ. 사무실을 월세 300,000원에 사용하기로 약속을 하다.
> ㄴ. 자금 조달을 위해 투자자와 5,000,000원의 투자계약을 체결하다.
> ㄷ. 홍수로 인해 창고 속에 보관하고 있던 100,000원의 상품이 유실되다.
> ㄹ. 거래처에 갑상품 300,000원을 주문하고, 계약금으로 현금 30,000원을 지급하다.

① ㄱ, ㄴ   ② ㄱ, ㄷ
③ ㄴ, ㄹ   ④ ㄷ, ㄹ

해설 회계상의 거래는 자산, 부채, 자본에 증감 변화가 있어야 하며, 주문, 계약, 약속 등은 회계상의 거래가 아니지만, 계약금을 지급함으로써 자산 감소로 회계상 거래로 성립한다.

정답 ④

02 다음 중 거래의 요소로서 결합될 수 없는 것은?

① 자산의 감소와 부채의 감소
② 자산의 증가와 자산의 감소
③ 부채의 증가와 수익의 발생
④ 부채의 증가와 비용의 발생

해설 수익이 발생하면 자산이 증가하거나 부채·자본이 감소되어야 한다.

정답 ③

03 다음 중 회계의 순환과정에서 가장 먼저하는 것은?

① 거래의 식별
② 원장 전기
③ 시산표 작성
④ 분개장 작성

해설 거래의 식별 → 분개장 작성 → 원장 전기 → 수정전 시산표 작성 → 결산정리사항 분개 → 재무제표 작성과 모든 장부 마감

정답 ①

04 다음의 거래로 인하여 아래 (가), (나), (다), (라) 중 증감하는 것만 모은 것은?

거래	비품 100,000원을 구입하고, 대금은 월말에 지급하기로 하다.			
계정	자산 계정		부채 계정	
	(가)	(나)	(다)	(라)

① 가, 나

② 가, 라

③ 나, 다

④ 다, 라

해설 (차) 비품(자산의 증가)　　　　　100,000　　　(대) 미지급금(부채의 증가)　　　　　100,000

정답 ②

05 다음 중 회계상 거래로 보기 어려운 것은?

① 회사 창고에 보관 중인 상품 100,000원이 화재로 소실되다.

② 월 100,000원의 임차료로 건물을 임차하기로 임대인과 계약하다.

③ 회사의 자금사정이 어려워 당월분 종업원급여 100,000원을 지급하지 못하다.

④ 단기차입금에 대한 이자 100,000원을 수표로 지급하다.

해설 임대차계약의 사실만으로 거래가 될 수 없으며, 계약과 동시에 현금지급의 거래가 발생하면 회계상 거래로 인식한다.

정답 ②

06 다음 중 비용이 발생하였으나 아직 지급하지 않은 거래를 하였을 경우 미치는 영향으로 옳은 것은?

① 자산의 감소와 비용의 발생

② 자산의 증가와 부채의 증가

③ 비용의 발생과 부채의 증가

④ 자본의 증가와 비용의 발생

해설 비용이 발생하였으나 아직 현금을 지급하지 않았기 때문에 향후 지급해야 할 부채가 증가한다.

정답 ③

07 다음 거래를 분개할 때 나타나는 거래요소로 옳은 것만을 〈보기〉에서 모두 고른 것은?

> 거래처에 빌려준 단기대여금 100,000원과 그 이자 10,000원을 현금으로 받다.

> **보기**
> ㄱ. 자산의 증가   ㄴ. 자산의 감소
> ㄷ. 비용의 발생   ㄹ. 수익의 발생

① ㄱ, ㄴ   ② ㄴ, ㄹ
③ ㄱ, ㄴ, ㄷ   ④ ㄱ, ㄴ, ㄹ

해설 (차) 현금(자산의 증가)   110,000   (대) 단기대여금(자산의 감소)   100,000
                                                   이자수익(수익의 발생)   10,000

정답 ④

08 다음 제시된 (가), (나)의 거래에 대한 거래의 종류를 바르게 나타낸 것은?

> (가) 단기대여금 500,000원과 그에 대한 이자 50,000원을 현금으로 회수하다.
> (나) 비품 4,000,000원을 구입하고, 대금은 10개월 무이자 할부로 카드 결제하다.

	(가)	(나)
①	교환거래	교환거래
②	교환거래	혼합거래
③	혼합거래	교환거래
④	손익거래	혼합거래

해설 (가) : 자산 증가, 자산 감소, 수익 발생의 혼합거래
        (나) : 자산 증가, 부채 증가의 교환거래

정답 ③

09 다음 중 합계잔액시산표의 ⊙과 ⓒ에 들어갈 금액으로 옳은 것은?

잔 액	합 계	계정과목	합 계	잔 액
500	⊙	외상매출금	200,600	
	110,000	지급어음	110,500	ⓒ

	⊙	ⓒ			⊙	ⓒ
①	201,100	220,500		②	201,100	500
③	200,100	500		④	200,100	220,500

해설 외상매출금은 자산 계정이므로 차변 잔액이고, 지급어음은 부채 계정이므로 대변 잔액이다.

정답 ②

10 다음 제시된 거래요소의 결합관계에 해당하는 것은?

(차변 요소)　　(대변 요소)
비용의 발생 − 자산의 감소

① 여비교통비 200,000원을 현금으로 지급하다.
② 거래처에 현금 400,000원을 대여하다.
③ 영업용 승용차를 1,000,000원에 현금으로 구입하다.
④ 정기예금에 대한 이자 200,000원을 현금으로 받다.

해설 (차) 여비교통비(비용의 발생)　　200,000　　(대) 현금(자산의 감소)　　200,000

정답 ①

11 다음 중 회계상의 거래에 해당되는 것을 보기에서 모두 고른 것은?

ㄱ. 노트 5,000원짜리를 문구점에서 현금으로 구매하다.
ㄴ. 상품 20,000원을 매입하고 카드결제하다.
ㄷ. 상해보험 10,000원에 가입하기로 계약하다.
ㄹ. 종업원을 월 1,000,000원에 채용하기로 하다.

① ㄱ, ㄴ
② ㄱ, ㄷ
③ ㄴ, ㄷ
④ ㄷ, ㄹ

해설 • 회계상 거래 : ㄱ, ㄴ
　　　• 회계상의 거래가 아닌 것 : ㄷ, ㄹ

정답 ①

12 다음 중 거래요소의 결합관계에 대한 계정기입으로 옳지 않은 것은?

①
자 산	
증 가	감 소

②
자 본	
감 소	증 가

③
부 채	
증 가	감 소

④
수 익	
소 멸	발 생

해설
부 채	
감 소	증 가

정답 ③

13 다음에 제시된 거래에 대한 거래의 종류로 옳은 것은?(단, 거래의 종류는 손익의 발생 유무에 따라 분류한다)

> 상품 운반용으로 사용할 자동차 1대를 10,000,000원에 구입하고, 대금 중 5,000,000원은 현금으로 지급하고 잔액은 월말에 지급하기로 하다.

① 교환거래
② 손익거래
③ 혼합거래
④ 대체거래

해설 거래내용이 자산, 부채만 증감하고 수익이나 비용이 발생하지 않은 거래이므로 교환거래이다.

정답 ①

14 다음 거래를 분개할 때 나타나는 거래요소를 〈보기〉에서 고른 것은?

> 업무용 자동차를 500,000원에 구입하고, 대금 중 200,000원은 약속어음을 발행하여 지급하고 잔액은 외상으로 하다.

보기
ㄱ. 자산의 증가
ㄴ. 자산의 감소
ㄷ. 부채의 증가
ㄹ. 부채의 감소

① ㄱ, ㄴ
② ㄱ, ㄷ
③ ㄴ, ㄹ
④ ㄷ, ㄹ

해설 (차) 차량운반구(자산의 증가)　　　500,000　　　(대) 미지급금(부채의 증가)　　　500,000

정답 ②

15 다음 거래에 대한 거래요소의 결합관계로 옳은 것은?

> 매입처 ○○상점에 대한 외상매입금 200,000원의 지급기일이 도래하였으나, 자금사정이 좋지 않아 2개월 후 만기의 약속어음을 발행하여 지급하다.

① (차변) 자산의 증가   (대변) 자산의 감소
② (차변) 자산의 증가   (대변) 부채의 증가
③ (차변) 부채의 감소   (대변) 자산의 감소
④ (차변) 부채의 감소   (대변) 부채의 증가

해설 외상매입금(부채)이 감소하고, 지급어음(부채)이 증가한 거래이다.

정답 ④

16 회계의 순환과정에 대한 일반적인 절차를 순서대로 맞게 배열한 것은?

> (가) 거래의 발생   (나) 분 개
> (다) 전 기   (라) 시산표 작성
> (마) 재무제표 작성

① (가) − (나) − (다) − (라) − (마)
② (가) − (다) − (나) − (마) − (라)
③ (가) − (라) − (나) − (마) − (다)
④ (가) − (다) − (라) − (나) − (마)

해설 거래의 발생 − 분개 − 전기 − 시산표 작성 − 재무제표 작성

정답 ①

회계의 기본이론

1 재무보고

1 재무보고와 재무제표

재무보고는 기업실체 외부의 다양한 이해관계자의 경제적 의사결정을 위해 경영자가 기업실체의 경제적 자원과 의무, 경영성과, 현금흐름, 자본변동 등에 관한 재무정보를 제공하는 것을 말한다. 재무제표는 기업실체가 외부의 정보이용자에게 재무정보를 전달하는 핵심적 수단으로서 일반적으로 재무상태표, 손익계산서, 자본변동표, 현금흐름표로 구성되며 주석을 포함한다. 주석에는 법률적 요구에 의해 작성하는 이익잉여금처분계산서 등이 포함될 수 있다.

2 재무제표의 작성책임

기업실체의 경영자는 기업실체 외부의 이해관계자에게 재무제표를 작성하고 보고할 일차적인 책임을 진다. 경영자는 회계기준에 근거하여 진실되고 적정한 재무제표를 작성하여야 한다. 또한, 회계기준의 허용 범위 내에서 적정한 회계처리방법을 선택하여 이를 일관성 있게 적용하고, 합리적인 판단과 추정을 하여야 한다.

3 재무보고의 목적

재무보고의 주된 목적은 투자 및 신용의사결정에 유용한 정보를 제공하는 것이다. 투자 및 신용의사결정에 유용한 정보란 투자로부터의 미래 현금흐름을 예측하기 위해 기업실체의 미래 현금흐름을 예측하는 데 유용한 정보라고 할 수 있다. 기업실체의 미래 현금흐름을 예측하기 위해서는 기업실체의 경제적 자원과 그에 대한 청구권, 그리고 경영성과 측정치를 포함한 청구권의 변동에 관한 정보가 제공되어야 한다. 또한, 이러한 재무정보는 경영자의 수탁책임을 평가하는 측면에서 활용될 수 있다.

(1) 투자 및 신용의사결정에 유용한 정보의 제공

재무보고는 기업실체에 대한 현재 및 잠재의 투자자와 채권자가 합리적인 투자의사결정과 신용의사결정을 하는 데 유용한 정보를 제공하여야 한다. 투자자와 채권자에게 유용한 정보는 사회 전체적인 자원배분의 효율성을 높이는 데 기여한다.

(2) 미래 현금흐름 예측에 유용한 정보의 제공

재무보고는 투자 또는 자금대여 등으로부터 받게 될 미래 현금의 크기, 시기 및 불확실성을 평가하는 데 유용한 정보를 제공하여야 한다. 또한, 그러한 미래 현금유입은 기업실체의 미래 현금창출능력에 의존하게 되므로, 재무보고는 당해 기업실체에 유입될 미래 순현금흐름의 크기, 시기 및 불확실성을 평가하는 데 유용한 정보를 제공하여야 한다.

(3) 재무상태, 경영성과, 현금흐름 및 자본변동에 관한 정보의 제공

재무보고는 기업실체가 보유하고 있는 경제적 자원과 그 자원에 대한 청구권, 그리고 경영성과 측정치를 포함하여 그러한 청구권의 변동에 관한 정보와 현금흐름 정보를 제공하여야 한다. 즉, 재무보고는 기업실체의 재무상태, 경영성과, 현금흐름 및 자본변동에 관한 정보를 제공하여야 한다.

(4) 경영자의 수탁책임 평가에 유용한 정보의 제공

재무제표는 경영자의 수탁책임의 이행 등을 평가할 수 있는 정보를 제공한다. 경영자는 소유주로부터 위탁받은 기업실체의 자원을 적절히 유지하고 효율적으로 운용하여 수익을 창출하여야 하며, 물가변동이나 기술진보 및 사회적 변화에 따라 발생할 수 있는 불리한 경제상황으로부터 최대한 이 자원을 보전할 책임이 있다. 이러한 책임의 이행 여부에 대해 경영자는 주기적으로 평가받게 된다.

2 | 재무정보의 질적특성

재무보고의 목적이 달성되기 위해서는 재무제표에 의해 제공되는 정보(이하 '재무정보'라 한다)가 정보이용자들의 의사결정에 유용하여야 한다. 기업에서 생성된 재무정보가 유용한 정보가 되기 위한 전제조건으로서 재무정보가 가져야 할 특성들을 정의한 것이 재무정보의 질적특성이다. 이를 통해 재무정보의 유용성 여부를 판단할 수 있게 된다.

1 목적적합성

목적적합성이란 정보의 이용여부에 따라 의사결정에 차이를 발생시킬 수 있는 능력, 즉 정보로서의 효용가치를 말한다. 이는 다음의 세 가지 하부속성인 예측가치, 피드백가치, 적시성으로 이루어져 있다.

(1) 예측가치

예측가치란 정보이용자가 기업실체의 미래 재무상태, 경영성과, 순현금흐름 등을 예측하는 데에 그 정보가 활용될 수 있는 능력을 의미한다.

(2) 피드백가치

피드백가치란 재무정보에 대한 정보이용자의 당초 기대치(예측치)를 확인 또는 수정되게 함으로써 의사결정에 영향을 미칠 수 있는 능력을 말한다.

(3) 적시성

적시성이란 정보능력을 상실하기 전에, 즉 의사결정을 하고자 하는 정보이용자가 꼭 필요로 하는 때에 제공되어야 하는 것이다. 이는 반기별 또는 분기별 재무제표의 근거가 된다.

2 신뢰성

신뢰성이란 믿을 수 있는 정보의 특징을 말하고 오류나 편중됨이 있어서는 안 된다는 질적특성을 가진다. 이는 다음의 세 가지 하부속성인 표현의 충실성, 중립성, 검증가능성으로 이루어져 있다.

(1) 표현의 충실성

표현의 충실성이란 측정코자 하는 대상의 실질적 속성과 측정치가 일치하는 정도를 의미한다. 이를 위하여는 회계처리대상이 되는 거래나 사건의 법적 형식 또는 외관보다는 그 경제적 실질에 따라 회계처리하고 보고하여야 한다.

(2) 중립성

중립성이란 정보가 특정이용자에게 치우치거나 편견을 내포해서는 안 된다는 속성을 의미한다. 재무제표에 특정 정보를 표시함으로써 정보이용자의 의사결정이나 판단에 영향을 미친다면 그러한 회계정보는 중립적이라 할 수 없다.

(3) 검증가능성

검증가능성이란 동일한 사건이나 거래를 다른 사람이 측정했을 때도 동일하거나 유사한 결론에 도달해야 한다는 속성이다. 이를 가리켜 객관성이라고도 하며, 역사적 원가주의의 근거가 된다.

3 질적특성 간 절충의 필요

재무정보가 유용하기 위해서는 목적적합성과 신뢰성을 모두 갖추어야 한다. 그러나 이는 상충될 경우가 많다. 즉, 하나의 특성을 강조할 경우 다른 특성이 희생되는 관계를 의미한다. 절충이 필요한 질적특성 간의 선택은 재무보고의 목적을 최대한 달성할 수 있는 방향으로 이루어져야 하며, 질적특성 간의 상대적 중요성은 상황에 따라 판단되어야 한다.

4 비교가능성

두 개의 경제현상 간 유사성과 차이점을 식별할 수 있는 속성을 말한다. 비교가능성은 다음의 두 가지, 즉, 기업 간 비교가능성과 기간별 비교가능성으로 나누어진다.

(1) 기업 간 비교가능성

기업 간 비교가능성이란 특정 기업의 정보를 다른 기업의 유사정보와 비교할 수 있는 특성을 말한다. 즉, 동종산업에 속하는 기업 간 정보비교에 요구되는 속성이다.

(2) 기간별 비교가능성

기간별 비교가능성이란 특정 기업이 회계기간을 달리하여 재무정보를 비교할 수 있는 특성을 말한다. 즉, 기간별 비교를 통하여 기업의 성과를 평가하고 기업의 순자산 변동내용을 알 수 있도록 한 것이다.

5 재무정보의 제약요인

(1) 비용과 효익의 균형

질적특성을 갖춘 정보라 하더라도 정보 제공 및 이용에 소요될 사회적 비용이 정보 제공 및 이용에 따른 사회적 효익을 초과해서는 안 된다. 이는 재무정보의 질적특성에 대한 포괄적인 제약요건이다.

(2) 중요성

특정 정보가 생략되거나 잘못 표시된 재무제표가 정보이용자의 판단이나 의사결정에 영향을 미칠 수 있다면 개념적으로 볼 때 그러한 정보는 중요한 정보이다. 중요성은 일반적으로 당해 항목의 성격과 금액의 크기에 의해 결정된다.

3 재무제표의 기본이론

1 재무제표의 기본가정

재무제표는 일정한 가정하에서 작성되며, 그러한 기본가정으로는 기업실체, 계속기업 및 기간별 보고를 들 수 있다.

(1) 기업실체의 가정

기업실체의 가정이란 기업을 소유주와는 독립적으로 존재하는 회계단위로 간주하고 이 회계단위의 관점에서 그 경제활동에 대한 재무정보를 측정, 보고하는 것을 말한다. 즉, 기업의 자산, 부채는 경영자나 주주의 재산과 별개로 인식되며, 기업의 수익은 주주 등의 개인의 소득과 구분되는 개념인 것이다. 이는 재무제표에 포함될 정보의 범위를 결정해 주는 것이며, 이때는 법적 형식보다 경제적 실질을 중요시 여긴다. 이를 통해 연결재무제표의 작성 근거를 도출할 수 있다.

(2) 계속기업의 가정

계속기업의 가정이란 기업실체는 그 목적과 의무를 이행하기에 충분할 정도로 장기간 존속한다고 가정하는 것을 말한다. 즉, 기업실체는 그 경영활동을 청산하거나 중대하게 축소시킬 의도가 없을 뿐 아니라 청산이 요구되는 상황도 없다고 가정된다. 이 계속기업의 가정이 없다면 기업은 항시 재무제표를 기업이 바로 청산된다는 가정하에 작성하여야 한다. 따라서 모든 자산의 평가를 청산가치에 의하여야 하고, 지출되는 비용을 모두 당기에 인식하여야 한다. 예를 들어 건물을 취득한 경우 지출금액은 비용이 아닌 자산이며 감가상각을 통해 비용화된다. 이는 기업이 계속해서 존속하며 영업활동을 하여 당기에 지출한 건물대금이 당기 이후에도 수익활동에 계속해서 영향을 주는 것이라 가정하기 때문이다. 이는 감가상각의 이론적 근거가 된다.

(3) 기간별 보고의 가정

기간별 보고의 가정이란 기업실체의 존속기간을 일정한 기간 단위로 분할하여 각 기간별로 재무제표를 작성하는 것을 말한다. 기업실체의 이해관계자는 지속적으로 의사결정을 해야 하므로 적시성이 있는 정보가 필요하게 된다. 따라서 일정기간을 인위적 단위로 분할한 회계기간을 정하게 되며, 이에 따라 한 회계기간 동안의 수익과 비용을 집계하고, 보고기간말의 자산 등 항목을 평가하여 재무제표를 작성하는 것이다. 이는 기간손익을 산정하는 발생주의 회계의 논리적인 근거가 되어 기간손익, 수익·비용 대응의 원칙 등의 근거가 된다.

2 재무제표의 작성과 표시의 일반원칙

(1) 재무제표의 구성

재무제표는 재무상태표, 손익계산서, 현금흐름표, 자본변동표로 구성되며, 주석을 포함한다. 다음의 사항을 각 재무제표의 명칭과 함께 기재한다.

① 기업명
② 보고기간종료일 또는 회계기간
③ 보고통화 및 금액단위

(2) 계속기업

경영진은 재무제표를 작성할 때 계속기업으로서의 존속가능성을 평가해야 한다. 경영진이 기업을 청산하거나 경영활동을 중단할 의도를 가지고 있지 않을 뿐만 아니라 청산 또는 경영활동의 중단 외에 다른 현실적 대안이 없는 경우도 아니면, 계속기업을 전제로 재무제표를 작성한다.

(3) 재무제표의 작성책임과 공정한 표시

재무제표의 작성과 표시에 대한 책임은 경영진에게 있다. 재무제표는 경제적 사실과 거래의 실질을 반영하여 기업의 재무상태, 경영성과, 현금흐름 및 자본변동을 공정하게 표시하여야 하며, 일반기업회계기준에 따라 적정하게 작성된 재무제표는 공정하게 표시된 재무제표로 본다.

(4) 재무제표 항목의 구분과 통합표시

중요한 항목은 재무제표의 본문이나 주석에 그 내용을 가장 잘 나타낼 수 있도록 구분하여 표시하며, 중요하지 않은 항목은 성격이나 기능이 유사한 항목과 통합하여 표시할 수 있다.

(5) 비교재무제표의 작성

재무제표의 기간별 비교가능성을 제고하기 위하여 전기 재무제표의 모든 계량정보를 당기와 비교하는 형식으로 표시한다. 또한 전기 재무제표의 비계량정보가 당기 재무제표를 이해하는 데 필요한 경우에는 이를 당기의 정보와 비교하여 주석에 기재한다.

(6) 재무제표 항목의 표시와 분류의 계속성

재무제표의 기간별 비교가능성을 제고하기 위하여 재무제표 항목의 표시와 분류는 다음의 경우를 제외하고는 매기 동일하여야 한다.

① 일반기업회계기준에 의하여 재무제표 항목의 표시와 분류의 변경이 요구되는 경우
② 사업결합 또는 사업중단 등에 의해 영업의 내용이 유의적으로 변경된 경우
③ 재무제표 항목의 표시와 분류를 변경함으로써 기업의 재무정보를 더욱 적절하게 전달할 수 있는 경우

재무제표 항목의 표시나 분류방법이 변경되는 경우에는 당기와 비교하기 위하여 전기의 항목을 재분류하고, 재분류 항목의 내용, 금액 및 재분류가 필요한 이유를 주석으로 기재한다. 다만, 재분류가 실무적으로 불가능한 경우에는 그 이유와 재분류되어야 할 항목의 내용을 주석으로 기재한다.

4 재무상태표

1 재무상태표의 목적

재무상태표는 일정시점 현재 기업이 보유하고 있는 경제적 자원인 자산과 경제적 의무인 부채, 그리고 자본에 대한 정보를 제공하는 재무보고서로서, 정보이용자들이 기업의 유동성, 재무적 탄력성, 수익성과 위험 등을 평가하는 데 유용한 정보를 제공한다.

2 재무상태표의 기본구조

재무상태표의 구성요소인 자산, 부채, 자본은 각각 다음과 같이 구분한다.

			재무상태표

기업명		보고기간종료일		(단위 : 원)
계정과목	금 액	계정과목		금 액
자 산		부 채		
유동자산	×××	유동부채		×××
당좌자산	×××	비유동부채		×××
재고자산	×××	부채 총계		×××
비유동자산	×××	자 본		
투자자산	×××	자본금		×××
유형자산	×××	자본잉여금		×××
무형자산	×××	자본조정		×××
기타비유동자산	×××	기타포괄손익누계액		×××
		이익잉여금		×××
		자본 총계		×××
자산 총계	×××	부채와 자본 총계		×××

3 유동성배열법

(1) 의 의

자산과 부채는 유동성이 큰 항목부터 배열하는 것을 원칙으로 한다.

(2) 자산의 유동성과 비유동성 구분

다음과 같은 자산은 유동자산으로 분류하며, 그 밖의 모든 자산은 비유동자산으로 분류한다.

① 사용의 제한이 없는 현금및현금성자산

② 기업의 정상적인 영업주기 내에 실현될 것으로 예상되거나 판매목적 또는 소비목적으로 보유하고 있는 자산

③ 단기매매목적으로 보유하는 자산

④ ① 내지 ③ 외에 보고기간종료일로부터 1년 이내에 현금화 또는 실현될 것으로 예상되는 자산

정상적인 영업주기 내에 판매되거나 사용되는 재고자산과 회수되는 매출채권 등은 보고기간종료일로부터 1년 이내에 실현되지 않더라도 유동자산으로 분류한다. 이 경우 유동자산으로 분류한 금액 중 1년 이내에 실현되지 않을 금액을 주석으로 기재한다. 또, 장기미수금이나 투자자산에 속하는 매도가능증권 또는 만기보유증권 등의 비유동자산 중 1년 이내에 실현되는 부분은 유동자산으로 분류한다.

(3) 부채의 유동성과 비유동성 구분

다음과 같은 부채는 유동부채로 분류하며, 그 밖의 모든 부채는 비유동부채로 분류한다.

① 기업의 정상적인 영업주기 내에 상환 등을 통하여 소멸할 것이 예상되는 매입채무와 미지급비용 등의 부채

② 보고기간종료일로부터 1년 이내에 상환되어야 하는 단기차입금 등의 부채

③ 보고기간 후 1년 이상 결제를 연기할 수 있는 무조건의 권리를 가지고 있지 않은 부채

정상적인 영업주기 내에 소멸할 것으로 예상되는 매입채무와 미지급비용 등은 보고기간종료일로부터 1년 이내에 결제되지 않더라도 유동부채로 분류한다. 이 경우 유동부채로 분류한 금액 중 1년 이내에 결제되지 않을 금액을 주석으로 기재한다.

당좌차월, 단기차입금 및 유동성장기차입금 등은 보고기간종료일로부터 1년 이내에 결제되어야 하므로 영업주기와 관계없이 유동부채로 분류한다. 또한 비유동부채 중 보고기간종료일로부터 1년 이내에 자원의 유출이 예상되는 부분은 유동부채로 분류한다.

4 재무상태표 항목의 구분과 통합표시

(1) 의 의

자산, 부채, 자본 중 중요한 항목은 재무상태표 본문에 별도 항목으로 구분하여 표시한다. 중요하지 않은 항목은 성격 또는 기능이 유사한 항목에 통합하여 표시할 수 있으며, 통합할 적절한 항목이 없는 경우에는 기타항목으로 통합할 수 있다. 이 경우 세부 내용은 주석으로 기재한다.

(2) 현금및현금성자산

현금및현금성자산은 기업의 유동성 판단에 중요한 정보이므로 별도 항목으로 구분하여 표시한다. 현금및현금성자산은 통화 및 타인발행수표 등 통화대용증권과 당좌예금, 보통예금 및 큰 거래비용 없이 현금으로 전환이 용이하고 이자율 변동에 따른 가치변동의 위험이 경미한 금융상품으로서 취득 당시 만기일(또는 상환일)이 3개월 이내인 것을 말한다.

(3) 자본금

자본금은 보통주자본금과 우선주자본금으로 구분하여 표시한다. 보통주와 우선주는 배당금 지급 및 청산 시의 권리가 상이하기 때문에 자본금을 구분하여 표시한다.

(4) 자본잉여금

자본잉여금은 주식발행초과금과 기타자본잉여금으로 구분하여 표시한다.

(5) 자본조정

자본조정 중 자기주식은 별도 항목으로 구분하여 표시한다. 주식할인발행차금, 주식선택권, 출자전환채무, 감자차손 및 자기주식처분손실 등은 기타자본조정으로 통합하여 표시할 수 있다.

(6) 기타포괄손익누계액

기타포괄손익누계액은 매도가능증권평가손익, 해외사업환산손익 및 현금흐름위험회피 파생상품평가손익 등으로 구분하여 표시한다.

(7) 이익잉여금

이익잉여금은 법정적립금, 임의적립금 및 미처분이익잉여금(또는 미처리결손금)으로 구분하여 표시한다. 이익잉여금 중 법정적립금과 임의적립금의 세부 내용 및 법령 등에 따라 이익배당이 제한되어 있는 이익잉여금의 내용을 주석으로 기재한다.

5 자산과 부채의 총액표시

자산과 부채는 원칙적으로 상계하여 표시하지 않는다. 다만, 기업이 채권과 채무를 상계할 수 있는 법적 구속력 있는 권리를 가지고 있고, 채권과 채무를 순액기준으로 결제하거나 채권과 채무를 동시에 결제할 의도가 있다면 상계하여 표시한다. 또한, 원칙적으로 자산이나 부채의 가감항목을 해당 자산이나 부채에서 직접 가감하여 표시할 수 있는데, 매출채권에 대한 대손충당금 등을 해당 자산이나 부채에서 직접 가감하여 표시할 수 있는 것을 말한다. 이 경우 가감한 금액을 주석으로 기재한다.

6 재무상태표 계정과목(예시)

(1) 자산

자 산	유동자산	당좌자산	현금및현금성자산, 단기투자자산, 매출채권, 선급비용, 이연법인세자산, 미수수익, 미수금, 선급금 등
		재고자산	상품, 제품, 반제품, 재공품, 원재료, 저장품 등
	비유동자산	투자자산	투자부동산, 장기투자증권, 지분법적용투자주식, 장기대여금 등
		유형자산	토지, 건물, 구축물, 기계장치, 선박, 차량운반구, 건설중인자산 등
		무형자산	영업권, 산업재산권, 개발비, 라이선스와 프랜차이즈, 저작권, 컴퓨터소프트웨어, 임차권리금, 광업권, 어업권 등
		기타 비유동자산	이연법인세자산(유동자산에 해당하지 않을 것), 임차보증금, 장기선급비용, 장기선급금, 장기미수금 등

(2) 부채와 자본

부 채	유동부채	단기차입금, 매입채무, 미지급법인세, 미지급비용, 이연법인세부채, 유동성장기부채 등
	비유동부채	사채, 신주인수권부사채, 전환사채, 장기차입금, 퇴직급여충당부채, 장기제품보증충당부채, 이연법인세부채(유동부채에 속하지 않을 것) 등
자 본	자본금	보통주자본금, 우선주자본금 등
	자본잉여금	주식발행초과금, 감자차익, 자기주식처분이익 등
	자본조정	자기주식, 주식할인발행차금, 주식선택권, 출자전환채무, 감자차손, 자기주식처분손실 등
	기타포괄손익 누계액	매도가능증권평가손익, 해외사업환산손익, 파생상품평가손익 등
	이익잉여금	법정적립금, 임의적립금, 미처분이익잉여금 등

※ 일반기업회계기준에 예시된 명칭보다 내용을 잘 나타내는 계정과목명이 있을 경우에는 그 계정과목명을 사용할 수 있다.

---

5 손익계산서

1 손익계산서의 목적

손익계산서는 일정기간 동안 기업의 경영성과에 대한 정보를 제공하는 재무보고서이다. 손익계산서는 당해 회계기간의 경영성과를 나타낼 뿐만 아니라 기업의 미래 현금흐름과 수익창출능력 등의 예측에 유용한 정보를 제공한다.

② 손익계산서의 기본구조

손익계산서는 다음과 같이 구분하여 표시한다. 다만, 제조업, 판매업 및 건설업 외의 업종에 속하는 기업은 매출총손익의 구분표시를 생략할 수 있다.

손익계산서

기업명	회계기간	(단위 : 원)
Ⅰ. 매출액		×××
Ⅱ. 매출원가		(×××)
Ⅲ. 매출총손익		×××
Ⅳ. 판매비와관리비		(×××)
Ⅴ. 영업손익		×××
Ⅵ. 영업외수익		×××
Ⅶ. 영업외비용		(×××)
Ⅷ. 법인세비용차감전순손익		×××
Ⅸ. 법인세비용		(×××)
Ⅹ. 당기순손익		×××

③ 수익과 비용의 총액표시

수익과 비용은 각각 총액으로 보고하는 것을 원칙으로 한다. 다만, 예외적으로 수익과 비용을 상계하여 표시할 수 있다.

④ 손익계산서의 계정과목 예시

매출액	상품매출액, 제품매출액, 서비스매출액
매출원가	상품매출원가, 제품매출원가
판매비와 관리비	급여, 퇴직급여, 복리후생비, 임차료, 접대비, 감가상각비, 무형자산상각비, 세금과공과, 광고선전비, 연구비, 경상개발비, 대손상각비 등
영업외수익	이자수익, 배당금수익, 임대료, 단기투자자산처분이익, 단기투자자산평가이익, 외환차익, 외화환산이익, 지분법이익, 장기투자증권손상차손환입, 투자자산처분이익, 유형자산처분이익, 사채상환이익, 전기오류수정이익 등
영업외비용	이자비용, 기타의대손상각비, 단기투자자산처분손실, 단기투자자산평가손실, 재고자산감모손실, 외환차손, 외화환산손실, 기부금, 지분법손실, 장기투자증권손상차손, 투자자산처분손실, 유형자산처분손실, 사채상환손실, 전기오류수정손실 등

6 현금흐름표

1 현금흐름표의 목적

현금흐름표는 기업의 현금흐름을 나타내는 표로서 현금의 변동내용을 명확하게 보고하기 위하여 당해 회계기간에 속하는 현금의 유입·유출 내용을 적정하게 표시하여야 한다.

2 현금흐름표의 기본구조

현금흐름표는 영업활동으로 인한 현금흐름, 투자활동으로 인한 현금흐름, 재무활동으로 인한 현금흐름으로 구분하여 표시하고, 이에 기초의 현금을 가산하여 기말의 현금을 산출하는 형식으로 표시한다. 현금흐름표에서 현금이라 함은 현금및현금성자산을 말한다.

현금흐름표

기업명	20x1년 1월 1일부터 12월 31일까지	(보고통화 및 금액단위)
Ⅰ. 영업활동으로 인한 현금흐름		×××
Ⅱ. 투자활동으로 인한 현금흐름		×××
1. 투자활동으로 인한 현금유입액	×××	
2. 투자활동으로 인한 현금유출액	(×××)	
Ⅲ. 재무활동으로 인한 현금흐름		×××
1. 재무활동으로 인한 현금유입액	×××	
2. 재무활동으로 인한 현금유출액	(×××)	
Ⅳ. 현금의 증가(감소)(Ⅰ+Ⅱ+Ⅲ)		×××
Ⅴ. 기초의 현금		×××
Ⅵ. 기말의 현금(Ⅳ+Ⅴ)		×××

(1) 영업활동으로 인한 현금흐름

영업활동이라 함은 일반적으로 제품의 생산과 상품 및 용역의 구매·판매활동을 말하며, 투자활동과 재무활동에 속하지 아니하는 거래를 모두 포함한다.

구 분	내 용
영업활동으로 인한 현금의 유입	판매에 따른 현금유입(매출채권의 회수 포함), 이자수익과 배당금수익, 기타 투자활동과 재무활동에 속하지 아니하는 거래에서 발생된 현금유입
영업활동으로 인한 현금의 유출	원재료, 상품 등의 구입에 따른 현금유출(매입채무의 결제 포함), 기타 상품과 용역의 공급자와 종업원에 대한 현금지출, 법인세(토지 등 양도소득에 대한 법인세 제외)의 지급, 이자비용, 기타 투자활동과 재무활동에 속하지 아니하는 거래에서 발생된 현금유출

(2) 투자활동으로 인한 현금흐름

투자활동이라 함은 현금의 대여와 회수활동, 유가증권·투자자산·유형자산 및 무형자산의 취득과 처분활동 등을 말한다.

구 분	내 용
투자활동으로 인한 현금의 유입	대여금의 회수, 단기투자자산·유가증권·투자자산·유형자산·무형자산의 처분 등
투자활동으로 인한 현금의 유출	현금의 대여, 단기투자자산·유가증권·투자자산·유형자산·무형자산의 취득에 따른 현금유출로서 취득 직전 또는 직후의 지급액 등

(3) 재무활동으로 인한 현금흐름

재무활동이라 함은 현금의 차입 및 상환활동, 신주발행이나 배당금의 지급활동 등과 같이 부채 및 자본 계정에 영향을 미치는 거래를 말한다.

구 분	내 용
재무활동으로 인한 현금의 유입	단기차입금·장기차입금의 차입, 어음·사채의 발행, 주식의 발행 등
재무활동으로 인한 현금의 유출	배당금의 지급, 유상감자, 자기주식의 취득, 차입금의 상환, 자산의 취득에 따른 부채의 지급 등

3 현금흐름표의 작성방법

영업활동으로 인한 현금흐름은 직접법 또는 간접법으로 표시한다.

(1) 직접법

직접법이라 함은 현금을 수반하여 발생한 수익 또는 비용항목을 총액으로 표시하되, 현금유입액은 원천별로, 현금유출액은 용도별로 분류하여 표시하는 방법을 말한다. 이 경우 현금을 수반하여 발생하는 수익·비용 항목을 원천별로 구분하여 직접 계산하는 방법 또는 매출과 매출원가에 현금의 유출·유입이 없는 항목과 재고자산·매출채권·매입채무의 증감을 가감하여 계산하는 방법으로 한다.

(2) 간접법

간접법이라 함은 당기순이익(또는 당기순손실)에 현금의 유출이 없는 비용 등을 가산하고 현금의 유입이 없는 수익 등을 차감하며, 영업활동으로 인한 자산·부채의 변동을 가감하여 표시하는 방법을 말한다.

① 현금의 유출이 없는 비용 등은 현금의 유출이 없는 비용, 투자활동과 재무활동으로 인한 비용을 말한다.

② 현금의 유입이 없는 수익 등은 현금의 유입이 없는 수익, 투자활동과 재무활동으로 인한 수익을 말한다.

③ 영업활동으로 인한 자산·부채의 변동은 영업활동과 관련하여 발생한 유동자산 및 유동부채의 증가 또는 감소를 말한다.

7 자본변동표

1 자본변동표의 목적

자본변동표는 자본의 크기와 그 변동에 관한 정보를 제공하는 재무보고서로서, 자본을 구성하고 있는 자본금, 자본잉여금, 자본조정, 기타포괄손익누계액, 이익잉여금(또는 결손금)의 변동에 대한 포괄적인 정보를 제공한다.

2 자본변동표의 기본구조

자본변동표에서 전기에 이미 보고된 이익잉여금(또는 결손금)의 금액이 당기에 발생한 회계정책의 변경이나 중대한 전기오류수정으로 인하여 변동된 경우에는 전기에 이미 보고된 금액을 별도로 표시하고 회계정책변경이나 오류수정이 매 회계연도에 미치는 영향을 가감한 수정 후 기초이익잉여금을 표시한다.

자본변동표

기업명　　　　　제x기 20xx년 x월 x일부터 20xx년 x월 x일까지　(보고통화 및 금액단위)

구 분	자본금	자본 잉여금	자본 조정	기타포괄손익 누계액	이익 잉여금	총 계
20x1.1.1	×××	×××	×××	×××	×××	×××
회계정책변경누적효과					(×××)	(×××)
전기오류수정					(×××)	(×××)
수정 후 이익잉여금					×××	×××
연차배당					(×××)	(×××)
처분 후 이익잉여금					×××	×××
중간배당					(×××)	(×××)
유상증자(감자)	×××	×××				×××
당기순이익(손실)					×××	×××
자기주식 취득			(×××)			(×××)
매도가능증권평가손익				×××		×××
20x1.12.31	×××	×××	×××	×××	×××	×××

8 주석

1 주석의 구조

(1) 개 요

주석은 다음의 사항을 포함한다.

① 재무제표 작성기준 및 유의적인 거래와 회계사건의 회계처리에 적용한 회계정책

② 일반기업회계기준에서 주석공시를 요구하는 사항

③ 재무상태표, 손익계산서, 현금흐름표 및 자본변동표의 본문에 표시되지 않는 사항으로서 재무제표를 이해하는 데 필요한 추가 정보

(2) 작성순서

주석은 일반적으로 재무제표이용자가 재무제표를 이해하고 다른 기업의 재무제표와 비교하는 데 도움이 될 수 있도록 다음의 순서로 작성한다.

① 일반기업회계기준에 준거하여 재무제표를 작성하였다는 사실의 명기

② 재무제표 작성에 적용된 유의적인 회계정책의 요약

③ 재무제표 본문에 표시된 항목에 대한 보충정보(재무제표의 배열 및 각 재무제표 본문에 표시된 순서에 따라 공시한다)

④ 기타 우발상황, 약정사항 등의 계량정보와 비계량정보

2 작성내용

(1) 회계정책의 공시

주석으로 기재하는 유의적인 회계정책의 요약은 다음 사항을 포함하여야 한다.

① 재무제표를 작성하는 데 사용한 측정속성

② 재무제표를 이해하는 데 필요한 기타의 회계정책

재무제표에 영향을 미치는 회계정책을 적용할 때 경영진이 내린 판단의 근거를 문단 주석으로 기재한다.

(2) 측정상의 유의적인 가정

미래에 관한 유의적인 가정과 측정상의 불확실성에 대한 기타 정보를 주석으로 기재하여야 한다. 이러한 사항은 차기에 자산과 부채의 장부금액에 대한 유의적인 조정을 유발할 수 있는 위험과 관련이 있다. 따라서 이에 영향을 받을 자산과 부채에 대하여 다음 사항 등을 주석으로 기재한다.

① 자산과 부채의 성격

② 보고기간종료일 현재의 자산과 부채의 장부금액

③ 위 ②의 장부금액이 차기에 유의적으로 조정될 가능성이 있다는 사실

(3) 이익잉여금처분계산서

상법 등 관련 법규에서 이익잉여금처분계산서(또는 결손금처리계산서)의 작성을 요구하는 경우에는 재무상태표의 이익잉여금(또는 결손금)에 대한 보충정보로서 이익잉여금처분계산서(또는 결손금처리계산서)를 주석으로 공시한다.

이익잉여금처분계산서

제x기 20xx년 x월 x일부터 20xx년 x월 x일까지

기업명	처분확정일 20xx년 x월 x일		(단위 : 원)
Ⅰ. 미처분이익잉여금			×××
1. 전기이월미처분이익잉여금		×××	
(또는 전기이월미처분결손금)			
2. 중간배당액		×××	
3. 당기순이익(손실)		×××	
Ⅱ. 임의적립금 등의 이입액			×××
합 계			×××
Ⅲ. 이익잉여금처분액			×××
1. 이익준비금		×××	
2. 기타법정적립금		×××	
3. 주식할인발행차금상각액		×××	
4. 배당금		×××	
Ⅳ. 차기이월미처분이익잉여금			×××

(4) 배당정보의 공시

이익잉여금처분예정액으로서 주식의 종류별 주당배당금액, 액면배당률, 배당성향, 배당액의 산정내역을 주석으로 기재한다.

CHAPTER 03 회계의 기본이론

객관식 ▶ 연습문제

01 다음 중 기업의 일정시점 재무상태를 나타내기 위하여 작성하는 재무제표의 종류로 옳은 것은?

① 재무상태표
② 손익계산서
③ 현금흐름표
④ 자본변동표

해설 기업의 일정시점 재무상태를 나타내기 위하여 작성하는 재무제표는 재무상태표이다.

정답 ①

02 다음에서 재무제표를 작성할 때 유동성배열법에 따라 위에서 아래의 순서로 바르게 나열한 것은?

ㄱ. 유형자산
ㄴ. 투자자산
ㄷ. 당좌자산
ㄹ. 재고자산

① ㄴ → ㄷ → ㄹ → ㄱ
② ㄴ → ㄷ → ㄱ → ㄹ
③ ㄷ → ㄹ → ㄴ → ㄱ
④ ㄷ → ㄴ → ㄹ → ㄱ

해설 유동성배열법은 당좌자산 – 재고자산 – 투자자산 – 유형자산 – 무형자산의 순서로 배열하는 방법이다.

정답 ③

03 다음 설명에 해당하는 재무제표는?

특정기업의 일정기간 경영성과를 나타내는 동태적 보고서이다.

① 재무상태표
② 현금흐름표
③ 손익계산서
④ 자본변동표

해설 손익계산서의 의의이다.

정답 ③

04 일반기업회계기준에서 규정하고 있는 재무제표의 종류에 해당하지 않는 것은?

① 재무상태표

② 현금흐름표

③ 손익계산서

④ 이익잉여금처분계산서

해설 일반기업회계기준에서 규정하고 있는 재무제표의 종류는 재무상태표, 손익계산서, 자본변동표, 현금흐름표, 주석이다.

정답 ④

05 다음 중 재무상태표에 대한 설명으로 옳지 않은 것은?

① 부채는 유동부채와 비유동부채로 구분한다.

② 자산은 유동자산과 비유동자산으로 구분한다.

③ 유동자산은 당좌자산과 재고자산으로 구분한다.

④ 비유동자산은 유형자산, 무형자산, 기타비유동자산으로 구분한다.

해설 비유동자산은 투자자산, 유형자산, 무형자산, 기타비유동자산으로 구분한다.

정답 ④

06 다음의 (가)와 (나) 안에 들어갈 용어를 바르게 짝지은 것은?

> 일정한 시점의 (가)을(를) 나타낸 표를 재무상태표라 하고, 일정기간의 (나)을(를) 나타낸 표를 손익계산서라 한다.

	(가)	(나)
①	경영성과	의사결정
②	의사결정	재무상태
③	경영성과	재무상태
④	재무상태	경영성과

해설 일정시점의 재무상태를 나타낸 표를 재무상태표라 하고, 일정기간의 경영성과를 나타낸 표를 손익계산서라 한다.

정답 ④

07 다음 약식 재무상태표에 표시된 계정과목을 유동성배열원칙에 따라 바르게 나열한 것은?

	재무상태표	(단위 : 원)
(A) 기계장치		25,000,000
(B) 상 품		1,300,000
(C) 현금및현금성자산		800,000
(D) 영업권		500,000
(E) 매출채권		2,000,000

① (A) → (B) → (C) → (E) → (D)
② (C) → (E) → (B) → (A) → (D)
③ (C) → (B) → (E) → (D) → (A)
④ (A) → (C) → (D) → (E) → (B)

해설 유동성배열원칙에 따른 자산의 배열 순서는 다음과 같다.
(당좌자산 − 재고자산 − 투자자산 − 유형자산 − 무형자산 − 기타비유동자산)

정답 ②

08 다음 중 기업회계기준상 재무상태표 작성기준으로 옳지 않은 것은?

① 1년 기준   ② 현금주의
③ 총액표시   ④ 유동성배열법

해설 재무상태표 작성기준은 구분표시, 1년 기준, 총액표시, 유동성배열법이 있다.

정답 ②

09 유동성이란 영업활동을 통해 자산이 현금화되는 속도를 말하는데, 다음 중 유동성배열법에 의한 순서가 맞는 것은 어느 것인가?

(가) 상 품	(나) 단기대여금
(다) 현 금	(라) 건 물

① (가) − (나) − (다) − (라)   ② (다) − (나) − (가) − (라)
③ (다) − (가) − (나) − (라)   ④ (나) − (다) − (라) − (가)

해설 당좌자산 − 재고자산 − 유형자산으로 순서가 이루어진다.

정답 ②

10 일반기업회계기준상 재무정보의 질적특성이 아닌 것은?

① 표현의 충실성　　　　　　　　② 유용성

③ 신뢰성　　　　　　　　　　　　④ 비교가능성

> **해설**　질적특성에는 목적적합성(예측가치, 피드백가치, 적시성), 신뢰성(표현의 충실성, 중립성, 검증가능성), 비교가능성이 있다.
>
> **정답** ②

11 다음 약식 손익계산서에 표시된 계정과목을 원칙에 따라 바르게 나열한 것은?

손익계산서

○○상점　　제X기　20x5년 1월 1일부터 20x5년 12월 31일까지　　(단위 : 원)

(A) 매출총이익	800,000
(B) 매출원가	700,000
(C) 매출액	9,800,000
(D) 판매비와관리비	1,100,000
(E) 영업이익	300,000

① (A) → (D) → (B) → (C) → (E)

② (C) → (E) → (B) → (A) → (D)

③ (C) → (B) → (A) → (D) → (E)

④ (A) → (B) → (C) → (D) → (E)

> **해설**　손익계산서 배열원칙에 따른다(매출액, 매출원가, 매출총이익, 판매비와관리비, 영업이익, 영업외수익, 영업외비용, 당기순이익).
>
> **정답** ③

12 일반기업회계기준상 재무상태표 표시와 관련된 설명으로 옳지 않은 것은?

① 부채는 유동부채와 비유동부채로 구분한다.

② 자산은 유동자산과 비유동자산으로 구분한다.

③ 비유동자산은 재고자산, 유형자산, 무형자산, 기타비유동자산으로 구분한다.

④ 자본은 자본금, 자본잉여금, 이익잉여금, 기타포괄손익누계액, 자본조정으로 구성되어 있다.

> **해설**　재고자산은 유동자산이다.
>
> **정답** ③

PART 2
계정과목

유동자산(1)-당좌자산

1 일반적인 당좌자산

1 현금및현금성자산

현금및현금성자산은 통화 및 타인발행수표 등 통화대용증권과 당좌예금, 보통예금 및 큰 거래비용 없이 현금으로 전환이 용이하고 이자율 변동에 따른 가치변동의 위험이 경미한 금융상품으로서 취득 당시 만기일(또는 상환일)이 3개월 이내인 것을 말한다. 이들은 유동성이 가장 높은 자산으로 재무상태표상에 '현금및현금성자산'이란 계정과목으로 일괄 표시되며 다음과 같이 구성된다.

① 통화 – 지폐, 동전
② 통화대용증권 – 타인발행수표, 자기앞수표, 송금수표, 우편환증서, 만기가 된 공·사채이자표, 여행자 수표, 국고지급통지서, 배당금지급통지표, 가계수표, 일람출급어음
③ 요구불예금 – 당좌예금, 보통예금
④ 현금성자산

2 예·적금

(1) 예·적금의 계정 구분

금융기관에 예치하는 예금과 적금에는 보통예금, 당좌예금, 정기예금, 정기적금 등이 있다. 이 중 보통예금과 당좌예금은 재무제표 작성 시 현금및현금성자산에 포함된다. 정기예금과 정기적금은 만기가 1년 이내 도래하는지 여부에 따라 단기금융상품(당좌자산) 또는 장기금융상품(투자자산)으로 구분된다.

(2) 보통예금

보통예금이란 입·출금이 자유로운 일반적인 예금 계좌를 말한다.

(3) 당좌예금

당좌예금이란 거래은행과 당좌거래 계약을 체결한 후 일상의 상거래에서 취득한 현금 및 수표 등의 통화대용증권을 예입하고 그 예금액 범위 내에서 당좌수표 또는 어음을 발행하여 대금의 지급을 은행에 위임하는 예금을 말한다. 이때 어음과 수표의 발행금액은 당해 당좌예금의 범위 내에서만 하는 것이 원칙이다. 즉, 예금 계좌의 잔액을 초과하여 수표를 발행하면 은행은 이를 지급하지 않게 된다. 그러나 때로는 은행이 일정금액의 한도 내에서 당좌예금 잔액을 초과하여 어음, 수표를 발행해 주기도 하는데 이를 당좌차월이라 한다. 재무제표에서 당좌예금은 유동자산, 당좌차월은 유동부채로 분류하여 표시하며, 기중에는 당좌예금과 당좌차월을 구분하여 처리하다가 결산 시 은행별 당좌예금과 당좌차월을 각각 당좌예금(유동자산)과 단기차입금(유동부채)으로 분류하여 공시한다.

예제 **당좌예금과 당좌차월**

다음의 거래를 분개하라.

2월 1일	(주)리젠은 대한은행과 당좌차월한도 2,000,000원의 당좌거래계약을 체결하고 500,000원을 예금하다.
2월 5일	다원상사에 상품을 500,000원에 매출하고 대금은 가람상사발행의 수표로 받아 즉시 당좌예입하다.
2월 8일	우림상사의 외상매입금 2,000,000원을 수표를 발행하여 지급하다.
2월 15일	나래상사로부터 외상매출금 3,000,000원을 받아 당좌예입하다.
2월 21일	은행에서 당좌거래수수료 10,000원을 부과하고 당좌예금에서 차감하다.

풀이

날짜	차변	금액	대변	금액
2/1	(차) 당좌예금	500,000	(대) 현 금	500,000
2/5	(차) 당좌예금	500,000	(대) 매 출	500,000
2/8	(차) 외상매입금	2,000,000	(대) 당좌예금	1,000,000
			당좌차월	1,000,000
2/15	(차) 당좌차월	1,000,000	(대) 외상매출금	3,000,000
	당좌예금	2,000,000		
2/21	(차) 수수료비용	10,000	(대) 당좌예금	10,000

---

3 기타의 당좌자산 계정

(1) 단기금융상품

금융기관이 취급하는 정기예금·정기적금·사용이 제한되어 있는 예금 및 기타 정형화된 상품 등으로 단기적 자금운용목적으로 소유하거나 기한이 1년 내에 도래하는 것으로 한다. 즉, 1년 이내의 기간에 사용(현금화)이 가능하지만, 사용목적이나 기한이 제한되어있는 현금이나 예금인 정기예금, 정기적금, 특정현금과 예금 등이 이에 해당하며, 단기적 자금운용을 목적으로 보유하는 금융상품인 양도성예금증서, 금전신탁, 어음관리구좌, 신종기업어음 등이 이에 해당한다.

(2) 단기매매증권

주식(시장성 있는 주식에 한한다)·채권 등과 같은 유가증권 중 단기적 자금운용목적으로 소유한 것으로 한다. 자세한 내용은 '제3절 유가증권'을 참조한다.

(3) 단기대여금

거래처 관계회사 등에 대여한 자금으로 회수기한이 1년 내에 도래하는 것을 말한다.

(4) 미수금

일반적 상거래 이외에서 발생한 미수채권을 말한다. 일반적 상거래 이외의 거래란 재고자산을 매입하고 판매하는 것 외의 자산을 구입하고 매각하는 행위를 말한다. 이때 매입에 대하여는 현금을 지급하고 매각에 대하여는 현금을 수령하여야 하지만 그렇지 못한 경우 채권과 채무가 발생한다. 이때의 채무를 미지급금이라 하고 채권을 미수금이라 한다.

(5) 미수수익

당기에 속하는 수익 중 결산시점까지 회수되지 않은 미수액은 미수수익으로 회계처리 한다. 미수수익에 관한 자세한 내용은 'Chapter 11 결산'을 참조한다.

(6) 선급금

상품·원재료 등의 매입을 위하여 선급한 금액으로 계약금 등을 말한다. 매입에 앞서 지급한 계약금은 향후 상품 등을 납품받을 수 있는 권리가 되므로 자산에 해당한다.

(7) 선급비용

선급된 비용 중 1년 내에 비용으로 되는 것을 말하며, 계약기간이 1년인 보험료 등을 납부한 경우 결산일 현재 기간이 경과되지 않은 비용을 말한다. 결산일 현재 기간이 아직 경과되지 않았다는 것은 결산일 이후에 보험의 혜택을 누릴 수 있는 권리가 남아있다는 의미이며, 이렇게 남아있는 권리를 선급비용이라는 자산으로 회계처리한다. 선급비용에 관한 자세한 내용은 'Chapter 11 결산'을 참조한다.

(8) 전도금(소액현금)

전도금제도란 일정액의 현금을 은행에서 인출하여 사용부서(또는 개인)에 넘겨주고 소액현금관리자가 현금지출거래를 통제·관리하는 제도를 말한다. 사용부서나 전도금을 받은 자는 소액의 현금지출거래를 회계처리하지 않고 일정기간 경과 후에 사용부분에 대한 증빙을 제출하면 소액현금관리자가 일괄하여 회계처리한다. 기업의 일상적인 업무를 수행하는 과정에서 빈번하게 발생하는 교통비, 소모품비, 통신비 등의 지출을 거래가 발생할 때마다 회계처리한다면 너무 번거로울 것이다. 이에 업무의 효율성을 증진시키기 위해 소액현금제도를 채택하고 있다.

다음 거래를 분개하라.

3월 1일	회계팀에서는 1,000,000원을 보통예금에서 인출하여 영업팀에 전도금으로 지급하다.
3월 30일	영업팀으로부터 전도금 중 사용내역을 다음과 같이 통보받다.

교통비	400,000원	도서인쇄비	50,000원
통신비	200,000원	수선비	100,000원
소모품비	50,000원		

3월 30일　보통예금에서 현금을 인출하여 현금을 지급하다.

풀이

3/1	(차)	현 금	1,000,000	(대)	보통예금	1,000,000
3/30	(차)	교통비	400,000	(대)	현 금	800,000
		도서인쇄비	50,000			
		통신비	200,000			
		수선비	100,000			
		소모품비	50,000			
3/30	(차)	현 금	800,000	(대)	보통예금	800,000

다음의 거래를 분개하라.

5월 1일	(주)리젠은 현금 5,000,000원을 보통예금 계좌에 입금하였다.
5월 2일	(주)리젠은 관계회사인 (주)강북에 1,000,000원을 3개월간 빌려주기로 하고, 보통예금 계좌에서 이체하여 주었다.
5월 3일	(주)리젠은 장부금액이 2,000,000원인 비품을 2,000,000원에 처분하였고 대금은 이번 달 말일에 보통예금 계좌로 지급받기로 하였다.
5월 31일	(주)리젠은 5월 3일에 받지 못한 비품 처분대금을 보통예금 계좌로 입금받았다.
5월 31일	(주)리젠은 여유자금 3,000,000원을 6개월 만기의 정기예금상품에 가입하고 보통예금 계좌에서 이체하여 납입하였다.

풀이

5/1	(차)	보통예금	5,000,000	(대)	현 금	5,000,000
5/2	(차)	단기대여금	1,000,000	(대)	보통예금	1,000,000
5/3	(차)	미수금	2,000,000	(대)	비 품	2,000,000
5/31	(차)	보통예금	2,000,000	(대)	미수금	2,000,000
5/31	(차)	단기금융상품	3,000,000	(대)	보통예금	3,000,000

2 　매출채권

1 매출채권의 회계처리

(1) 매출채권의 발생

상품을 판매하면서 대금을 일정기간이 지난 후에 지급받기로 약정하는 경우 대금을 청구할 수 있는 권리를 외상매출금이라 한다. 또한 거래처가 현금 대신 어음으로 지급하여 주는 경우 받을어음이란 채권이 발생하게 되는 것이다. 일반적으로 기업실무에서는 기중거래의 회계처리 시 외상매출금과 받을어음을 각각의 계정으로 구분하여 회계처리하며, 결산 후 재무제표 작성 시 매출채권이라는 계정과목으로 통합표시하게 된다. 이에 대한 회계처리를 예시하면 다음과 같다.

> 〈외상으로 판매하는 경우〉
> (차) 외상매출금　　　　　　×××　　　(대) 매출액　　　　　　　×××
>
> 〈어음으로 결제받는 경우〉
> (차) 받을어음　　　　　　　×××　　　(대) 매출액　　　　　　　×××

(2) 매출채권의 회수

매출채권이 현금 또는 보통예금으로 회수되는 경우에는 다음과 같이 회계처리한다. 상품을 판매하면서 대금을 일정기간이 지난 후에 지급받기로 약정하는 경우 대금을 청구할 수 있는 권리를 외상매출금이라 한다. 또한 거래처가 현금 대신 어음으로 지급하여 주는 경우 받을어음이란 채권이 발생하게 되는 것이다. 이에 대한 회계처리를 예시하면 다음과 같다.

> 〈외상매출금을 회수한 경우〉
> (차) 현 금(또는 보통예금)　×××　　　(대) 외상매출금　　　　　×××
>
> 〈어음을 회수한 경우〉
> (차) 현금 등　　　　　　　×××　　　(대) 받을어음　　　　　　×××

(3) 매출채권과 미수금

거래를 통하여 발생하는 채권 중 일반적 상거래로 인하여 발생하는 채권은 매출채권, 즉 외상매출금과 받을어음으로 회계처리한다. 반면에 일반적 상거래 외에서 발생하는 채권은 미수금으로 처리한다. 한편, 일반적 상거래 외 거래로 어음을 수취한 경우에도 미수금으로 처리한다. 예를 들어 토지나 건물과 같은 유형자산을 매각하고 어음을 수취한 경우 이를 미수금으로 회계처리하는 것이다.

예제 매출채권과 미수금

다음의 거래를 분개하라.

> 6월 1일   (주)리젠은 거래처에 1,000,000원의 상품을 판매하고 대금을 다음 달 10일에 받기로 하였다.
> 6월 2일   (주)리젠은 거래처에 2,000,000원의 상품을 판매하고 약속어음을 지급받았다.
> 6월 3일   (주)리젠은 장부금액이 3,000,000원인 회사소유의 승용차를 중고차 판매회사에 처분하고, 대금 3,000,000원은 이달 말일에 받기로 하였다.

풀이

6/1	(차)	외상매출금	1,000,000	(대)	매출액	1,000,000
6/2	(차)	받을어음	2,000,000	(대)	매출액	2,000,000
6/3	(차)	미수금	3,000,000	(대)	차량운반구	3,000,000

2 외상매출금의 회계처리와 관리

외상매출금은 외상매출이 발생하는 시점에 증가하며, 외상대금을 회수하는 시점에 감소한다. 이때 남은 외상매출금 잔액에 대하여는 차기이월하여, 다음 기로 넘기게 된다.

예제 외상매출금

다음 거래를 분개하고 총계정원장에 전기(외상매출금만)하시오(단, 매출원가에 대한 분개는 생략한다).

> 4월 1일   거래처 A에 대하여 상품 500,000원을 외상매출하다.
> 4월 8일   거래처 B에 대하여 상품 700,000원을 외상매출하다.
> 4월 10일   거래처 A에 대하여 상품 1,000,000원을 외상매출하다.
> 4월 14일   거래처 B로부터 외상매출금 400,000원을 현금으로 회수하다.
> 4월 18일   거래처 C에 대하여 상품 600,000원을 외상매출하다.
> 4월 25일   거래처 A로부터 외상매출금 800,000원을 현금으로 회수하다.

풀이

4/1	(차)	외상매출금	500,000	(대)	상품매출	500,000
4/8	(차)	외상매출금	700,000	(대)	상품매출	700,000
4/10	(차)	외상매출금	1,000,000	(대)	상품매출	1,000,000
4/14	(차)	현 금	400,000	(대)	외상매출금	400,000
4/18	(차)	외상매출금	600,000	(대)	상품매출	600,000
4/25	(차)	현 금	800,000	(대)	외상매출금	800,000

외상매출금(총계정원장)				
4/1	상품매출	500,000	4/14 현 금	400,000
4/8	상품매출	700,000	4/25 현 금	800,000
4/10	상품매출	1,000,000		
4/18	상품매출	600,000	차기이월	1,600,000

4월 한 달간의 외상매출은 총 2,800,000원이 일어났고 이 중 1,200,000원이 회수되고 1,600,000원은 미회수 상태이다. 미회수된 1,600,000원은 다음 달로 넘어가서 회수시점에 사라지게 된다. 이때 외상매출금에 대하여 하나의 계정만을 사용하는 것은 거래처들에 대한 외상대금 관리를 적절히 할 수 없게 된다. 위의 미회수 잔액 1,600,000원만을 통해서는 각 거래처별 외상매출금 잔액과 회수현황에 대하여 알 수 없게 된다. 따라서 외상매출금에 대하여는 거래처별로 관리를 해야 한다. 이는 외상매출금뿐 아니라 외상매입금에 대하여도 마찬가지이다. 따라서 보조장부로서 매출처원장을 사용하게 된다. 즉, A거래처, B거래처, C거래처에 대하여 각각 매출처원장을 만들어 각 거래처별로 외상대금을 관리하는 것이다. 이를 예시하면 다음과 같다.

외상매출금(거래처원장) – A회사				
4/1	상품매출	500,000	4/25 현 금	800,000
4/10	상품매출	1,000,000	차기이월	700,000

외상매출금(거래처원장) – B회사				
4/8	상품매출	700,000	4/14 현 금	400,000
			차기이월	300,000

외상매출금(거래처원장) – C회사				
4/18	상품매출	600,000	차기이월	600,000

이들 매출처원장을 보조장부로 사용하여 각 거래처별 외상매출 내역과 회수내역을 관리해 나갈 수 있다. 이들 보조장부를 바탕으로 외상매출금에 대한 총계정원장을 만들게 된다.

※ 보조원장 ┌ 거래처별 매출원장 : 외상매출금 거래를 거래처별 관리하기 위한 보조원장
　　　　　　└ 거래처별 매입원장 : 외상매입금 거래를 거래처별 관리하기 위한 보조원장

3 어음의 회계처리

(1) 의 의

외상거래 시 채권·채무관계를 명확히 하기 위하여 어음을 사용하게 되는데 이는 법에 따라 일정사항을 기재하여 발행하는 것으로서 기업이 발행한 경우에는 지급어음(부채), 수취한 경우에는 받을어음 (자산)으로 처리한다. 일반적으로 사용되는 어음은 약속어음인데 이는 발행인이 수취인에게 정한 기간과 장소에서 기재된 금액을 지급할 것을 약속한 유가증권이다.

〈완성된 약속어음의 예〉

약 속 어 음

(주)미래 귀하   마가03748501

금   ₩1,000,000   ₩1,000,000

위의 금액을 귀하 또는 귀하의 지시인에게 이 약속어음과 상환하여 지급하겠습니다.

지급기일 : 20x1년 9월 10일   발 행 일 : 20x1년 7월 10일
지 급 지 : 서울특별시   발 행 자 : (주)리젠
지급장소 : 하나은행 종로지점   발 행 인 : 대표이사 김은찬

이는 7월 10일 (주)리젠이 (주)미래로부터 상품을 1,000,000원에 매입하고 그 대금을 9월 10일에 지급하기로 약정한 것이다. (주)리젠은 9월 10일이 되기 전에 하나은행 계좌에 1,000,000원을 입금해 두어야 한다.

(2) 배서양도

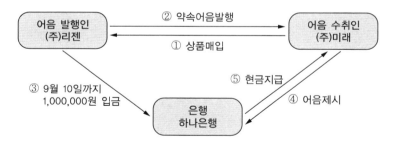

어음상의 권리는 자유로이 타인에게 양도할 수 있는데 이렇게 어음금액을 수령할 수 있는 권리, 즉 채권자적 지위를 타인에게 양도하는 방법이 바로 배서이다. 이는 수표에 관한 권리를 타인에게 양도할 때 사용하는 이서와 유사한 제도이다. 어음을 배서를 통하여 타인에게 양도하고자 할 때 어음의 뒷면에 필요한 기재사항을 적어 인도하면 되므로 배서의 절차는 기타 채권의 양도에 비하여 아주 간편하다고 할 수 있다.

(3) 어음의 할인

어음은 만기 전에도 은행 등 금융기관을 통하여 어음을 현금으로 바꿀 수 있는데 이것을 '어음할인'이라 한다. 어음을 할인한 경우 매출채권 등에 대한 권리와 의무가 양도인과 분리되어 실질적으로 양수인에게 이전되는 경우에는 매출채권의 매각거래로 회계처리하고, 실질적으로 이전되지 않는 경우에는 차입거래로 회계처리한다. 은행은 수취인에게 이자상당액을 차감하고 어음금액을 지급하게 된다. 이때 지급기일에 받을 수 있는 어음금액과 어음할인 시 실제 수취하는 금액의 차이를 어음할인료라 하고 매각거래로 회계처리 시 이는 매출채권처분손실로 기록한다. 한편, 차입거래로 회계처리 시에는 어음할인료를 이자비용으로 처리한다.

〈어음할인 시〉
1. 매각거래 시

(차) 보통예금	×××	(대) 받을어음	×××
매출채권처분손실	×××		

2. 차입거래 시

(차) 보통예금	×××	(대) 단기차입금	×××
이자비용	×××		

(4) 어음의 만기회수

어음의 만기가 도래하면 어음소지인은 어음금액의 지급을 요청한다. 일반적으로 어음소지인은 은행에 어음금액의 지급을 요청하고, 은행은 발행인으로부터 어음금액을 회수하여 소지인에게 지급한다. 이러한 일련의 절차를 '추심'이라 하며, 어음소지인이 은행에 지급을 요청하는 행위를 '추심의뢰'라 한다. 은행은 어음대금의 회수업무를 대신하며, 이에 대한 소정의 수수료를 부과한다.

(5) 어음의 부도

어음 발행인은 만기일에 어음금액에 해당되는 금액을 예금 잔액으로 보유하고 있어야 한다. 만약 금액이 부족하다면 은행은 어음금액을 지급할 수 없으므로 부도처리를 하게 된다. 위의 사례에서 (주)리젠은 9월 10일 현재 하나은행 계좌에 1,000,000원 이상의 잔고가 있어야 하며 부족한 경우 은행은 부도처리를 하게 된다.

예제   어음의 배서

(주)두존은 외상매입금 1,000,000원을 변제하기 위하여 (주)지식으로부터 받은 어음을 배서 양도하였다. 이를 회계처리하시오.

풀이

(차) 외상매입금	1,000,000	(대) 받을어음	1,000,000

> **예제** 어음의 할인
>
> (주)두존은 7월 10일 (주)지식에 상품을 1,000,000원에 공급하고 대금을 만기일이 9월 10일인 어음으로 받았다. (주)두존은 8월 10일 자금 부족으로 국민은행에 동 어음을 제시하고 현금으로 할인받았다. 국민은행의 어음할인율이 12%라고 할 때 8월 10일자 회계처리를 나타내시오.
>
> **풀이**
>
> 어음할인료 = 1,000,000원 × 12% × 1/12 = 10,000원
>
> 〈매각거래 시〉
>
> | 8/10 | (차) 현 금 | 990,000 | (대) 받을어음 | 1,000,000 |
> |------|-----------|---------|--------------|-----------|
> | | 매출채권처분손실 | 10,000 | | |
>
> 〈차입거래 시〉
>
> | 8/10 | (차) 현 금 | 990,000 | (대) 단기차입금 | 1,000,000 |
> |------|-----------|---------|----------------|-----------|
> | | 이자비용 | 10,000 | | |

4 매출채권의 대손

(1) 대손의 회계처리

기업의 수취채권은 때때로 채무자의 파산·채무자의 지급능력 저하 등의 사유로 회수불가능하게 되는 경우가 있다. 이러한 부실채권의 회계처리방법으로는 대손충당금을 설정하여 그 내용을 적절히 표시하여야 한다. 이때 외상매출금을 회수하지 못할 것으로 확정된 것을 대손이라 표현하고, 결산시점에 이를 대비해서 비용처리하는 것을 대손상각비라고 한다.

결산시점에는 대손예상액을 추정하여 대손충당금을 설정하고 이를 각 채권에서 차감하는 형식으로 표시한다. 기중거래에서 대손이 발생하면 이는 비용으로 처리하지 않고 대손충당금과 상계한다. 만약 대손처리했던 채권이 회수되었다면 대손충당금환입의 계정으로 수익으로 인식하게 된다. 이때 결산시점의 대손충당금 설정액은 다음과 같이 계산한다.

> **대손상각비 = 추정한 대손충당금 − 장부상 대손충당금 잔액**

① 결산수정분개

　㉠ 추정한 대손충당금 > 장부상 대손충당금

　　(차) 대손상각비　　　　　×××　　　(대) 대손충당금　　　　　×××
　　　　(판매관리비)

　㉡ 추정한 대손충당금 < 장부상 대손충당금

　　(차) 대손충당금　　　　　×××　　　(대) 대손충당금환입　　　×××
　　　　　　　　　　　　　　　　　　　　　　(영업외수익)

② 대손확정 시

(차) 대손충당금 ×××　　　　(대) 외상매출금 ×××

대손충당금 잔액이 실제 대손액에 미달하는 경우에는 그 미달액을 '대손상각비'로 비용처리한다.

(차) 대손충당금 ×××　　　　(대) 외상매출금 ×××
　　대손상각비 ×××

③ 재무상태표상 표시방법

매출채권 ×××
대손충당금 (×××)　　　　　　×××

　　　　　　　　　　　　　　　　↳ 대손충당금 차감 후 순매출채권 금액

예제　대손충당금(1)

다음은 (주)리젠의 제5기 대손에 관한 자료이다. 이에 따른 회계처리를 나타내라.

1월 1일　대손충당금의 대변 잔액은 100,000원이다.
5월 1일　전기에 매출한 50,000원의 외상매출금이 회수불가능한 것으로 판명되었다.
12월 31일　기말 현재의 외상매출금 잔액은 6,000,000원이며 과거의 경험에 의하면 외상매출금 잔액의 2%가 대손으로 예상된다.

풀이

5/1	(차) 대손충당금	50,000	(대) 외상매출금	50,000		
12/31	(차) 대손상각비	70,000	(대) 대손충당금	70,000 *		

　　　　* (6,000,000원 × 2%) − (100,000원 − 50,000원) = 70,000원

대손충당금

당기대손	50,000	전기이월	100,000
		당기설정	70,000
		잔 액	120,000

(부분)재무상태표

자 산			
외상매출금	6,000,000		
대손충당금	(120,000)	5,880,000	

다음은 (주)리젠의 제6기 대손에 관한 자료이다. 이에 따른 회계처리를 나타내라.

1월 1일　대손충당금의 대변 잔액은 120,000원이다.
8월 1일　전기에 매출한 200,000원의 외상매출금이 회수불가능한 것으로 판명되었다.
12월 31일　기말 현재의 외상매출금 잔액은 5,000,000원이며 과거의 경험에 의하면 외상매출금
　　　　　　잔액의 3%가 대손으로 예상된다.

풀이

8/1	(차)	대손충당금	120,000	(대) 외상매출금	200,000
		대손상각비	80,000		
12/31	(차)	대손상각비	150,000	(대) 대손충당금	150,000 *

* (5,000,000원 × 3%) − 0원 = 150,000원

대손충당금

당기대손	120,000	전기이월	120,000
		당기설정	150,000
		잔 액	150,000

(부분)재무상태표

자 산			
외상매출금	5,000,000		
대손충당금	(150,000)	4,850,000	

3 유가증권

1 유가증권의 정의

'유가증권'은 재산권을 나타내는 증권을 말하며, 실물이 발행된 경우도 있고, 명부에 등록만 되어 있을 수도 있다. 유가증권은 적절한 액면금액단위로 분할되고 시장에서 거래되거나 투자의 대상이 되며, 유가증권에는 지분증권과 채무증권이 포함된다.

(1) 지분증권

지분증권이란 회사, 조합 또는 기금 등의 순자산에 대한 소유지분을 나타내는 유가증권(예 보통주, 우선주)과 일정금액으로 소유지분을 취득할 수 있는 권리(예 신주인수권) 등의 유가증권을 말한다.

(2) 채무증권

채무증권이란 발행자에 대하여 금전을 청구할 수 있는 권리를 표시하는 유가증권 및 이와 유사한 유가증권을 말한다. 채무증권은 국채, 공채, 사채(전환사채 포함) 등을 포함한다.

2 유가증권의 분류

유가증권은 단기매매증권, 만기보유증권, 매도가능증권, 지분법적용투자주식 등으로 구분하여 표시한다.

계정과목	분류기준
단기매매증권 (당좌자산)	단기간 내에 매각하거나 재매입할 목적으로 취득하는 지분증권과 채무증권
만기보유증권 (투자자산)	만기가 확정된 채무증권으로서 상환금액이 확정되었거나 확정이 가능한 채무증권을 만기까지 보유할 적극적인 의도와 능력이 있는 경우의 채무증권
매도가능증권 (투자자산)	단기매매증권이나 만기보유증권으로 분류되지 않은 지분증권과 채무증권
지분법적용투자주식 (투자자산)	피투자기업에 대하여 유의적인 영향력이 있는 지분증권

3 유가증권의 취득과 보유

(1) 취 득

유가증권도 일반적인 금융자산이나 금융부채와 같이 최초인식 시 공정가치로 측정한다. 앞에서 언급한 바와 같이 최초인식 이후 공정가치로 측정하고 공정가치의 변동을 당기손익으로 인식하는 금융자산인 단기매매증권의 취득과 직접 관련되는 거래원가는 당기비용으로 인식한다. 그러나 그 외 매도가능증권 등의 취득과 직접 관련되는 거래원가는 최초인식하는 공정가치에 가산한다.

예제 유가증권의 취득

(주)리젠은 (주)강북의 주식 100주를 10,000원에 매입하면서 증권회사에 대한 수수료 50,000원과 함께 현금으로 지급하였다. 다음 요구사항에 따라 회계처리를 나타내시오.

〈요구사항〉
1. 단기매매증권으로 분류되는 경우
2. 매도가능증권으로 분류되는 경우

풀이
1. 단기매매증권으로 분류되는 경우

(차) 단기매매증권	1,000,000	(대) 현 금	1,050,000
지급수수료	50,000		

2. 매도가능증권으로 분류되는 경우

(차) 매도가능증권	1,050,000	(대) 현 금	1,050,000

---

(2) 배당금과 이자의 수령

단기매매증권을 보유하고 있는 경우에는 배당금이나 이자를 수취하게 된다. 배당금이란 주식발행 회사가 영업활동을 통해 벌어들인 이익을 주주들에게 배분하는 것으로서 주식을 소유한 회사 입장에서는 이것이 수익에 해당한다. 이자는 은행에 예금을 하고 이에 대하여 약정된 이자율에 따라 이자를 지급하여 주는 것을 말한다. 이 또한 역시 수익에 해당하므로 배당금과 이자에 대하여 각각 배당금수익과 이자수익이라는 계정을 사용하여 당기손익으로 인식하고 손익계산서에 반영하여야 한다. 이렇게 단기매매증권을 보유하는 과정에서 수취한 현금배당액과 이자수익은 아래와 같이 분개를 한다.

① 지분증권 – 현금배당을 받은 경우

(차) 현 금	×××	(대) 배당금수익	×××

② 채무증권 – 이자를 지급받은 경우

(차) 현 금	×××	(대) 이자수익	×××

일반기업회계기준에 의하면 배당금수익과 이자수익은 영업외수익으로 기재하도록 규정하고 있다.

4 유가증권의 평가

(1) 유가증권의 후속 측정

만기보유증권은 상각후원가로 평가하여 재무상태표에 표시한다. 만기보유증권을 상각후원가로 측정할 때에는 장부금액과 만기액면금액의 차이를 상환기간에 걸쳐 유효이자율법에 의하여 상각하여 취득원가와 이자수익에 가감한다. 단기매매증권과 매도가능증권은 공정가치로 평가한다. 다만, 매도가능증권 중 시장성이 없는 지분증권의 공정가치를 신뢰성 있게 측정할 수 없는 경우에는 취득원가로 평가한다.

(2) 평가손익의 회계처리

단기매매증권에 대한 미실현보유손익은 당기손익항목으로 처리한다. 매도가능증권에 대한 미실현보유손익은 기타포괄손익누계액으로 처리하고, 당해 유가증권에 대한 기타포괄손익누계액은 그 유가증권을 처분하거나 손상차손을 인식하는 시점에 일괄하여 당기손익에 반영한다.

5 유가증권의 양도

(1) 양도거래의 인식

유가증권의 양도로 유가증권 보유자가 유가증권의 통제를 상실한 때에는 그 유가증권을 재무상태표에서 제거한다. 유가증권의 통제를 상실한 경우란 유가증권의 경제적 효익을 획득할 수 있는 권리를 전부 실현한 때, 그 권리가 만료된 때, 또는 그 권리를 처분한 때를 말한다. 유가증권 보유자가 유가증권에 대한 통제를 상실하지 않고 유가증권을 양도하는 경우, 당해 거래는 담보차입거래로 본다.

(2) 처분손익의 회계처리

유가증권에 대한 통제를 상실한 때에는 유가증권을 양도한 대가로 받았거나 받을 금액과 유가증권의 장부금액의 차이금액에 기타포괄손익누계액에 포함되어 있는 미실현보유이익을 가산하고 미실현보유손실을 차감한 금액을 당기손익으로 처리한다. 즉, 미실현보유손익은 이 시점에 실현된 것으로 본다.

유가증권의 평가와 처분

(주)KG는 20x1년 1월 1일에 시장성 있는 A회사의 주식을 1,000,000원에 취득하였다. 20x1년 12월 31일 현재 계속 보유 중이며 이 주식의 20x1년 12월 31일 현재 공정가치는 1,100,000원 이다. (주)KG는 20x2년 7월 1일 A회사의 주식을 1,300,000원에 처분하였다. 이 경우 다음의 상황별로 (주)KG는 20x1년 1월 1일과 20x1년 12월 31일, 그리고 처분시점인 20x2년 7월 1일의 회계처리를 나타내시오.

1. 단기매매증권으로 분류되는 경우
2. 매도가능증권으로 분류되는 경우

풀이

1. 단기매매증권으로 분류되는 경우
   20x1.1.1

(차) 단기매매증권	1,000,000	(대) 현 금	1,000,000

   20x1.12.31

(차) 단기매매증권	100,000	(대) 단기매매증권평가이익	100,000

   20x2.7.1

(차) 현 금	1,300,000	(대) 단기매매증권	1,100,000
		단기매매증권처분이익	200,000

2. 매도가능증권으로 분류되는 경우
   20x1.1.1

(차) 매도가능증권	1,000,000	(대) 현 금	1,000,000

   20x1.12.31

(차) 매도가능증권	100,000	(대) 매도가능증권평가이익	100,000
		(기타포괄손익누계액)	

   20x2.7.1

(차) 현 금	1,300,000	(대) 매도가능증권	1,100,000
매도가능증권평가이익	100,000	매도가능증권처분이익	300,000
(기타포괄손익누계액)			

연구

만약 위 예제에서 매도가능증권의 처분가액이 800,000원이었을 때를 비교하여 보자.
   20x2.7.1

(차) 현 금	800,000	(대) 매도가능증권	1,100,000
매도가능증권평가이익	100,000		
매도가능증권처분손실	200,000		

결국, 처분시점의 처분손익은 취득원가인 1,000,000원과 처분가액과의 차액으로 기록됨을 알 수 있다. 이는 기업회계기준상 매도가능증권에 대하여 기말평가 시 공정가치를 적용하여 재무상태표에는 시가로 표시하나, 그 손익은 인식하지 않다가 차후 처분시점에 그 손익을 모두 인식하게 규정한 것이다. 이는 미실현손익을 인식하지 않음과 동시에 자산의 공정가치를 표시하는 두 가지의 요구를 모두 충족할 수 있는 방법인 것이다.

CHAPTER 04 유동자산(1)-당좌자산

01 [당좌예금과 당좌차월]

다음 거래일자별 회계처리를 하시오.

> 12월 1일   (주)훈민은 정음은행과 당좌차월한도 5,000,000원의 당좌거래계약을 체결하고
> 1,000,000원을 예금하다.
> 12월 5일   (주)유비로부터 상품 500,000원을 매입하고 당좌수표를 발행하여 지급하다.
> 12월 20일 (주)관우의 외상매입금 200,000원을 당좌수표를 발행하여 지급하다.
> 12월 24일 (주)장비로부터 직원용 선물 1,000,000원을 구입하고 당좌수표를 발행하여 지급하다.
> 12월 31일 당좌예금 계좌를 정리하다.

풀이	12/1	(차) 당좌예금	1,000,000	(대) 현 금		1,000,000
	12/5	(차) 상 품	500,000	(대) 당좌예금		500,000
	12/20	(차) 외상매입금	200,000	(대) 당좌예금		200,000
	12/24	(차) 복리후생비	1,000,000	(대) 당좌예금		300,000
				당좌차월		700,000
	12/31	(차) 당좌차월	700,000	(대) 단기차입금		700,000

02 [현금및현금성자산의 회계처리]

다음 거래일자별 회계처리를 하시오.

> 2월 1일   현금 1,000,000원을 출자하여 회사를 설립하다.
> 2월 8일   건물을 300,000원에 매입하고 대금은 자기앞수표로 지급하다.
> 2월 15일   사무용 책상과 의자, 비품 등을 100,000원에 매입하고 대금은 거래처로부터 받은 수표로 지급하다.
> 2월 22일   매출거래처에 대한 외상매출금 500,000원을 당좌수표로 회수하다.
> 2월 27일   기계장치 600,000원을 구입하고 당좌수표를 발행하여 지급하다.

풀이					
2/1	(차) 현 금	1,000,000	(대) 자본금	1,000,000
2/8	(차) 건 물	300,000	(대) 현 금	300,000
2/15	(차) 비 품	100,000	(대) 현 금	100,000
2/22	(차) 현 금	500,000	(대) 외상매출금	500,000
2/27	(차) 기계장치	600,000	(대) 당좌예금	600,000

03 [외상매출금]

다음 거래를 참고하여 요구사항에 답하시오.

> 6월 1일   거래처 (주)지식에 대하여 상품 300,000원을 외상매출하다.
> 6월 8일   거래처 (주)선우에 대하여 상품 600,000원을 외상매출하다.
> 6월 10일   거래처 (주)지식에 대하여 상품 1,250,000원을 외상매출하다.
> 6월 14일   거래처 (주)지식으로부터 외상매출금 800,000원을 현금으로 회수하다.
> 6월 18일   거래처 (주)선우에 대하여 상품 750,000원을 외상매출하다.
> 6월 25일   거래처 (주)선우로부터 외상매출금 1,000,000원을 현금으로 회수하다.
>
> 〈요구사항〉
> 1. 일자별 분개를 나타내시오.
> 2. 총계정원장에 전기(외상매출금만)하시오.
> 3. 거래처별원장에 전기(외상매출금만)하시오.

1. 일자별 회계처리

6/1	(차)	외상매출금	300,000	(대)	상품매출	300,000
6/8	(차)	외상매출금	600,000	(대)	상품매출	600,000
6/10	(차)	외상매출금	1,250,000	(대)	상품매출	1,250,000
6/14	(차)	현 금	800,000	(대)	외상매출금	800,000
6/18	(차)	외상매출금	750,000	(대)	상품매출	750,000
6/25	(차)	현 금	1,000,000	(대)	외상매출금	1,000,000

2. 총계정원장

외상매출금(총계정원장)

6/1	상품매출	300,000	6/14	현 금	800,000
6/8	상품매출	600,000	6/25	현 금	1,000,000
6/10	상품매출	1,250,000			
6/18	상품매출	750,000		차기이월	1,100,000

3. 거래처별원장

외상매출금(거래처원장) - (주)지식

6/1	상품매출	300,000	6/14	현 금	800,000
6/10	상품매출	1,250,000		차기이월	750,000

외상매출금(거래처원장) - (주)선우

6/8	상품매출	600,000	6/25	현 금	1,000,000
6/18	상품매출	750,000		차기이월	350,000

04 [어음의 배서와 할인]
다음 거래일자별 회계처리를 하시오.

> 9월 1일   (주)두존은 A기업에 상품을 매출하고 2,000,000원의 만기가 12월 1일인 어음 2매를 받았다.
>
> 10월 14일   (주)두존은 외상매입금 2,000,000원을 변제하기 위하여 A기업으로부터 받은 어음을 양도하였다.
>
> 11월 1일   (주)두존은 자금 부족으로 국민은행에 동 어음을 제시하고 현금으로 할인받았다(어음할인율 : 12%, 매각거래로 기장할 것).

9/1	(차)	받을어음	4,000,000	(대)	상품매출	4,000,000
10/14	(차)	외상매입금	2,000,000	(대)	받을어음	2,000,000
11/1	(차)	현 금	1,980,000	(대)	받을어음	2,000,000
		매출채권처분손실	20,000 *			

* 어음할인료 = 2,000,000원 $\times$ 12% $\times$ 1/12 = 20,000원

05 [대손충당금]

다음은 (주)부실의 대손에 관한 자료이다. 이에 따른 회계처리를 나타내라.

〈20x1년〉
1월 1일   대손충당금의 대변 잔액은 500,000원이다.
6월 1일   전기에 매출한 400,000원의 외상매출금이 회수불가능한 것으로 판명되었다.
12월 31일 기말 현재의 외상매출금 잔액은 30,000,000원이며 과거의 경험에 의하면 외상매출금
          잔액의 1%가 대손으로 예상된다.
〈20x2년〉
8월 1일   전기 외상매출금 중 550,000원이 대손되었다.
12월 31일 기말 현재의 외상매출금 잔액은 45,000,000원이며 과거의 경험에 의하면 외상매출금
          잔액의 2%가 대손으로 예상된다.

풀이 〈20x1년〉

6/1	(차)	대손충당금	400,000	(대)	외상매출금	400,000
12/31	(차)	대손상각비	200,000 *	(대)	대손충당금	200,000

* (30,000,000원 × 1%) − (500,000원 − 400,000원) = 200,000원

대손충당금

당기대손	400,000	전기이월	500,000
		당기설정	200,000
		잔 액	300,000

(부분)재무상태표
20x1.12.31

자 산		
외상매출금	30,000,000	
대손충당금	(300,000)	29,700,000

〈20x2년〉

8/1	(차)	대손충당금	300,000	(대)	외상매출금	550,000
		대손상각비	250,000			
12/31	(차)	대손상각비	900,000 *	(대)	대손충당금	900,000

* (45,000,000원 × 2%) − 0 = 900,000원

대손충당금

당기대손	300,000	전기이월	300,000
		당기설정	900,000
		잔 액	900,000

(부분)재무상태표
20x2.12.31

자 산		
외상매출금	45,000,000	
대손충당금	(900,000)	44,100,000

06 [배당금수익과 이자수익]

(주)리젠은 20x1년에 일시적인 유휴자금의 운용목적으로 단기매매증권을 취득하였다.

〈20x1년〉
4월 6일   미래증권을 통하여 액면 5,000원인 A사 주식 100주를 주당 18,000원에 매입하고
매입수수료 15,000원을 포함하여 현금으로 지급하다.
5월 2일   미래증권을 통하여 B회사의 사채 50좌를 1좌당 10,000원에 매입하고 매입수수료
5,000원을 포함하여 수표를 발행하여 지급하다.
11월 30일 취득한 B회사의 사채에 대하여 1좌당 1,200원의 이자를 수령하다.
12월 11일 취득한 A회사 주식에 대하여 주당 500원의 배당금을 지급받다.

거래일자별로 회계처리를 나타내라.

풀이 20x1.4.6

(차) 단기매매증권	1,800,000 *	(대) 현 금	1,815,000
지급수수료	15,000		

* 18,000원 × 100주 = 1,800,000원

20x1.5.2

(차) 단기매매증권	500,000 *	(대) 당좌예금	505,000
지급수수료	5,000		

* 10,000원 × 50좌 = 500,000원

20x1.11.30

(차) 현 금	60,000	(대) 이자수익	60,000

20x1.12.11

(차) 현 금	50,000	(대) 배당금수익	50,000

07 [유가증권의 평가와 처분(1)]

(주)리젠은 20x1년 1월 1일에 시장성 있는 A회사의 주식을 500,000원에 취득하였다. 20x1년 12월 31일 현재 계속 보유 중이며 이 주식의 20x1년 12월 31일 현재 공정가액은 350,000원이다. (주)리젠은 20x2년 7월 1일 A회사의 주식을 700,000원에 처분하였다. 이 경우 다음의 상황별로 (주)리젠의 20x1년 1월 1일과 20x1년 12월 31일, 그리고 처분시점인 20x2년 7월 1일의 회계처리를 나타내시오.

1. 단기매매증권으로 분류되는 경우
2. 매도가능증권으로 분류되는 경우

풀이 1. 단기매매증권으로 분류되는 경우
   20x1.1.1

(차) 단기매매증권	500,000	(대) 현 금	500,000

   20x1.12.31

(차) 단기매매증권평가손실	150,000	(대) 단기매매증권	150,000
(영업외비용)			

   20x2.7.1

(차) 현 금	700,000	(대) 단기매매증권	350,000
		단기매매증권처분이익	350,000

2. 매도가능증권으로 분류되는 경우
   20x1.1.1

(차) 매도가능증권	500,000	(대) 현 금	500,000

   20x1.12.31

(차) 매도가능증권평가손실	150,000	(대) 매도가능증권	150,000
(기타포괄손익누계액)			

   20x2.7.1

(차) 현 금	700,000	(대) 매도가능증권	350,000
		매도가능증권평가손실	150,000
		매도가능증권처분이익	200,000

08 [유가증권의 평가와 처분(2)]

(주)강남은 20x1년 1월 1일에 시장성 있는 A회사의 주식을 500,000원에 취득하였다. 20x1년 12월 31일 현재 계속 보유 중이며 이 주식의 20x1년 12월 31일 현재 공정가액은 350,000원이다. (주)강남은 20x2년 7월 1일 A회사의 주식을 300,000원에 처분하였다. 이 경우 다음의 상황별로 (주)강남의 20x1년 1월 1일과 20x1년 12월 31일, 그리고 처분시점인 20x2년 7월 1일의 회계처리를 나타내시오.

1. 단기매매증권으로 분류되는 경우
2. 매도가능증권으로 분류되는 경우

풀이 1. 단기매매증권으로 분류되는 경우
20x1.1.1

(차) 단기매매증권	500,000	(대) 현 금	500,000

20x1.12.31

(차) 단기매매증권평가손실 (영업외비용)	150,000	(대) 단기매매증권	150,000

20x2.7.1

(차) 현 금	300,000	(대) 단기매매증권	350,000
단기매매증권처분손실	50,000		

2. 매도가능증권으로 분류되는 경우
20x1.1.1

(차) 매도가능증권	500,000	(대) 현 금	500,000

20x1.12.31

(차) 매도가능증권평가손실 (기타포괄손익누계액)	150,000	(대) 매도가능증권	150,000

20x2.7.1

(차) 현 금	300,000	(대) 매도가능증권	350,000
매도가능증권처분손실	200,000	매도가능증권평가손실	150,000

09 [당좌자산의 회계처리]

다음은 (주)리젠의 20x1년 12월 1일부터 20x1년 12월 31일까지의 거래자료이다. 일자별 회계처리를 나타내시오((주)리젠은 대한은행과 당좌차월한도 1,000,000원의 당좌거래계약을 체결하고 있으며, 12월 1일 현재 당좌예금 잔액은 500,000원이다).

12월 1일	나래상사에 상품을 900,000원에 외상으로 매출하였다.
12월 2일	장부금액 500,000원의 기계장치를 700,000원에 처분하고 대금은 말일에 받기로 하였다.
12월 5일	(주)노을로부터 2,000,000원의 상품을 외상으로 매입하였다.
12월 6일	(주)가람으로부터 1,000,000원의 상품을 외상으로 매입하였다.
12월 8일	우림상사에 1,000,000원의 상품을 판매하고 약속어음으로 지급받았다.
12월 10일	나래상사로부터 외상매출금 900,000원을 받아 당좌예입하였다.
12월 14일	단기보유목적으로 (주)강북의 주식 50주를 한 주당 10,000원에 매입하고, 수수료 50,000과 함께 현금으로 지급하였다.
12월 16일	(주)가람의 외상매입금 1,000,000원을 변제하기 위하여 우림상사로부터 받은 어음을 배서양도하였다.
12월 19일	단기보유목적으로 보유하던 (주)강북의 주식 20주를 한 주당 12,000원에 처분하였다.
12월 20일	(주)노을의 외상매입금 2,000,000원을 수표를 발행하여 지급하다.
12월 31일	12월 2일에 처분한 기계장치에 대한 미수금 700,000원을 현금으로 받았다.
12월 31일	(주)강북의 주식의 12월 31일 현재 공정가치는 한 주당 15,000원이다.
12월 31일	당좌예금 계좌를 정리하였다.

풀이

일자		차변	금액		대변	금액
12/1	(차)	외상매출금	900,000	(대)	상품매출	900,000
12/2	(차)	미수금	700,000	(대)	기계장치	500,000
					유형자산처분이익	200,000
12/5	(차)	상 품	2,000,000	(대)	외상매입금	2,000,000
12/6	(차)	상 품	1,000,000	(대)	외상매입금	1,000,000
12/8	(차)	받을어음	1,000,000	(대)	상품매출	1,000,000
12/10	(차)	당좌예금	900,000	(대)	외상매출금	900,000
12/14	(차)	단기매매증권	500,000	(대)	현 금	550,000
		지급수수료	50,000			
12/16	(차)	외상매입금	1,000,000	(대)	받을어음	1,000,000
12/19	(차)	현 금	240,000	(대)	단기매매증권	200,000
					단기매매증권처분이익	40,000
12/20	(차)	외상매입금	2,000,000	(대)	당좌예금	2,000,000
12/31	(차)	현 금	700,000	(대)	미수금	700,000
12/31	(차)	단기매매증권	150,000	(대)	단기매매증권평가이익	150,000
12/31	(차)	당좌예금	600,000	(대)	당좌차월	600,000

01 일반기업회계기준상 20x6년 12월 31일 결산 시 재무상태표를 작성할 때 '현금및현금성자산'으로 통합표시되지 않는 것은?

① 통화(지폐 및 주화) 100,000원

② 보통예금 통장 잔액 300,000원

③ 단기 시세차익을 얻을 목적으로 구입한 주식 1,000,000원

④ 20x6년 12월 1일에 취득한 공채증서 100,000원(단, 만기일은 20x7년 1월 31일이다)

> **해설** 단기 시세차익을 얻을 목적으로 구입한 주식은 단기매매증권으로 단기예금, 단기대여금과 함께 단기투자자산에 통합하여 표시한다.

정답 ③

02 다음은 ○○상점의 20x6년 4월 중 당좌예금 거래내역이다. 4월 15일 대변 계정과목과 금액으로 옳은 것을 〈보기〉에서 모두 고른 것은?

> 4월 1일   당좌예금 잔액 500,000원(당좌차월 계약이 맺어져 있으며, 한도액은 5,000,000원이다)
> 4월 15일   거래처에서 상품 700,000원을 매입하고, 당좌수표를 발행하여 지급하다.

> **보기**
> ㄱ. 당좌예금 500,000원
> ㄴ. 당좌차월 200,000원
> ㄷ. 당좌예금 700,000원

① ㄱ

② ㄴ

③ ㄱ, ㄴ

④ ㄴ, ㄷ

> **해설** 당좌예금 잔액이 500,000원이므로 당좌예금 500,000원과 당좌차월 200,000원이 된다.

정답 ③

03 다음은 (주)미래의 단기매매증권의 취득, 처분, 공정시가에 관련된 거래내역이다. 기말에 당기순손익에 미치는 영향으로 옳은 것은?

구 분	취 득	처 분	공정시가(결산일)
일 자	20x6년 12월 1일	20x6년 12월 20일	20x6년 12월 31일
수 량	A사 보통주 100주	A사 보통주 70주	A사 보통주 30주
총금액	1,000,000원	800,000원	100,000원

① 당기순이익 100,000원 감소하다.

② 당기순이익 100,000원 증가하다.

③ 당기순이익 200,000원 감소하다.

④ 당기순이익 200,000원 증가하다.

해설 20x6년 12월 1일 취득원가 100주 1,000,000원을 20x6년 12월 20일에 70주를 800,000원에 처분하여 100,000원 이익, 20x6년 12월 31일에 30주를 100,000원에 평가하므로 200,000원 평가손실이다. 따라서 당기순이익 100,000원이 감소한다.

정답 ①

04 다음 자료에서 20x6년 12월 31일 결산 시 손익계산서에 기입되는 대손상각비를 계산한 금액으로 옳은 것은?

> 4월 10일   외상매출금 100,000원이 회수불능되다(단, 대손충당금 잔액 30,000원 있음).
> 4월 25일   위의 대손처리한 외상매출금 중 20,000원을 현금으로 회수하다.
> 12월 31일   결산 시 외상매출금 잔액 5,000,000원에 대하여 2%의 대손을 예상하다.

① 120,000원   ② 130,000원

③ 150,000원   ④ 200,000원

해설

4/10	(차)	대손충당금	30,000	(대)	외상매출금	100,000
		대손상각비	70,000			
4/25	(차)	현 금	20,000	(대)	대손충당금	20,000
					(또는 대손상각비)*	
12/31	(차)	대손상각비	80,000	(대)	대손충당금	80,000

따라서 기존 대손상각비 70,000원과 예상액 80,000원을 합하면 금년도 대손상각비는 150,000원이다.
* 당기에 대손처리한 금액이 당기에 회수된 경우에는 대손상각비 직접 상계가 가능하다.

정답 ③

05 일반기업회계기준에 따라 다음 거래의 회계처리 시 단기매매증권의 취득원가를 계산한 것으로 옳은 것은?

> 단기적 시세차익을 얻을 목적으로 ○○유통(주)의 주식 100주(액면 1주당 5,000원)를 1주당 7,000원에 취득하고, 대금은 수수료 30,000원과 함께 수표를 발행하여 지급하다.

① 500,000원
② 530,000원
③ 700,000원
④ 730,000원

해설 단기매매증권의 취득 시 액면금액이 아닌 취득금액 700,000원(100주 × 1주당 7,000원)으로 단기매매증권 계정의 차변에 기입하며, 수수료는 별도로 수수료비용 계정에 기입하여 비용으로 처리한다.

정답 ③

06 다음 거래의 분개로 옳은 것은?(단, 매각거래로 회계처리한다)

> 강남상점에서 받은 2개월 후 만기의 약속어음 500,000원을 거래 은행에서 할인받고, 할인료 20,000원을 차감한 실수금은 당좌예입하다.

① (차) 당좌예금	480,000	(대) 받을어음	480,000		
② (차) 당좌예금	480,000	(대) 받을어음	500,000		
매출채권처분손실	20,000				
③ (차) 당좌예금	480,000	(대) 단기차입금	500,000		
이자비용	20,000				
④ (차) 당좌예금	500,000	(대) 지급어음	500,000		

해설 소지하고 있던 어음을 할인받고 매각거래로 회계처리하면, 받을어음 계정의 대변에 기입하고 할인료는 매출채권처분손실로 처리한다.

정답 ②

07 다음 자료에 의하여 결산정리분개 후 손익계산서에 기입될 대손상각비를 계산한 금액으로 옳은 것은?

> • 매출채권 잔액   800,000원
> • 대손충당금 잔액   10,000원
> • 매출채권 잔액의 2% 대손 예상

① 4,000원   ② 6,000원
③ 8,000원   ④ 16,000원

해설 • 분개할 금액은 다음과 같이 계산한다.
    • 800,000원(매출채권 잔액) × 2%(대손 예상) = 16,000원
    • 16,000원(대손추정액) − 10,000원(대손충당금) = 6,000원
    따라서 손익계산서에 기입될 대손상각비는 6,000원이다.

정답 ②

08 (주)B의 20x6년 10월 2일 현재 금고 안에 보유하고 있는 현금 등의 자산 내역은 다음과 같다. 이를 자료로 현금 계정의 잔액을 계산하면 얼마인가?

> • 통화(지폐 및 주화)   200,000원
> • 자기앞수표   100,000원
> • 3개월 후 지급인 약속어음   300,000원
> • 배당금지급통지서   50,000원

① 250,000원   ② 300,000원
③ 350,000원   ④ 650,000원

해설 거래처 발행 3개월 후 지급인 약속어음은 매출채권인 받을어음이므로 제외한다.

정답 ③

09 (주)A는 단기매매차익 목적으로 (주)B회사 주식을 구입 및 매각하였다. 당해 거래가 해당 회계기간의 손익계산서에 미치는 영향은?

> 3월 10일   (주)B회사 주식 500주를 주당 30,000원에 구입하다.
> 8월 17일   (주)B회사 주식 300주를 주당 50,000원에 매각하다.
> 10월 31일   (주)B회사 주식 200주를 주당 20,000원에 매각하다.

① 순손실 4,000,000원

② 순이익 4,000,000원

③ 순손실 3,000,000원

④ 순이익 3,000,000원

해설
3/10	(차)	단기매매증권	15,000,000	(대)	현금 등	15,000,000
8/17	(차)	현금 등	15,000,000	(대)	단기매매증권	9,000,000
					단기매매증권처분이익	6,000,000
10/31	(차)	현금 등	4,000,000	(대)	단기매매증권	6,000,000
		단기매매증권처분손실	2,000,000			

∴ 순이익 = 6,000,000원(처분이익) − 2,000,000원(처분손실) = 4,000,000원

정답 ②

10 (주)○○은 채권 잔액의 1%를 대손충당금으로 설정한다. 다음 자료에 의할 경우 20x7년 말 대손충당금 추가설정액은?

> 20x7년 1월 1일   대손충당금 잔액   100,000원
> 20x7년 7월 1일   대손 발생액   70,000원
> 20x7년 12월 31일   매출채권 잔액   12,000,000원

① 70,000원

② 80,000원

③ 90,000원

④ 100,000원

해설 대손충당금 추가설정액 = 12,000,000원 × 1% − (100,000원 − 70,000원) = 90,000원

정답 ③

11 다음은 ○○상점의 결산 전 대손충당금 계정이다. 외상매출금 잔액 35,000,000원에 대하여 2%의 대손충당금을 설정하는 경우 손익 계정에 표시될 대손상각비는 얼마인가?

대손충당금			
외상매출금	80,000	전기이월	690,000

① 90,000원
② 80,000원
③ 700,000원
④ 690,000원

해설 • 결산 전 대손충당금 잔액 = 690,000원 − 80,000원 = 610,000원
• 결산 시 대손추정액 = 35,000,000원 × 2% = 700,000원
따라서 700,000원 − 610,000원 = 90,000원이므로 추가로 설정되는 대손상각비는 90,000원이다.

정답 ①

12 다음 거래를 분개할 경우 외상매출금은 얼마인가?

거래처 ○○상회에 상품 100개를 1,300,000원에 매출하고, 대금 중 900,000원은 ○○상회 발행 약속어음으로 받고, 잔액은 외상으로 하다. 당사 부담의 운반비 5,000원은 현금으로 지급하다.

① 400,000원
② 900,000원
③ 905,000원
④ 1,300,000원

해설 (차) 받을어음 900,000 (대) 매출액 1,300,000
　　　 외상매출금 400,000 　　　 현 금 5,000
　　　 운반비 5,000

정답 ①

13 다음 거래를 회계처리(분개)한 결과에 대한 설명으로 옳은 것은?

(주)리젠은 3년 만기 정기예금 10,000,000원과 이자 500,000원을 현금으로 수령하여 대금 중 일부인 8,000,000원은 즉시 보통예금에 입금하였다.

① 현금 계정 대변에 2,500,000원이 기입된다.
② 이자비용 계정 차변에 500,000원이 기입된다.
③ 보통예금 계정 차변에 8,000,000원이 기입된다.
④ 정기예금 계정 차변에 10,000,000원이 기입된다.

해설	(차) 보통예금	8,000,000	(대) 정기예금	10,000,000
	현 금	2,500,000	이자수익	500,000

정답 ③

14 다음은 기말자산과 기말부채의 일부분이다. 기말재무상태표에 표시될 계정과목과 금액이 옳지 않은 것은?

• 외상매출금	400,000원	• 자기앞수표	300,000원
• 지급어음	150,000원	• 외상매입금	300,000원
• 받을어음	100,000원	• 당좌예금	60,000원

① 현금및현금성자산 : 300,000원
② 매출채권 : 500,000원
③ 매입채무 : 450,000원
④ 당좌자산 : 860,000원

해설 ① 현금및현금성자산 = 300,000원(자기앞수표) + 60,000원(당좌예금) = 360,000원
② 매출채권 = 400,000원(외상매출금) + 100,000원(받을어음) = 500,000원
③ 매입채무 = 150,000원(지급어음) + 300,000원(외상매입금) = 450,000원
④ 당좌자산 = 360,000원(현금및현금성자산) + 500,000원(매출채권) = 860,000원

정답 ①

15 단기매매증권에 관한 자료가 다음과 같은 경우 처분 시 손익으로 옳은 것은?

20x4년 11월 10일	취득 75,000원(액면 50,000원)
20x4년 12월 31일	결산 시 공정가치(시가) 70,000원
20x5년 1월 12일	73,000원에 처분

① 처분이익 3,000원   ② 처분손실 3,000원
③ 처분이익 5,000원   ④ 처분손실 2,000원

해설 단기매매증권은 결산 시 공정가치(시가)로 평가되어 차기로 이월되므로 처분 시의 장부금액은 70,000원이며 이를 73,000원에 처분한 것이다. 따라서 처분이익이 3,000원 발생한다.

정답 ①

16 다음 연속된 거래를 보고, 20x5년 4월 10일의 분개로 옳은 것은?

> 20x4년 12월 31일   외상매출금 잔액 5,000,000원에 대하여 2%의 대손을 예상하다.
> (단, 대손충당금 잔액 70,000원 있음)
> 20x5년 4월 10일   거래처의 파산으로 외상매출금 150,000원이 회수불능되다.

①	(차) 대손상각비	100,000	(대) 외상매출금	100,000
②	(차) 대손상각비	100,000	(대) 대손충당금	100,000
③	(차) 대손충당금	70,000	(대) 외상매출금	150,000
	대손상각비	80,000		
④	(차) 대손충당금	100,000	(대) 외상매출금	150,000
	대손상각비	50,000		

해설 대손발생 시 대손충당금이 100,000원 설정되어 있으므로 이를 우선 상계하고, 초과분 50,000원은 대손상각비로 처리한다.

정답 ④

17 다음 중 외상매출금 계정의 차변에 기입될 거래 내용으로 옳은 것은?

① 외상매출금 200,000원을 현금으로 회수하다.
② 상품 100,000원을 매출하고 대금은 20일 후에 받기로 하다.
③ 외상으로 매출한 상품 중 파손품이 있어 5,000원이 반품되어 오다.
④ 업무용으로 사용하던 비품을 200,000원에 매각하고 대금은 외상으로 하다.

해설 외상매출금 계정은 자산 계정이므로 증가를 차변에 기입한다. 상품을 매출하고 대금을 20일 후에 받기로 한 것은 분개 시 차변 계정과목이 외상매출금이다. 업무용으로 사용하던 비품을 외상으로 매각하면 미수금 계정의 차변에 기입한다.

정답 ②

18 단기 투자를 목적으로 취득하여 보유하고 있던 (주)A 발행의 주식 500주(액면금액 1주당 5,000원, 장부금액 1주당 4,700원)를 1주당 4,900원에 모두 처분한 경우, 단기투자자산처분손익으로 옳은 것은?

① 단기투자자산처분이익 100,000원
② 단기투자자산처분손실 100,000원
③ 단기투자자산처분이익 200,000원
④ 단기투자자산처분손실 200,000원

> **해설** 처분금액 2,450,000원(500주 × 4,900원)에서 장부금액 2,350,000원(500주 × 4,700원)을 차감하면 처분이익 100,000원이 발생한다.

> **정답** ①

19 단기매매차익을 목적으로 취득하여 보유하고 있던 (주)A 발행 주식 100주(액면가액 1주당 5,000원, 장부금액 1주당 4,500원)를 1주당 6,000원에 모두 처분한 경우 처분손익으로 옳은 것은?

① 처분이익 100,000원   ② 처분이익 150,000원
③ 처분손실 100,000원   ④ 처분손실 150,000원

> **해설** 처분가액(100주 × 6,000원) − 장부금액(100주 × 4,500원) = 처분이익 150,000원

> **정답** ②

20 다음은 (주)B가 20x4년 12월 31일 결산일 현재 보유하고 있는 금융자산의 종류와 금액이다. 재무상태표에 현금및현금성자산으로 통합표시할 금액으로 옳은 것은?

• 통화(지폐 및 주화)	50,000원
• 자기앞수표	100,000원
• 타인발행 당좌수표	200,000원
• 20x4년 12월 1일 취득한 만기가 2개월인 양도성예금증서	70,000원
• 20x5년 6월 30일 만기의 정기예금	80,000원
• 단기매매차익을 목적으로 20x4년 10월 1일 취득한 (주)C 발행 주식	90,000원

① 420,000원   ② 430,000원
③ 440,000원   ④ 500,000원

> **해설** 통화, 자기앞수표, 타인발행당좌수표는 현금이며, 취득 시 만기가 3개월 이내인 양도성예금증서는 현금성자산으로 현금및현금성자산에 통합표시한다. 6개월 만기의 정기예금은 단기금융상품, 타 회사 발행 주식은 단기매매증권이다.

> **정답** ①

05 유동자산(2)-재고자산

1 재고자산의 기본개념

1 재고자산의 정의와 종류

(1) 재고자산의 정의

재고자산이란 정상적인 영업과정에서 판매를 위하여 보유하거나 생산과정에 있는 자산 및 생산 또는 서비스 제공 과정에 투입될 원재료나 소모품의 형태로 존재하는 자산을 말한다. 재고자산은 정상적인 영업활동이 무엇인지, 즉 궁극적으로 영업활동과정에서 판매를 목적으로 하는지 여부에 따라 분류가 달라진다.

(2) 재고자산의 종류

기업회계기준에서는 재고자산의 과목에 대해 다음과 같이 열거하고 있다.

구 분	내 용
상 품	판매를 목적으로 구입한 상품, 미착상품, 적송품 등
제 품	판매를 목적으로 제조한 생산품, 부산물 등
반제품	자가제조한 중간제품, 부분품 등
재공품	제품 또는 반제품의 제조를 위하여 제공과정에 있는 것
원재료	원료, 재료, 매입부분품, 미착원재료 등
저장품	소모품, 소모공구, 비품 등

2 재고자산의 취득원가

재고자산은 원칙적으로 취득가액을 재무상태표 가액으로 한다. 이러한 취득원가에는 당해 자산을 취득하여 의도된 목적 또는 본래의 기능에 도달할 때까지 지출된 현금및현금성자산이 포함되어야 한다. 즉, 당해 재고자산이 판매 가능한 상태에 있기까지 소요된 모든 지출액이 된다.

매입원가 = 매입가액 + 매입부대비용 − 매입할인·매입에누리·매입환출

(1) 매입부대비용

상품을 매입할 때 상품의 매입대금 이외에도 추가적으로 발생하는 비용이 있는데, 이를 매입부대비용이라고 한다(예 운송비, 매입수수료, 보험료, 하역비, 수입관세 등).

(2) 매입할인

매입할인이란 재고자산을 외상으로 구입한 후 외상매입금을 조기에 지급하는 경우 판매자가 일정 금액을 할인해 주는 것을 말한다. 매입시점에서는 매입액 총액을 기재하고, 할인을 받는 시점에 매입할인을 인식하여 매입액에서 차감하도록 회계처리한다.

(3) 매입에누리와 환출

매입에누리란 매입된 상품에 결함이나 파손이 발견된 경우 가격을 할인해 주는 것을 의미한다. 매입환출은 매입된 상품에 결함이나 파손이 발견되어 상품을 반환해 주는 것을 의미한다. 매입에누리와 환출은 매출에누리와 환입의 경우와 마찬가지로 총액법으로 회계처리하고 총 매입액에서 차감하여 계상한다.

예제 **재고자산의 취득원가**

다음 거래로 인한 상품의 취득원가는 얼마인가?

- 당기에 상품 500,000원을 외상으로 매입하다.
- 위 상품을 매입하면서 매입운임으로 100,000원을 현금지급하다.
- 위 외상으로 매입한 상품 중 50,000원을 불량품으로 반품하다.
- 외상매입금을 조기에 지급하여 20,000원의 매입할인을 받았다.

풀이

취득원가 = 매입가액 + 매입부대비용 − 매입환출 − 매입할인
530,000원 = 500,000원 + 100,000원 − 50,000원 − 20,000원

---

3 매입채무의 회계처리

(1) 매입채무

재고자산을 구매하면서 대금을 일정기간이 지난 후에 지급하기로 약정하는 경우 대금을 지급하여야 하는 의무를 외상매입금이라 한다. 또한 거래처에 현금 대신 어음으로 지급하여 주는 경우 지급어음이란 채무가 발생하게 되는 것이다. 이에 대한 회계처리를 예시하면 다음과 같다.

〈외상으로 구매하는 경우〉

(차) 상품, 원재료 등   ×××   (대) 외상매입금   ×××

〈어음으로 결제하는 경우〉

(차) 상품, 원재료 등   ×××   (대) 지급어음   ×××

(2) 매입채무와 미지급금

거래를 통하여 발생하는 채무 중 일반적 상거래로 인하여 발생하는 채무는 매입채무, 즉 외상매입금과 지급어음으로 회계처리한다. 반면에 일반적 상거래 외 발생하는 채무는 미지급금으로 처리한다.

2 재고자산의 기록방법(수량의 결정)

재고자산의 매입과 매출에 관한 거래를 회계처리를 하는 방법에는 계속기록법과 실지재고조사법 이렇게 두 가지의 방법이 있다. 이하에서는 다음의 사례를 통하여 계속기록법과 실지재고조사법에 대하여 설명하고자 한다.

사례

기초재고액 : 20x1.1.1   20,000원(수량 100개, 매입단가 200원)
당기매입액 : 20x1.3.1   외상매입 60,000원(수량 300개, 매입단가 200원)
당기판매액 : 20x1.4.1   외상판매 30,000원(수량 100개, 판매단가 300원)
               20x1.5.1   외상판매 45,000원(수량 150개, 판매단가 300원)
기말재고액 : 20x1.12.31   30,000원(수량 150개, 매입단가 200원)

---

1 계속기록법

(1) 계속기록법의 기말재고수량 계산

계속기록법은 재고자산이 입출고될 때마다 계속적으로 기록하는 방법으로 장부상 재고수량을 기말재고수량으로 결정하는 방법이다. 즉, 기말재고수량은 당기판매가능수량(기초재고수량 + 당기매입수량)에서 당기판매수량을 차감하여 계산하는데, 이를 등식으로 나타내면 다음과 같다.

기초재고수량 + 당기매입수량 − 당기판매수량 = 장부상 기말재고수량

(2) 계속기록법의 회계처리

계속기록법은 매출이 발생하는 때마다 매출원가를 일일이 기록하는 방법이다. 위의 사례를 계속기록법에 따라 회계처리하면 다음과 같다.

① 상품매입 시

20x1.3.1

(차) 상 품	60,000	(대) 외상매입금	60,000

② 상품매출 시

20x1.4.1

(차) 외상매출금	30,000	(대) 매출액	30,000
(차) 매출원가	20,000 *	(대) 상 품	20,000

      * 100개(판매수량) × 200원(매입단가) = 20,000원

20x1.5.1

(차) 외상매출금	45,000	(대) 매출액	45,000
(차) 매출원가	30,000 *	(대) 상 품	30,000

      * 150개(판매수량) × 200원(매입단가) = 30,000원

상품(재고자산)

기초재고	20,000	당기판매(4/1)	20,000	⎫ 매출원가
당기매입(3/1)	60,000	당기판매(5/1)	30,000	⎭
		기말재고	30,000	
	80,000		80,000	

매출액

		당기판매(4/1)	30,000
		당기판매(5/1)	45,000
			75,000

매출원가

당기판매(4/1)	20,000		
당기판매(5/1)	30,000		
	50,000		

2 실지재고조사법

(1) 실지재고조사법의 기말재고수량 계산

실지재고조사법은 재고자산의 매입 시에는 수량을 계속기록하지만 판매 시에는 아무런 기록도 하지 않고 결산일에 창고의 실지재고수량을 파악하여 이를 기말재고수량으로 결정하는 방법이다. 즉, 기말 재고수량은 당기판매가능수량(기초재고수량 + 당기매입수량)에서 기말실지재고수량을 차감하여 계산하는데, 이를 등식으로 하면 다음과 같다.

> 기초재고수량 + 당기매입수량 − 기말실지재고수량 = 당기판매수량

(2) 실지재고조사법의 회계처리

실지재고조사법은 기말에 재고자산의 수량을 직접 파악하여 매출원가를 산정하는 방법이다. 재고자산 거래는 계속적으로 발생하기 때문에 재고자산이 들어오고 나갈 때마다 일일이 매출원가에 대한 회계 처리를 하는 것은 번거로운 일이다. 실지재고조사법을 사용하면 매출 시마다 매출원가를 계상하지 않더라도 기말에 재고자산의 수량을 파악하여 매출원가를 한 번에 계산할 수 있다. 앞의 사례를 실지재고조사법에 따라 회계처리하면 다음과 같다.

① 상품매입 시

20x1.3.1

(차) 상 품	60,000	(대) 외상매입금	60,000

② 상품매출 시

매출원가에 대한 회계처리는 하지 않는다.

20x1.4.1

(차) 외상매출금	30,000	(대) 매출액	30,000

20x1.5.1

(차) 외상매출금	45,000	(대) 매출액	45,000

그렇다면 판매된 상품에 대한 매출원가를 어떻게 산정할까?

> 매출원가 = 기초재고액 + 당기매입액 − 기말재고액

기초재고액은 전년도 기말재고액이고, 당기매입액은 매입 시마다 회계처리하였기 때문에 장부에서 쉽게 파악된다. 즉, 기말재고액만 파악된다면 기중에 일일이 회계처리하지 않아도 자동적으로 매출원가가 산정되는 것이다. 따라서 기말에 회사에 팔리지 않고 남아 있는 상품에 대하여 실제 수량을 확인하고 다음과 같이 회계처리한다.

③ 기말결산 시

　㉠ 실지조사한 기말재고액 = 150개 × 200원 = 30,000원

　㉡ 매출원가 = 20,000원(기초재고액) + 60,000원(당기매입액) − 30,000원(기말재고액)

　　　　 = 50,000원

(차) 매출원가　　　　　　　　　　　50,000　　　(대) 상 품　　　　　　　　　50,000

상 품

기초재고	20,000	매출원가	50,000
당기매입(3/1)	60,000	기말재고	30,000 ← 200원 × 150개
	80,000		80,000 (기말재고 실사수량)

매출액

		당기판매(4/1)	30,000
		당기판매(5/1)	45,000
			75,000

매출원가

기말결산(12/31)	50,000		
	50,000		

〈계속기록법과 실지재고조사법의 비교〉

시 점	계속기록법				실지재고조사법			
매입 시	(차) 상 품	×××	(대) 외상매입금	×××	(차) 상 품	×××	(대) 외상매입금	×××
매출 시	(차) 외상매출금	×××	(대) 매출액	×××	(차) 외상매출금	×××	(대) 매출액	×××
	(차) 매출원가	×××	(대) 상 품	×××				
결산 시	〈분개 없음〉				(차) 매출원가	×××	(대) 상 품	×××

3 재고자산 단가 흐름의 가정(단가의 결정)

1 개 요

재고자산 가액은 수량에 단가를 곱하여 결정하는데 수량은 이미 살펴보았고 단가의 산정에 대해 알아보기로 하자. 지금까지는 재고자산의 단가가 일정한 경우만을 회계처리하였다. 이제는 재고자산의 개별 금액, 즉 단가가 각각 다를 때의 기말재고와 매출원가의 단가산정을 알아볼 것이다.

재고자산은 취득원가로 기록되고 기중에 판매된 재고자산과 기말재고자산으로 배분된다. 가장 정확한 것은 각 재고자산별로 일일이 취득원가를 파악해 판매분과 기말재고분에 배분하면 되지만 현실적으로 쉬운 일이 아니다. 수많은 매입의 과정을 거치고 그 때마다 각각의 상이한 취득원가가 결정되기 때문이다. 따라서 이런 문제점을 해결하기 위해 원가흐름에 대한 가정을 하게 된다. 즉, 단가의 산정은 재고자산의 실제 물량흐름과는 상관없이 일정한 가정을 통해 매출원가와 기말재고자산에 배분된다. 기업회계기준에서는 개별법, 선입선출법, 후입선출법, 총평균법, 이동평균법 등을 적용하여 취득원가를 결정하고 있다.

2 개별법

개별법은 각각의 재고자산에 개별취득원가를 기록하였다가 판매할 때에 당해 재고자산의 취득원가를 매출원가로 기록하는 방법이다. 개별법은 실제 물량의 흐름과 원가흐름이 정확히 일치하기 때문에 수익·비용의 대응이 가장 잘 이루어지는 이상적인 방법이다. 그러나 재고자산의 종류가 많은 경우에는 너무 번거롭기 때문에 재고자산의 종류가 적은 경우에 제한적으로 사용한다. 통상적으로 상호 교환될 수 없는 재고항목이나 특정 프로젝트별로 생산되는 제품 또는 서비스의 원가는 개별법을 사용하여 결정한다. 예를 들어 특수기계를 주문 생산하는 경우와 같이 제품별로 원가를 식별할 수 있는 때에 사용하는데 상호 교환이 가능한 대량의 동질적인 제품에 대해서 적용하는 것은 적절하지 않다.

3 선입선출법(FIFO : First－In－First－Out)

(1) 개 요

선입선출법은 먼저 매입 또는 생산한 재고항목이 먼저 판매 또는 사용된다고 원가흐름을 가정하는 방법이다. 따라서 기말에 재고로 남아있는 항목은 가장 최근에 매입 또는 생산한 항목이라고 본다. 상품의 판매 시 먼저 구입한 자산을 먼저 판매하는 것이 일반적이므로 이는 실제 물량흐름과 일치하므로 논리적이다.

(2) 선입선출법의 매출원가와 기말재고

사례

올해 재고자산과 관련된 거래는 다음과 같다.

	수량(개)	매입단가(원)
기초재고(1/1)	100	200
당기매입(3/1)	100	250
당기매입(7/1)	100	300
	300	

올해 판매된 상품의 수량이 200개이며, 판매단가는 400원이다.

올해 판매된 수량 200개는 기초재고수량 100개(단가 200원)가 먼저 판매되고, 나머지 100개는 3월 1일 매입분 100개(단가 250원)가 판매된 것이다. 따라서 기말재고는 7월 1일 매입분인 100개(단가 300원) 즉, 최근에 구입상품의 단가로 기록된다. 이를 그림으로 표현하면 다음과 같다.

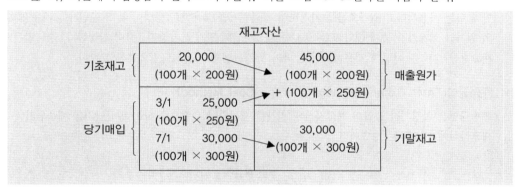

4 후입선출법(LIFO : Last-In-First-Out)

(1) 개 요

후입선출법은 가장 최근에 매입 또는 생산한 재고 항목이 가장 먼저 판매된다고 원가흐름을 가정하는 방법이다. 따라서 기말에 재고로 남아 있는 항목은 가장 먼저 매입 또는 생산한 항목이라고 본다. 이 가정은 원가흐름에 대한 가정이므로 실제 물량흐름과는 상관없게 되는데 기말재고자산이 가장 먼저 매입된 재고자산으로 구성되어 있다고 가정하기 때문이다. 물가가 상승하는 상황이라면 후입선출법하에서 기말재고자산은 실제 가액보다 낮게 평가가 되는 단점이 있다.

(2) 후입선출법의 매출원가와 기말재고

위의 선입선출법 사례를 이용하여 매출원가와 기말재고를 계산하면 다음과 같다. 후입선출법의 경우 나중에 구입한 상품이 먼저 판매되므로 판매수량 200개는 7월 1일 매입분 100개(단가 300원)와 3월 1일 매입분 100개(단가 250원)로 구성되어 있다. 따라서 기말재고는 작년에 구입해 두었던 기초재고 자산 100개(단가 200원)로 이루어진다. 이를 그림으로 표현하면 다음과 같다.

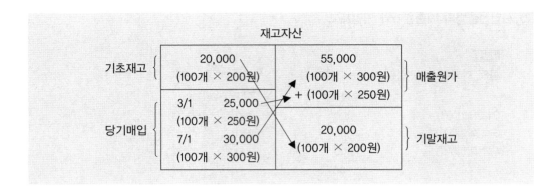

5 평균법

평균법은 기초에 보유하고 있는 재고항목과 회계기간 중에 매입하거나 생산한 재고 항목이 구별없이 판매 또는 사용된다고 원가흐름을 가정하여 평균원가를 사용하는 방법이다. 평균원가는 기초재고자산의 원가와 회계기간 중에 매입 또는 생산한 재고자산의 원가를 가중평균하여 산정한다. 평균법은 기말재고자산 수량을 어떻게 적용하느냐에 따라 총평균법과 이동평균법으로 구분한다.

(1) **총평균법**(TAM : Total Weighted Average Cost Method)

총평균법은 일정기간 동안의 재고자산의 원가를 재고자산 수량으로 나눈 평균단가를 매출원가와 기말재고자산에 배분하는 방법이다.

$$\text{평균단가} = \frac{\text{기초재고액 + 당기매입가액}}{\text{기초재고수량 + 매입수량}}$$

총평균법은 장부를 계속적으로 기록하지 않으므로 실지재고조사법만 적용한다. 총평균법에서는 우선 당기의 평균단가를 구해야 한다.

사례에서 평균단가는 $\dfrac{20,000원 + 55,000원}{100개 + 200개} = 250원$이다.

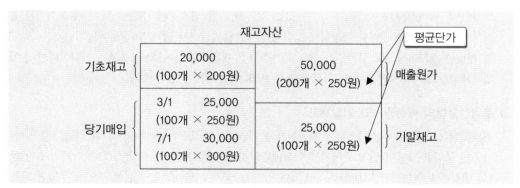

(2) 이동평균법(MAM : Moving Weighted Average Cost Method)

이동평균법은 재고자산을 구입할 때마다 장부상 재고가액을 재고수량으로 나누어 평균단가를 산출하는 방법을 말한다.

$$평균단가 = \frac{매입직전\ 재고가액 + 매입가액}{매입직전\ 재고수량 + 매입수량}$$

이동평균법은 장부를 계속적으로 기록해 나가는 방법으로 계속기록법하에서만 적용한다.

사례

올해 재고자산과 관련된 거래는 다음과 같다.

	수량(개)	매입단가(원)
기초재고(1/1)	100	200
당기매입(3/1)	100	250
당기판매(4/1)	(100)	
당기매입(7/1)	100	300
당기판매(8/1)	(100)	
	100	

올해 판매된 상품의 수량이 200개이며, 판매단가는 400원이다.

이동평균법에서 평균단가는 다음과 같이 구한다.

구 분	입·출고			잔 액		
	수 량	매입단가	금 액	수 량	매입단가	금 액
기초재고(1/1)	100	200	20,000	100	200	20,000
당기매입(3/1)	100	250	25,000	200	225*	45,000
당기판매(4/1)	(100)			100	225	22,500
당기매입(7/1)	100	300	30,000	200	262.5**	52,500
당기판매(8/1)	(100)			100	262.5	26,250
기말재고(12/31)	100			100	262.5	26,250

* (20,000원 + 25,000원)/(100개 + 100개) = 225원
** (22,500원 + 30,000원)/(100개 + 100개) = 262.5원   ⌐ 매입 시마다 이동평균단가를 구한다.

재고자산

기초재고 { 20,000 (100개 × 200원)	48,750 (100개 × 225원) + (100개 × 262.5원) } 매출원가
당기매입 { 3/1 25,000 (100개 × 250원) 7/1 30,000 (100개 × 300원)	26,250 (100개 × 262.5원) } 기말재고

6 원가흐름 가정에 따른 비교

위의 사례를 통하여 각 원가흐름의 가정에 따라 기말재고자산 매출원가, 그리고 순이익이 변동되는 것을 살펴보았다. 각 방법에 따른 결과를 요약하면 다음과 같다.

(단위 : 원)

계정과목	선입선출법	이동평균법	총평균법	후입선출법
기말재고	30,000	26,250	25,000	20,000
매출원가	45,000	48,750	50,000	55,000
계	75,000	75,000	75,000	75,000

각 방법의 경우 판매된 수량은 모두 200개이므로 1개당 판매단가가 400원인 경우 매출액은 80,000원이 된다. 다른 비용이 없다고 가정할 때 당기순이익은 다음과 같이 표시된다.

(단위 : 원)

계정과목	선입선출법	이동평균법	총평균법	후입선출법
당기순이익	35,000	31,250	30,000	25,000

당기 중 물가가 상승한다고 가정하는 경우 선입선출법, 평균법 및 후입선출법에 대하여 기말재고, 매출원가, 당기순이익의 크기를 비교해 보면 다음과 같다.

계정과목	원가흐름의 가정
기말재고	선입선출법 > 이동평균법 > 총평균법 > 후입선출법
매출원가	선입선출법 < 이동평균법 < 총평균법 < 후입선출법
당기순이익	선입선출법 > 이동평균법 > 총평균법 > 후입선출법

이러한 자료를 바탕으로 각 원가흐름의 가정별로 장단점을 정리하면 다음과 같다.

(1) 선입선출법

선입선출법에서는 원가흐름의 가정이 일반적인 물량흐름과 일치하여 논리적이며, 기말재고자산이 최근의 원가로 기록되므로 정확하게 기록된다. 그러나 인플레이션하에서는 순이익을 높게 보고하므로 보수주의를 반영하지 못하며, 매출원가에 과거의 원가가 대응되어 수익·비용 대응의 원칙이 저해된다.

(2) 후입선출법

매출원가가 최근의 원가로 기록되므로 수익과 비용이 적절히 대응되며, 인플레이션하에서는 순이익을 적게 보고하므로 보수주의를 잘 반영하게 된다. 그러나 기말재고자산이 과거의 원가로 기록되어 있어 기말재고자산을 적절히 표시하지 못하고 있으며, 회계기간이 지날수록 그 왜곡이 심해진다. 또한 나중에 들어온 자산이 먼저 팔리는 것은 일반적인 재고자산의 흐름과 일치하지 않는다. 현재 한국채택국제회계기준(K-IFRS)에서는 후입선출법을 사용하지 못하도록 규정하고 있으나, 일반기업회계기준에서는 회계정책으로 선택하여 사용할 수 있다.

(3) 평균법

평균법은 적용하는 방법이 간편하다는 장점이 있으나, 논리적이지 못하다는 단점이 있다.

4 재고자산의 평가

1 개 요

원칙적으로 재고자산은 취득원가로 기록되고 원가흐름의 가정에 의해 기말재고자산에 배분된다. 그러나 이때 결정된 재고자산 가액이 그대로 재무상태표가액이 되는 것은 아니다. 재고자산은 판매를 전제로 하기 때문에 현행시장가치가 반영되어야 한다. 이하에서는 재고자산의 평가 시 수량의 부족분과 가치하락분에 대하여 살펴볼 것인데 전자를 감모손실, 후자를 평가손실이라 한다.

2 재고자산평가손실

재고자산평가손실은 재고자산의 시가하락으로 인한 손실을 말한다. 이러한 재고자산평가손실은 재고자산의 차감 계정으로 표시하고 매출원가에 가산한다. 여기서 시가의 개념은 순실현가능가액으로 추정판매가액에서 판매비용을 차감한 금액이 된다. 이렇게 시가하락에 대한 손실을 매 회계기간 말에 추정하여 기말수정분개를 행하게 된다. 예를 들어 장부상 재고금액은 500,000원이었는 데 이에 대한 시가가 450,000원으로 하락하였다면 다음과 같이 처리한다.

(차) 재고자산평가손실	50,000	(대) 재고자산평가충당금	50,000

부분재무상태표

재고자산	500,000	
재고자산평가충당금	(50,000)	450,000

3 재고자산감모손실

재고자산감모손실은 파손, 도난, 분실 등으로 장부상의 재고수량보다 실지재고수량이 적은 경우에 발생하는 손실을 말한다.

재고자산감모손실 = (장부상 수량 − 실제 수량) × 단가

이러한 재고자산감모손실 중에서 정상적으로 발생하는 감모손실은 매출원가에 포함시키고 비정상적으로 발생하는 감모손실은 영업외비용으로 처리하여야 한다. 정상적으로 발생하는 감모손실의 경우에는 매출원가에서 조정되어 별다른 과정없이도 재무상태표상 기말재고액과 손익계산서상 기말재고액이 일치한다. 그러나 비정상적으로 발생하는 감모손실의 경우 조정과정이 필요한데 매출 이외의 재고감소라는 계정으로 재고자산 감소액을 표시하여 서로 기말재고액을 일치시킬 수 있다. 기업회계기준에서는 영업외비용에 계상되는 비정상적인 감모손실에 대하여 손익계산서에 재고자산감모손실이라는 계정과목을 사용하도록 규정하고 있다.

다음은 (주)미래의 재고자산에 관한 자료이다. 감모된 수량 중 70개는 정상적인 것으로 밝혀졌다. 다음 자료를 바탕으로 재고자산과 관련된 회계처리를 하여라.

장부상 수량	1,000개
단위당 취득원가	200원
실제 수량	900개
단위당 시가	150원

풀이

(1) 재고자산감모손실
    ① 감모수량 : 장부상 수량 1,000개 − 실제 수량 900개 = 100개
    ② 정상감모손실 : 70개 × 200원 = 14,000원
    ③ 비정상감모손실 : 30개 × 200원 = 6,000원
(2) 재고자산평가손실
    900개 × (200원 − 150원) = 45,000원
(3) 분 개
    ① 재고자산감모손실

(차) 매출원가	14,000	(대) 재고자산	20,000
재고자산감모손실	6,000		
(영업외비용)			

    ② 재고자산평가손실

(차) 재고자산평가손실	45,000	(대) 재고자산평가충당금	45,000
(매출원가)			

부분재무상태표

재고자산	180,000	
재고자산평가충당금	(45,000)	135,000

주관식 ▶ 연습문제

01 다음 자료에 의하여 매출총이익을 계산하시오.

〈자료 1〉
- 매출액   10,000,000원
- 기초재고액   1,200,000원
- 기말재고액   2,700,000원
- 당기매입액   8,400,000원

〈자료 2〉
- 매출액   10,000,000원
- 기초재고액   1,200,000원
- 기말재고액   5,000,000원
- 당기매입액   8,400,000원

풀이 〈자료 1〉
10,000,000원(매출액) − 6,900,000원(매출원가)* = 3,100,000원(매출총이익)
* 매출원가 = 1,200,000원(기초재고) + 8,400,000원(당기매입) − 2,700,000원(기말재고)
        = 6,900,000원

〈자료 2〉
10,000,000원(매출액) − 4,600,000원(매출원가)* = 5,400,000원(매출총이익)
* 매출원가 = 1,200,000원(기초재고) + 8,400,000원(당기매입) − 5,000,000원(기말재고)
        = 4,600,000원

〈참 고〉
다른 조건이 동일한 상황에서 기말재고자산이 증가하면 순이익도 증가한다.

02 다음 자료에 따라 매출원가를 구하시오.

〈자료 1〉
• 기초상품재고액   500,000원
• 당기매입액   4,300,000원
• 기말상품재고액   700,000원

〈자료 2〉
• 기초상품재고액   800,000원
• 매입에누리   100,000원
• 당기매입액   5,600,000원
• 기말상품재고액   1,700,000원
• 매입운임   500,000원

풀이 〈자료 1〉
500,000원(기초재고) + 4,300,000원(당기매입) − 700,000원(기말재고) = 4,100,000원(매출원가)

〈자료 2〉
800,000원(기초재고) + 6,000,000원(당기매입)* − 1,700,000원(기말재고) = 5,100,000원(매출원가)
* 당기매입 = 5,600,000원(당기매입액) + 500,000원(매입운임) − 100,000원(매입에누리)
         = 6,000,000원

03 다음 자료를 참고하여 선입선출법, 후입선출법, 총평균법별로 기말재고액과 매출원가를 계산하시오(단, 실지재고조사법에 의한다).

> 기초재고 : 20x1.1.1   3,000원(수량 30개, 단가 100원)
> 당기매입 : 20x1.4.1   6,000원(수량 40개, 단가 150원)
>   20x1.8.1   6,000원(수량 30개, 단가 200원)
> 기말재고 : 20x1.12.31 수량 20개

풀이 1. 선입선출법
(1) 기말재고액

재고자산

기초재고 : 30개 × 100원	매출원가 80개
당기매입 4.1 : 40개 × 150원	
당기매입 8.1 : 30개 × 200원	기말재고 20개

기말재고는 8월 1일 매입된 30개 중 20개가 남아 있으므로 기말재고의 단가는 200원을 적용하며, 기말재고액은 다음과 같이 계산한다.
20개 × 200원 = 4,000원(기말재고)
(2) 매출원가
3,000원(기초재고) + 12,000원(당기매입) − 4,000원(기말재고) = 11,000원

2. 후입선출법
(1) 기말재고액

재고자산

기초재고 : 30개 × 100원	기말재고 20개
당기매입 4.1 : 40개 × 150원	매출원가 80개
당기매입 8.1 : 30개 × 200원	

기말재고는 기초재고 30개 중 20개가 남아 있으므로 기말재고의 단가는 100원을 적용하며, 기말재고액은 다음과 같이 계산한다.
20개 × 100원 = 2,000원(기말재고)
(2) 매출원가
3,000원(기초재고) + 12,000원(당기매입) − 2,000원(기말재고) = 13,000원

3. 총평균법
(1) 기말재고액
20개 × 150원* = 3,000원
* 평균단가 = (3,000원 + 6,000원 + 6,000원)/100개 = 150원
(2) 매출원가
3,000원(기초재고) + 12,000원(당기매입) − 3,000원(기말재고) = 12,000원

04 [재고자산감모손실과 평가손실]

다음은 (주)대명의 재고자산에 관한 자료이다. 감모된 수량 중 40개는 정상적인 것으로 밝혀졌다. 다음 자료를 바탕으로 재고자산과 관련된 회계처리를 하여라.

• 장부상 수량	1,000개
• 단위당 취득원가	300원
• 실제 수량	900개
• 단위당 시가	280원

풀이

1. 재고자산감모손실
   (1) 감모수량 : 장부상 수량 1,000개 − 실제 수량 900개 = 100개
   (2) 정상감모손실 : 40개 × 300원 = 12,000원
   (3) 비정상 감모손실 : 60개 × 300원 = 18,000원

2. 재고자산평가손실
   900개 × (300원 − 280원) = 18,000원

3. 분 개
   (1) 재고자산감모손실

(차) 매출원가	12,000	(대) 재고자산	30,000
재고자산감모손실	18,000		
(영업외비용)			

   (2) 재고자산평가손실

(차) 재고자산평가손실	18,000	(대) 재고자산평가충당금	18,000
(매출원가)			

05 [재고자산의 회계처리]

(1) 다음은 (주)리젠의 20x1년 12월 1일부터 20x1년 12월 31일까지의 재고자산 관련 거래자료이
다. 일자별 회계처리를 나타내시오((주)리젠은 상품거래에 대해서 계속기록법과 선입선출법으
로 회계처리하고 있으며, 12월 1일 현재 기초상품재고는 없다).

12월 3일	나래상사로부터 상품(100개, @5,000원)을 외상으로 구입하였다.
12월 4일	우림상사로부터 상품(200개, @4,500원)을 구입하고 대금은 약속어음을 발행하여 지급하였다.
12월 8일	(주)강북에 상품 200개를 1,600,000원에 매출하였다.
12월 10일	나래상사로부터 상품(300개, @6,000원)을 외상으로 구입하였다.
12월 15일	(주)가람에 상품 200개를 2,000,000원에 외상으로 매출하였다.
12월 19일	나래상사에 대한 외상매입금 2,300,000원을 현금으로 지급하였다.
12월 22일	12월 4일에 발행한 어음이 만기가 되어 결제하였다.
12월 31일	상품의 단위당 시가는 4,000원이며 전기에서 이월된 재고자산평가충당금은 없다.

풀이

12/3	(차) 상 품	500,000	(대) 외상매입금		500,000
12/4	(차) 상 품	900,000	(대) 지급어음		900,000
12/8	(차) 현 금	1,600,000	(대) 상품매출		1,600,000
	매출원가	950,000*	상 품		950,000

* (100개 × 5,000원) + (100개 × 4,500원) = 950,000원

12/10	(차) 상 품	1,800,000	(대) 외상매입금	1,800,000
12/15	(차) 외상매출금	2,000,000	(대) 상품매출	2,000,000
	매출원가	1,050,000*	상 품	1,050,000

* (100개 × 4,500원) + (100개 × 6,000원) = 1,050,000원

12/19	(차) 외상매입금	2,300,000	(대) 현 금	2,300,000
12/22	(차) 지급어음	900,000	(대) 당좌예금	900,000
12/31	(차) 재고자산평가손실	400,000	(대) 재고자산평가충당금	400,000
	(매출원가)			

PART 2

(2) 다음은 (주)다원의 20x1년 12월 1일부터 20x1년 12월 31일까지의 재고자산 관련 거래자료이다. 일자별 회계처리를 나타내시오((주)다원은 상품거래에 대해서 실지재고조사법과 총평균법으로 회계처리하고 있으며, 12월 1일 현재 기초상품재고는 없다).

12월 2일   (주)강서로부터 상품(200개, @2,000원)을 외상으로 매입하였다.
12월 3일   나라상사로부터 상품(300개, @4,000원)을 매입하였다.
12월 6일   (주)가람에 상품 200개를 1,000,000원에 현금 매출하였다.
12월 11일   (주)강동으로부터 상품(200개, @4,250원)을 매입하였다.
12월 15일   우림상사에 상품 300개를 2,100,000원에 외상으로 매출하였다.
12월 20일   (주)강서에 외상매입금을 현금으로 지급하였다.
12월 22일   우림상사로부터 외상매출금을 현금으로 회수하였다.
12월 31일   실지재고수량은 200개이며 상품의 단위당 시가는 2,000원이다(단, 전기에서 이월된 재고자산평가충당금은 없다).

풀이

12/2	(차) 상 품	400,000	(대) 외상매입금	400,000
12/3	(차) 상 품	1,200,000	(대) 현 금	1,200,000
12/6	(차) 현 금	1,000,000	(대) 상품매출	1,000,000
12/11	(차) 상 품	850,000	(대) 현 금	850,000
12/15	(차) 외상매출금	2,100,000	(대) 상품매출	2,100,000
12/20	(차) 외상매입금	400,000	(대) 현 금	400,000
12/22	(차) 현 금	2,100,000	(대) 외상매출금	2,100,000
12/31	(차) 매출원가*	1,750,000	(대) 상 품	1,750,000
	재고자산평가손실	300,000	재고자산평가충당금	300,000
	(매출원가)			

* 0원(기초재고액) + 2,450,000원(당기매입액) − 700,000원(기말재고액) = 1,750,000원

01 다음 중 재고자산에 포함되는 것은?

① 공장신축을 위하여 보유 중인 공장부지
② 건설회사가 분양목적으로 공사 중인 아파트
③ 부동산회사가 투자목적으로 보유하고 있는 토지
④ 수탁자가 위탁판매 받은 상품

> **해설** • 재고자산은 기업의 정상적인 영업활동에서 판매를 목적으로 보유하는 실물자산이다.
> • 부동산회사가 투자목적으로 보유하고 있는 토지는 투자자산이다.
> • 공장신축을 위하여 보유 중인 공장부지는 유형자산이다.

정답 ②

02 다음은 재고자산에 관한 설명이다. 옳지 않은 것은 무엇인가?

① 재고자산의 분류는 기업의 영업활동에 따라 다르게 분류할 수 없다. 따라서 부동산매매업을 영위하는 기업의 판매용 토지도 유형자산으로 해야 한다.
② 상품매입 후 매입금액을 약정기일보다 조기 결제함으로써 매입대금을 할인받는 것을 매입할인이라 한다.
③ 정상적인 영업활동과정에서 판매를 위하여 보유 중인 재고자산을 상품 또는 제품이라 한다.
④ 기업의 당기손익은 기말재고자산에 영향을 받는다.

> **해설** 재고자산의 분류는 기업의 영업활동에 따라 다르게 분류할 수 있다. 부동산매매업을 영위하는 기업의 판매용 토지도 재고자산으로 분류할 수 있다.

정답 ①

03 다음 자료에 의해 기말재고액을 계산하면 얼마인가?

| • 매출액 | 3,000,000원 | • 매출총이익 | 900,000원 |
| • 당기매입액 | 2,000,000원 | • 기초재고액 | 1,000,000원 |

① 1,500,000원
③ 900,000원
② 1,000,000원
④ 800,000원

> **해설** 매출액 3,000,000원 − 매출원가(기초재고액 1,000,000원 + 당기매입액 2,000,000원 − 기말재고액 X원)
> = 매출총이익 900,000원이므로 기말재고액은 900,000원

정답 ③

04 (주)A의 회계자료이다. 일반기업회계기준상 손익계산서에 표시될 매출원가는 얼마인가?

• 총매입액	600,000원	• 매입환출액	50,000원
• 매입할인액	100,000원	• 매입에누리액	40,000원
• 기초상품재고액	80,000원	• 기말상품재고액	50,000원

① 440,000원

② 460,000원

③ 490,000원

④ 630,000원

해설 • 매출원가 = 기초상품재고액 + 당기순매입액 − 기말상품재고액
　　　• 당기순매입액 = 총매입액 − 매입환출액 − 매입할인액 − 매입에누리액
　　∴ 매출원가 = 80,000원 + (600,000원 − 50,000원 − 100,000원 − 40,000원) − 50,000원
　　　　　　　　= 440,000원

정답 ①

05 다음은 (주)A의 재고자산 관련 자료이다. (주)A의 기말재고자산은 얼마인가?(단, 실지재고조사법에 의해 기말 수량을 파악하며 선입선출법으로 단가를 결정한다)

기초(1월 1일)	30개	@10
매입(4월 1일)	40개	@12
매입(6월 1일)	50개	@14
판매(10월 1일)	(60개)	
기말(12월 31일)	60개	

① 740원

② 820원

③ 840원

④ 880원

해설 (50개 × 14원) + (10개 × 12원) = 820원

정답 ②

06 다음 자료에 의하여 매출원가를 계산한 금액은?

• 기초상품재고액	20,000원
• 당기매입액	850,000원
• 매입환출 및 에누리	30,000원
• 기말상품재고액	80,000원

① 760,000원　　　　　　　　　　② 820,000원

③ 880,000원　　　　　　　　　　④ 980,000원

해설 매출원가는 기초상품재고액에 당기순매입액을 가산하고 기말상품재고액을 차감하여 계산한다.
∴ 20,000원 + (850,000원 − 30,000원) − 80,000원 = 760,000원

정답 ①

07 다음은 (주)C의 12월 상품재고장이다. 재고자산평가방법으로 총평균법을 사용할 때, 12월 매출총이익은 얼마인가?

항 목	단 가(원)	수 량(개)	금 액(원)
기초재고	200	500	100,000
매 입	200	300	60,000
매 출	300	500	150,000
매 입	200	400	80,000
매 출	300	100	30,000

① 50,000원　　　　　　　　　　② 60,000원

③ 70,000원　　　　　　　　　　④ 80,000원

해설 • 총평균단가 = 당월판매가능상품의 원가 ÷ 판매가능상품의 수량
　　　　　 = (100,000원 + 60,000원 + 80,000원) ÷ (500개 + 300개 + 400개)
　　　　　 = 240,000원 ÷ 1,200개
　　　　　 = 200원
• 12월의 매출총이익 = 매출액(600개 × 300원) − 매출원가(600개 × 200원) = 60,000원

정답 ②

08 (주)D의 20x4년 기중거래는 다음과 같다. 계속기록법과 선입선출법에 의한 20x4년 매출원가는 얼마인가?

구 분	날 짜	수 량	단 가
기초재고	1월 1일	50개	100원
매 입	8월 5일	150개	120원
매 입	9월 10일	100개	150원
매 출	10월 15일	250개	180원

① 30,500원

② 32,000원

③ 32,500원

④ 33,000원

해설 1월 1일(50개 × 100원) + 8월 5일(150개 × 120원) + 9월 10일(50개 × 150원) = 30,500원

정답 ①

09 다음은 갑상품에 관한 자료와 상품재고장이다. 이를 통하여 6월 15일의 매출원가와 매출총이익을 계산한 금액으로 옳은 것은?

매입매출	• 매입액 : 6월 12일 400개(단가 300원), 120,000원 • 매출액 : 6월 15일 300개(단가 500원), 150,000원									
상품재고장 (선입선출법)	20x6		적요	인 수			인 도			잔 액		

20x6		적요	인 수			인 도			잔 액		
			수량	단가	금액(원)	수량	단가	금액(원)	수량	단가	금액(원)
6	1	전월 이월	100	200	20,000				100	200	20,000

	매출원가	매출총이익		매출원가	매출총이익
①	50,000원	70,000원	②	50,000원	90,000원
③	80,000원	70,000원	④	80,000원	90,000원

해설 • 선입선출법은 먼저 매입한 상품이 먼저 매출되는 것으로 기입한다.
• 기초상품재고액은 20,000원이고, 당기순매입액은 120,000원(400개 × 300원)이며, 기말상품재고액은 60,000원(200개 × 300원)이다.
• 매출원가 = 20,000원(기초상품재고액) + 120,000원(당기순매입액) − 60,000원(기말상품재고액)
= 80,000원
• 매출총이익 = 150,000원(순매출액) − 80,000원(매출원가) = 70,000원

정답 ③

10 다음 자료에서 총매입액과 매출원가를 계산한 금액은?

• 기초상품재고액	100,000원	• 총매출액	800,000원
• 매출환입액	50,000원	• 매입환출액	30,000원
• 기말상품재고액	150,000원	• 매출총이익	200,000원

	총매입액	매출원가
①	600,000원	550,000원
②	600,000원	600,000원
③	630,000원	550,000원
④	630,000원	600,000원

해설 • 800,000원(총매출액) − 50,000원(매출환입액) = 750,000원(순매출액)
• 750,000원(순매출액) − 200,000원(매출총이익) = 550,000원(매출원가)
• 550,000원(매출원가) + 150,000원(기말상품재고액) = 700,000원(판매가능한상품)
• 700,000원(판매가능한상품) − 100,000원(기초상품재고액) = 600,000원(순매입액)
• 600,000원(순매입액) + 30,000원(매입환출액) = 630,000원(총매입액)

정답 ③

CHAPTER 06

비유동자산

1 유형자산

1 유형자산의 의의

(1) 유형자산의 정의

유형자산은 재화의 생산, 용역의 제공, 타인에 대한 임대 또는 자체적으로 사용할 목적으로 보유하는 물리적 형체가 있는 자산으로서, 1년을 초과하여 사용할 것이 예상되는 자산을 말한다. 유형자산은 영업상 유사한 성격과 용도로 분류하며, 유형자산의 과목 분류의 예는 다음과 같다.

계정과목	내 용
토 지	업무활동에 사용하고 있는 토지
건 물	건물, 냉난방장치, 전기, 통신 및 기타의 건물부속설비 등
구축물	교량, 궤도, 갱도, 정원설비 및 기타의 토목설비 또는 공작물 등
기계장치	기계장치·운송설비(콘베어, 호이스트, 기중기 등)와 기타의 부속설비 등
건설중인자산	유형자산을 건설 또는 취득하기 위한 비용이 지출되었으나 건설 또는 취득이 완료되지 않은 상태인 자산으로, 향후 건설 또는 취득이 완료되면 건물 또는 기계장치 등 적절한 계정과목으로 대체되는 계정
기타자산	차량운반구, 선박, 비품, 공기구 등 기타자산

(2) 유형자산의 인식요건

유형자산으로 인식되기 위해서는 다음의 인식조건을 모두 충족하여야 한다.

① 자산으로부터 발생하는 미래 경제적 효익이 기업에 유입될 가능성이 매우 높다.

② 자산의 원가를 신뢰성 있게 측정할 수 있다.

(3) 유형자산의 식별기준

특정 유형자산을 구성하고 있는 항목들을 분리하여 개별 유형자산으로 식별해야 할지 아니면 구성항목 전체를 단일의 유형자산으로 인식해야 할지는 기업의 상황과 업종의 특성을 고려하여 판단한다. 예를 들어 내용연수가 서로 다른 항공기 동체와 항공기 엔진과 같이, 특정 유형자산을 구성하는 개별 자산의 내용연수나 경제적 효익의 제공형태가 다른 경우에는 상각률과 상각방법을 달리 적용할 필요가 있을 수 있다. 이 경우에는 유형자산의 구입과 관련된 총지출을 그 유형자산을 구성하고 있는 항목별로 배분하여 개별 유형자산으로 회계처리한다.

2 유형자산의 취득

(1) 유형자산의 취득원가

유형자산은 최초에는 취득원가로 측정하며, 현물출자, 증여, 기타 무상으로 취득한 자산은 공정가치를 취득원가로 한다. 취득원가는 구입원가 또는 제작원가에 취득부대비용을 가산하고 매입할인 등이 있는 경우에는 이를 차감하여 취득원가를 산출한다.

> **취득원가 = 구입가액(제작원가) + 취득부대비용 − 매입할인 등**

(2) 취득부대비용

취득부대비용은 경영진이 의도하는 방식으로 자산을 가동하는 데 필요한 장소와 상태에 이르게 하는 데 직접 관련되는 원가로서 다음의 것을 말한다.

① 설치장소 준비를 위한 지출
② 외부 운송 및 취급비
③ 설치비
④ 설계와 관련하여 전문가에게 지급하는 수수료
⑤ 유형자산의 취득과 관련하여 국·공채 등을 불가피하게 매입하는 경우 당해 채권의 매입금액과 일반기업회계기준에 따라 평가한 현재가치와의 차액
⑥ 자본화대상인 차입원가
⑦ 취득세, 등록세 등 유형자산의 취득과 직접 관련된 제세공과금
⑧ 해당 유형자산의 경제적 사용이 종료된 후에 원상회복을 위하여 그 자산을 제거, 해체하거나 또는 부지를 복원하는 데 소요될 것으로 추정되는 원가가 충당부채의 인식요건을 충족하는 경우 그 지출의 현재가치(복구원가)
⑨ 유형자산이 정상적으로 작동되는지 여부를 시험하는 과정에서 발생하는 원가

(주)리젠은 업무용 창고와 기계장치 1대를 각각 10,000,000원과 5,000,000원에 취득하고, 그 대금은 현금으로 지급하였다. 취득과 관련된 비용은 다음과 같다. 이와 관련하여 업무용 창고와 기계장치의 취득원가를 계산하고 분개를 나타내시오.

1. 업무용 창고
   - 취득세와 등록세 500,000원을 현금으로 납부하였다.
   - 중개수수료 1,000,000원을 현금으로 지급하였다.
   - 창고 취득과 관련하여 불가피하게 공채를 250,000원에 매입하였고, 이를 즉시 은행에 현금 150,000원을 수취하고 매각하였다.
2. 기계장치
   - 운반비 300,000원을 현금으로 지급하였다.
   - 시험운전비용 200,000원을 현금으로 지급하였다.

풀이

1. 취득원가
(1) 업무용 창고

창고 매입액	10,000,000원
취득세와 등록세	500,000원
중개수수료	1,000,000원
공채매각손실	100,000원
	11,600,000원

(2) 기계장치

기계장치 매입액	5,000,000원
운반비	300,000원
시험운전비용	200,000원
	5,500,000원

2. 회계처리

(차) 건 물	11,600,000	(대) 현 금	17,100,000
기계장치	5,500,000		

3 유형자산 취득 후의 원가

(1) 자본적 지출과 수익적 지출

① 자본적 지출

유형자산의 취득 또는 완성 후의 지출이 다음의 유형자산 인식기준을 충족하는 경우로서 생산능력 증대, 내용연수 연장, 상당한 원가절감 또는 품질향상을 가져오는 경우에는 자본적 지출로 보아 자산으로 회계처리하고 해당 지출을 감가상각을 통해 합리적으로 배분한다.

㉠ 자산으로부터 발생하는 미래 경제적 효익이 기업에 유입될 가능성이 매우 높다.

㉡ 자산의 원가를 신뢰성 있게 측정할 수 있다.

② 수익적 지출

자본적 지출의 요건을 갖추지 못한 경우로서 수선유지를 위한 지출은 발생한 기간의 비용으로 인식한다.

(2) 정기적 지출 및 부품교체

유형자산을 구성하는 주요 부품이나 구성요소의 내용연수가 관련 유형자산의 내용연수와 상이한 경우로서 그 지출이 유형자산 인식기준을 충족하는 경우에는 별도 자산의 취득으로 처리하며, 교체된 자산은 재무상태표에서 제거한다. 유형자산의 사용가능기간 중 정기적으로 이루어지는 종합검사, 분해수리와 관련된 지출로서 다음의 요건을 모두 충족하는 경우에는 자본적 지출로 처리한다.

① 종합검사나 분해수리와 관련된 지출을 별개의 감가상각대상자산으로 인식할 수 있다.

② 유형자산 인식조건을 충족한다.

예제 **자본적 지출과 수익적 지출**

(주)리젠은 사용 중이던 건물에 대한 수선비 5,000,000원을 현금으로 지출하였다. 이 중 4,000,000원은 엘리베이터를 설치하기 위한 비용이고, 1,000,000원은 건물벽의 칠을 새로 한 것이었다.

풀이

(차) 건 물	4,000,000	(대) 현 금	5,000,000
수선비	1,000,000		

4 인식시점 이후의 측정

유형자산의 인식시점 이후에는 원가모형이나 재평가모형 중 하나를 회계정책으로 선택하여 유형자산 분류별로 동일하게 적용한다. 이 중 재평가 모형에 대한 회계처리는 본서의 범위를 넘어가므로 설명을 생략한다.

(1) 원가모형

최초 인식 후에 유형자산은 원가에서 감가상각누계액과 손상차손누계액을 차감한 금액을 장부금액으로 한다.

(2) 재평가모형

최초 인식 후에 공정가치를 신뢰성 있게 측정할 수 있는 유형자산은 재평가일의 공정가치에서 이후의 감가상각누계액과 손상차손누계액을 차감한 재평가금액을 장부금액으로 한다. 재평가는 보고기간말에 자산의 장부금액이 공정가치와 중요하게 차이가 나지 않도록 주기적으로 수행한다. 유형자산의 장부금액이 재평가로 인하여 증가된 경우에 그 증가액은 기타포괄손익으로 인식한다. 그러나 동일한 유형자산에 대하여 이전에 당기손익으로 인식한 재평가감소액이 있다면 그 금액을 한도로 재평가증가액만큼 당기손익으로 인식한다.

5 감가상각

(1) 감가상각의 정의

유형자산의 감가상각대상금액은 내용연수에 걸쳐 합리적이고 체계적인 방법으로 배분한다. 각 기간의 감가상각액은 다른 자산의 장부금액에 포함되는 경우가 아니라면 당기손익으로 인식한다. 예를 들면, 제조공정에서 사용된 유형자산의 감가상각액은 재고자산의 원가를 구성한다.

(2) 감가상각의 기본요소

① 감가상각대상금액

유형자산의 원가 또는 원가를 대체하는 다른 금액에서 잔존가치를 차감한 금액으로 한다. 잔존가치란 자산의 내용연수가 종료되는 시점에서 그 자산의 예상처분대가에서 예상처분비용을 차감한 금액을 말한다. 유형자산의 잔존가치가 유의적인 경우 매 보고기간말에 재검토하여, 재검토 결과 새로운 추정치가 종전의 추정치와 다르다면 그 차이는 회계추정의 변경으로 회계처리한다.

② 내용연수

자산의 예상 사용기간 또는 자산으로부터 획득할 수 있는 생산량이나 이와 유사한 단위. 즉, 수익획득과정에 사용될 것으로 기대되는 기간을 내용연수로 한다.

③ 감가상각방법

유형자산의 감가상각방법은 자산의 경제적 효익이 소멸되는 형태를 반영한 합리적인 방법이어야 한다. 감가상각방법은 매기 계속하여 적용하고, 정당한 사유 없이 변경하지 않는다. 새로 취득한 유형자산에 대한 감가상각방법도 동종의 기존 유형자산에 대한 감가상각방법과 일치시켜야 한다. 감가상각의 방법으로는 정액법, 체감잔액법(예 정률법 등), 연수합계법, 생산량비례법 등이 있다.

④ 감가상각대상자산

건물, 구축물, 기계장치 등은 내용연수가 유한하므로 감가상각대상자산에 해당하나, 토지는 내용연수가 무한하므로 감가상각대상이 아니다. 또한, 건설중인자산은 아직 수익창출활동에 기여하고 있지 않으므로 감가상각대상이 아니다.

(3) 감가상각의 방법

구 분	내 용
정액법	• 감가상각대상금액을 내용연수동안 균등하게 배분하는 방법 • 감가상각비 $= \dfrac{\text{취득원가} - \text{잔존가치}}{\text{내용연수}}$
정률법	• 수익·비용 대응 원칙을 잘 반영 • 감가상각비 = 장부금액(취득원가 − 감가상각누계액) × 상각률* 　* 상각률 $= 1 - \sqrt[n]{\text{잔존가치/취득원가}}$
생산량비례법	• 자산의 예정 조업도 혹은 예상 생산량에 근거하여 감가상각비를 계산하는 방법 • 감가상각비 $= (\text{취득원가} - \text{잔존가치}) \times \dfrac{\text{실제 생산량}}{\text{총 예정 생산량}}$
연수합계법	• 내용연수의 합계를 분모로 하고 잔여 내용연수에 1을 가산한 것을 분자로 하여 감가상각비를 계산하는 방법 • 감가상각비 $= \dfrac{\text{잔여 내용연수} + 1}{\text{내용연수 합계}}$

예제 **정액법**

(주)리젠은 20x1년 1월 1일에 기계장치를 5,000,000원에 취득하였다. 이 기계장치의 내용연수는 3년, 잔존가치는 500,000원으로 추정된다. 이러한 자료에 의하여 (주)리젠의 감가상각비를 정액법으로 계산하고, 회계처리와 부분재무상태표를 나타내시오.

풀이

1. 감가상각비

연 도	계산근거	감가상각비	감가상각누계액	장부금액
취득 시				5,000,000원
20x1년	(5,000,000원 − 500,000원) × 1/3	1,500,000원	1,500,000원	3,500,000원
20x2년	(5,000,000원 − 500,000원) × 1/3	1,500,000원	3,000,000원	2,000,000원
20x3년	(5,000,000원 − 500,000원) × 1/3	1,500,000원	4,500,000원	500,000원
		4,500,000원		

2. 회계처리

20x1년	(차) 감가상각비	1,500,000	(대) 감가상각누계액	1,500,000
	(비용의 발생)		(자산의 감소)	
20x2년	(차) 감가상각비	1,500,000	(대) 감가상각누계액	1,500,000
20x3년	(차) 감가상각비	1,500,000	(대) 감가상각누계액	1,500,000

3. 부분재무상태표

재무상태표
20x1년

유형자산		
기계장치	5,000,000	
감가상각누계액	(1,500,000)	3,500,000

재무상태표
20x2년

유형자산		
기계장치	5,000,000	
감가상각누계액	(3,000,000)	2,000,000

재무상태표
20x3년

유형자산		
기계장치	5,000,000	
감가상각누계액	(4,500,000)	500,000

(주)리젠은 20x1년 1월 1일에 기계장치를 5,000,000원에 취득하였다. 이 기계장치의 내용연수는 3년, 잔존가치는 500,000원으로 추정된다. 이러한 자료에 의하여 (주)리젠의 감가상각비를 정률법으로 계산하고, 회계처리와 부분재무상태표를 나타내시오(상각률은 0.536이다).

풀이

1. 감가상각비

연 도	계산근거	감가상각비	감가상각누계액	장부금액
취득 시				5,000,000원
20x1년	5,000,000원 × 0.536*	2,680,000원	2,680,000원	2,320,000원
20x2년	2,320,000원 × 0.536	1,243,520원	3,923,520원	1,076,480원
20x3년	1,076,480원 × 0.536	576,480원**	4,500,000원	500,000원
		4,500,000원		

* 상각률 $= 1 - \sqrt[3]{500,000/5,000,000}$

$\sqrt[3]{500,000/5,000,000} = 0.536$

** 단수차이 조정(잔존가치를 제외한 나머지 금액임)

2. 회계처리

20x1년	(차) 감가상각비	2,680,000	(대) 감가상각누계액	2,680,000
20x2년	(차) 감가상각비	1,243,520	(대) 감가상각누계액	1,243,520
20x3년	(차) 감가상각비	576,480	(대) 감가상각누계액	576,480

3. 부분재무상태표

재무상태표
20x1년

유형자산		
기계장치	5,000,000	
감가상각누계액	(2,680,000)	2,320,000

재무상태표
20x2년

유형자산		
기계장치	5,000,000	
감가상각누계액	(3,923,520)	1,076,480

재무상태표
20x3년

유형자산		
기계장치	5,000,000	
감가상각누계액	(4,500,000)	500,000

(4) 정률법의 사용근거

① 수익·비용 대응의 원칙

앞의 예제에서 볼 수 있듯이 정률법의 경우 상각 초기에는 감가상각비가 크지만 내용연수가 경과할수록 감가상각비가 줄어든다. 일반적으로 유형자산은 내용연수 초기에 높은 효율을 내므로 수익창출에 보다 많이 기여할 수 있다. 그러나 내용연수 후기로 갈수록 생산성이 낮아지게 되므로 수익창출에도 보다 적게 기여하게 된다. 따라서 발생하는 수익과 관련된 비용을 연관지어 인식하는 수익·비용 대응의 원칙을 잘 반영하게 된다.

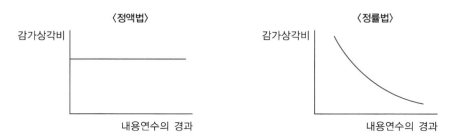

② 비용평준화

유형자산의 경우 일반적으로 내용연수 초기에는 수선비가 적게 발생하나 내용연수 후기로 갈수록 많은 수선비가 발생한다. 유형자산과 관련된 비용을 크게 감가상각비와 수선비로 인식할 때 정액법의 경우에는 총비용이 증가하나 정률법의 경우 총비용이 평준화된다.

예제 **생산량비례법**

(주)미래는 20x1년 1월 1일 광산 채굴용 기계를 10,000,000원에 구입하였다. 생산량비례법에 의한 20x1년 말 감가상각액을 계산하라.

- 기계취득가액   10,000,000원
- 석탄 추정 매장량   50,000t
- 20x1년 채굴량   20,000t

풀이

$$10,000,000원 \times \frac{20,000t}{50,000t} = 4,000,000원$$

20x1년 감가상각 : 감가상각비 4,000,000원, 감가상각누계액 4,000,000원

(주)미래는 20x1년 1월 1일에 자동차 1대를 16,000,000원에 구입했으며 12월 31일 연수합계
법으로 감가상각을 행하다. 내용연수는 5년이며, 잔존가치는 1,000,000원으로 추정된다.
1 ~ 3년차 감가상각비를 각각 계산하라.

풀이

20x1년 : $(16,000,000 - 1,000,000)원 \times \dfrac{5년}{(1 + 2 + 3 + 4 + 5)} = 5,000,000원$

20x2년 : $(16,000,000 - 1,000,000)원 \times \dfrac{4년}{(1 + 2 + 3 + 4 + 5)} = 4,000,000원$

20x3년 : $(16,000,000 - 1,000,000)원 \times \dfrac{3년}{(1 + 2 + 3 + 4 + 5)} = 3,000,000원$

• 20x1년 감가상각비 5,000,000원
• 20x2년 감가상각비 4,000,000원
• 20x3년 감가상각비 3,000,000원

6 유형자산의 손상과 제거

(1) 손 상

유형자산의 손상징후가 있다고 판단되고, 당해 유형자산의 사용 및 처분으로부터 기대되는 미래의 현
금흐름총액의 추정액이 장부금액에 미달하는 경우에는 장부금액을 회수가능액으로 조정하고 그 차액
을 손상차손으로 처리한다. 다만, 차기 이후에 감액된 자산의 회수가능액이 장부금액을 초과하는 경우
에는 그 자산이 감액되기 전의 장부금액의 감가상각 후 잔액을 한도로 하여 그 초과액을 손상차손환입
으로 처리한다.

손상, 소실 또는 포기된 유형자산에 대해 제3자로부터 보상금을 받는 경우가 있다. 이 경우 보상금은
수취할 권리가 발생하는 시점에 당기손익으로 반영한다.

(2) 제 거

유형자산은 처분하거나, 영구적으로 폐기하여 미래 경제적 효익을 기대할 수 없게 될 때 재무상태표에
서 제거한다. 유형자산의 폐기 또는 처분으로부터 발생하는 손익은 처분금액과 장부금액의 차액으로
결정하며, 손익계산서에서 당기손익으로 인식한다. 유형자산의 재평가와 관련하여 인식한 기타포괄손
익의 잔액이 있다면, 그 유형자산을 폐기하거나 처분할 때 당기손익으로 인식한다.

유형자산의 처분

취득가액이 5,000,000원이고 감가상각누계액이 4,500,000원인 건물을 처분하였다. 처분가액이 800,000원인 경우와 300,000원인 경우의 회계처리를 각각 나타내시오.

풀이

1. 처분가액이 800,000원인 경우

(차) 현 금	800,000	(대) 건 물	5,000,000
감가상각누계액	4,500,000	유형자산처분이익	300,000

2. 처분가액이 300,000원인 경우

(차) 현 금	300,000	(대) 건 물	5,000,000
감가상각누계액	4,500,000		
유형자산처분손실	200,000		

7 재무제표의 표시

유형자산은 원가에서 감가상각누계액과 손상차손누계액을 차감하는 형식으로 재무상태표에 표시한다.

재무상태표

20x1년

유형자산		
기계장치	10,000,000	
감가상각누계액	(5,000,000)	
손상차손누계액	(2,000,000)	3,000,000

2 무형자산

1 무형자산의 의의

(1) 무형자산의 정의

무형자산이란 재화의 생산이나 용역의 제공, 타인에 대한 임대 또는 관리에 사용할 목적으로 기업이 보유하고 있으며, 물리적 형체가 없지만 식별가능하고, 기업이 통제하고 있으며, 미래 경제적 효익이 있는 비화폐성자산을 말한다. 무형자산의 종류의 예는 다음과 같다.

계정과목	내 용
산업재산권	특허권, 실용신안권, 의장권, 상표권, 상호권 및 상품명 포함
라이선스와 프랜차이즈	제품이나 제조기술의 사용을 허가하는 권리 및 특정 상호의 사용 또는 특정 상품의 판매 등을 할 수 있도록 하는 계약상 권리
저작권	창작한 저작물에 대하여 저작자가 가지는 배타적·독점적 권리
컴퓨터소프트웨어	컴퓨터를 동작시키는 프로그램 및 이와 관련된 문서들
개발비	제조비법, 공식, 모델, 디자인 및 시작품 등의 개발
임차권리금	부동산 임차 시 그 부동산의 위치상 이점 등의 대가로서 지급하는 금전
광업권, 어업권 등	일정한 광구에서 광물을 채굴할 수 있는 권리 및 일정한 수면에서 특정 어업을 할 수 있는 권리 등

(2) 무형자산의 인식과 최초측정

다음의 조건을 모두 충족하는 경우에만 무형자산을 인식하며, 무형자산을 최초로 인식할 때에는 원가로 측정한다.

① 자산에서 발생하는 미래 경제적 효익이 기업에 유입될 가능성이 매우 높다.

② 자산의 원가를 신뢰성 있게 측정할 수 있다.

(3) 취득 또는 완성 후의 지출

무형자산의 취득 또는 완성 후의 지출로서 다음의 요건을 모두 충족하는 경우에는 자본적 지출로 처리하고, 그렇지 않은 경우에는 발생한 기간의 비용으로 인식한다.

① 관련 지출이 무형자산의 미래 경제적 효익을 실질적으로 증가시킬 가능성이 매우 높다.

② 관련된 지출을 신뢰성 있게 측정할 수 있으며, 무형자산과 직접 관련된다.

(4) 폐기와 처분

무형자산은 다음의 각 경우에 재무상태표에서 제거한다.

① 처분하는 때

② 사용이나 처분으로부터 미래 경제적 효익이 기대되지 않을 때

2 상 각

(1) 상각기간

무형자산의 상각대상금액은 그 자산의 추정내용연수 동안 체계적인 방법에 의하여 비용으로 배분한다. 무형자산의 상각기간은 독점적·배타적인 권리를 부여하고 있는 관계 법령이나 계약에 정해진 경우를 제외하고는 20년을 초과할 수 없다. 상각은 자산이 사용가능한 때부터 시작한다.

(2) 상각방법

무형자산의 상각방법은 자산의 경제적 효익이 소비되는 행태를 반영한 합리적인 방법이어야 한다. 무형자산의 상각대상금액을 내용연수 동안 합리적으로 배분하기 위해 다양한 방법을 사용할 수 있다. 이러한 상각방법에는 정액법, 체감잔액법(정률법 등), 연수합계법, 생산량비례법 등이 있다. 다만, 합리적인 상각방법을 정할 수 없는 경우에는 정액법을 사용한다. 한편, 무형자산의 상각 시에는 유형자산과 달리 상각누계액을 표시하지 않고 자산을 직접 감액하여 회계처리할 수 있다. 이를 예시하면 다음과 같다.

(차) 무형자산상각비	×××	(대) 무형자산	×××

(3) 잔존가치

무형자산의 잔존가치는 없는 것을 원칙으로 한다. 다만, 경제적 내용연수보다 짧은 상각기간을 정한 경우에 상각기간이 종료될 때 제3자가 자산을 구입하는 약정이 있거나, 그 자산에 대한 활성시장이 존재하여 상각기간이 종료되는 시점에 자산의 잔존가치가 활성시장에서 결정될 가능성이 매우 높다면 잔존가치를 인식할 수 있다.

3 영업권과 연구개발비

(1) 영업권

영업권이란 동종업계의 정상 이익을 초과할 수 있는 능력인 무형의 자원으로 사업결합을 통하여 인식된다. 사업결합으로 인식하는 영업권은 사업결합에서 획득하였지만 개별적으로 식별하여 별도로 인식하는 것이 불가능한 그 밖의 자산에서 발생하는 미래 경제적 효익을 나타내는 자산이다. 미래 경제적 효익을 창출하기 위하여 발생한 지출이라도 무형자산의 인식기준을 충족하지 못하면 무형자산으로 인식할 수 없다. 그러한 지출은 대부분 내부적으로 영업권을 창출하지만, 내부적으로 창출한 영업권은 원가를 신뢰성 있게 측정할 수 없을 뿐만 아니라 기업이 통제하고 있는 식별가능한 자원도 아니기 때문에 자산으로 인식하지 않는다.

영업권

(주)카카오는 20x1년 1월 1일 (주)다음을 합병하면서 현금 12,000,000원을 지급하였다. (주)다음의 20x1년 1월 1일 현재 재무상태표는 다음과 같다고 할 때 영업권의 취득원가를 계산하고 관련된 분개를 나타내어라.

재무상태표

(주)카카오		20x1.1.1		(단위 : 원)
자 산	17,000,000	부 채		8,000,000
		자 본		9,000,000

풀이

영업권 = 12,000,000원 − (17,000,000원 − 8,000,000원) = 3,000,000원

(차) 자 산	17,000,000	(대) 부 채	8,000,000
영업권	3,000,000	현 금	12,000,000

(2) 연구개발비

내부적으로 창출한 무형자산이 인식기준에 부합하는지를 평가하기 위하여 무형자산의 창출과정을 연구단계와 개발단계로 구분한다. 무형자산을 창출하기 위한 내부 프로젝트를 연구단계와 개발단계로 구분할 수 없는 경우에는 그 프로젝트에서 발생한 지출은 모두 연구단계에서 발생한 것으로 본다.

① **연구단계**

연구는 새로운 과학적 또는 기술적 지식을 얻기 위해 수행하는 독창적이고 계획적인 탐구활동을 말한다. 프로젝트의 연구단계에서는 미래 경제적 효익을 창출할 무형자산이 존재한다는 것을 입증할 수 없기 때문에 연구단계에서 발생한 지출은 무형자산으로 인식할 수 없고 발생한 기간의 비용으로 인식한다.

② **개발단계**

개발은 상업적인 생산 또는 사용 전에 연구결과나 관련 지식을 새롭거나 현저히 개량된 재료, 장치, 제품, 공정, 시스템 및 용역의 생산을 위한 계획이나 설계에 적용하는 활동을 말한다. 개발단계에서 발생한 지출은 다음의 조건을 모두 충족하는 경우에만 무형자산으로 인식하고, 그 외의 경우에는 발생한 기간의 비용으로 인식한다.

㉠ 무형자산을 사용 또는 판매하기 위해 그 자산을 완성시킬 수 있는 기술적 실현가능성을 제시할 수 있다.

㉡ 무형자산을 완성해 그것을 사용하거나 판매하려는 기업의 의도가 있다.

㉢ 완성된 무형자산을 사용하거나 판매할 수 있는 기업의 능력을 제시할 수 있다.

㉣ 무형자산이 어떻게 미래 경제적 효익을 창출할 것인가를 보여줄 수 있다. 예를 들면, 무형자산의 산출물, 그 무형자산에 대한 시장의 존재 또는 무형자산이 내부적으로 사용될 것이라면 그 유용성을 제시하여야 한다.

ⓜ 무형자산의 개발을 완료하고 그것을 판매 또는 사용하는 데 필요한 기술적, 금전적 자원을 충분히 확보하고 있다는 사실을 제시할 수 있다.

ⓗ 개발단계에서 발생한 무형자산 관련 지출을 신뢰성 있게 구분하여 측정할 수 있다.

③ 회계처리

연구비에 대한 회계처리는 전액 발생기간의 판매비와관리비로 처리한다. 개발비에 대하여는 위에서 열거된 기준을 모두 충족시키는 경우에는 무형자산으로 인식하여 내용연수 동안 상각한다. 만약 무형자산 인식기준을 충족시키지 못하는 경우 발생기간의 판매비와관리비로 처리한다. 이를 요약하면 다음과 같다.

구 분		회계처리
연구비		판매관리비
개발비	요건 충족 시	무형자산
	요건 불충족 시	판매관리비

예제 **무형자산의 상각**

(주)리젠의 신제품 개발활동과 관련하여 20x1년 1월 1일 6,000,000원 지출이 발생하였고 이는 모두 개발비 자산인식요건을 만족하는 것이다. 개발비의 내용연수가 5년일 때 회계처리를 나타내시오.

풀이

• 지출시점

(차) 개발비   6,000,000   (대) 현 금   6,000,000

• 상각시점

(차) 무형자산상각비   1,200,000   (대) 개발비   1,200,000

아래의 주어진 거래를 분개하라.

(1) (주)미래는 패션의류 전문기업으로 제품 외장 디자인을 개발, 의장권을 등록하고, 등록제비용 1,800,000원을 자기앞수표로 지급하다.

(2) 20x1년도 출시되는 신상품의 실용적인 이용방법을 개선하고 독점적인 사용을 보장받기 위해 실용신안권을 신청하고 등록비용 2,000,000원을 보통예금에서 이체하다.

(3) (주)경영(제자산 80,000,000원, 제부채 30,000,000원, 자본 50,000,000원)을 인수함에 있어, 당좌수표를 발행하여 인수대금 66,000,000원을 지급하다.

(4) 기업확장의 일환으로 광산개발권을 200,000,000원에 인수하고, 대금은 당좌수표를 발행하다.

(5) 네오플러스 회계프로그램 1,200,000원을 구매하고, 대금은 현금지급하다.

(6) 신시장 개척의 일환으로 현금 50,000,000원을 개성공단에 투자했다. 이 사업투자금액은 미래가 유망하고, 장래에 큰 수익을 기대할 수 있다.

풀이

(1)	(차)	의장권	1,800,000	(대)	현 금	1,800,000
(2)	(차)	실용신안권	2,000,000	(대)	보통예금	2,000,000
(3)	(차)	제자산	80,000,000	(대)	제부채	30,000,000
		영업권	16,000,000		당좌예금	66,000,000
(4)	(차)	광업권	200,000,000	(대)	당좌예금	200,000,000
(5)	(차)	소프트웨어	1,200,000	(대)	현 금	1,200,000
(6)	(차)	개발비	50,000,000	(대)	현 금	50,000,000

3 투자자산과 기타비유동자산

1 투자자산

투자자산은 기업이 장기적인 투자수익이나 타기업 지배목적 등의 부수적인 기업활동의 결과로 보유하는 자산이다. 기업이 장기여유자금운용이나 다른 기업 지배목적 등의 부수적인 활동의 결과로 보유하는 자산은 기업 본연의 영업활동을 위해 장기간 사용하는 유형자산이나 무형자산과는 성격이 다르다. 투자자산은 장기적인 투자수익을 얻기 위해 가지고 있는 채무증권과 지분증권, 지분법적용투자주식, 영업활동에 사용되지 않는 토지와 설비자산, 설비확장 및 채무상환 등에 사용할 특정 목적의 예금을 포함하며, 투자자산 항목의 예는 다음과 같다.

계정과목	내 용
투자부동산	토지, 건물 등으로 주로 시세차익을 얻을 목적으로 보유하는 것
장기투자증권	매도가능증권과 만기보유증권 등
지분법적용투자주식	다른 회사에 중대한 영향력을 행사할 수 있는 주식으로 지분법으로 평가함
장기대여금	회수기일이 결산일로부터 1년 이후에 도래하는 대여금
기타의 투자자산	장기금융상품(정기예금 및 정기적금) 등

2 기타비유동자산

기타비유동자산은 이연법인세자산(유동자산으로 분류되는 부분 제외), 장기매출채권 및 장기미수금, 임차보증금, 장기선급비용, 장기선급금 등 투자자산, 유형자산, 무형자산에 속하지 않는 비유동자산을 포함한다.

계정과목	내 용
임차보증금	부동산 등의 임대차에서 임대인에게 지급하는 일시금
장기매출채권 및 장기미수금	회수기일이 결산일로부터 1년 이후에 도래하는 매출채권 및 미수금
장기선급비용	보험 등의 계속적 용역을 제공받는 경우 미경과한 기간에 대한 선급대가로서 결산일로부터 1년을 초과하는 것
장기선급금	상품, 원재료 등의 매입을 위하여 선급한 금액으로서 결산일로부터 1년을 초과하는 것
이연법인세자산	기업회계상 법인세와 세무회계상 법인세의 차이로 미래에 경감될 법인세 부담액
기타비유동자산	투자자산, 유형자산, 무형자산에 속하지 않는 비유동자산

CHAPTER 06 비유동자산

01 [유형자산의 분류]

제조업을 영위하고 있는 (주)리젠의 자산 내역 중 일부는 다음과 같다. 재무상태표에 유형자산으로 분류될 금액을 구하라.

(1) 특허권	5,000,000원
(2) 영업을 위하여 사용 중인 비품	2,500,000원
(3) 신축공장을 위한 토지	10,000,000원
(4) 부품 운반용 트럭	4,000,000원
(5) 제조한 제품	3,000,000원
(6) 투자목적으로 취득한 토지	20,000,000원

풀이 (2) + (3) + (4) = 16,500,000원

02 [취득원가]

다음은 (주)리젠의 유형자산 취득내역이다. 각 유형자산의 취득원가를 계산하시오.

> (1) 공장신축부지용 토지를 1,300,000원에 매입하고 취득세와 등록세 80,000원과 중개수수료
>   130,000원을 지급하였다. 동 토지에 세워져 있던 건물을 철거하기 위하여 공사비로 420,000원
>   을 지출하였다.
> (2) 기계장치를 700,000원에 매입하고 매입운임으로 50,000원, 설치비로 80,000원, 시운전비용
>   으로 35,000원을 지출하였다.
> (3) 본사건물을 2,000,000원에 매입하고 취득세와 등록세로 170,000원을 지출하였다. 또한 건물
>   매입과 관련하여 국공채 350,000원을 취득하고, 이를 즉시 210,000원에 매각하였다.

풀이 (1) 토 지
　　　　　1,300,000원 + 80,000원 + 130,000원 + 420,000원 = 1,930,000원
　　　　(2) 기계장치
　　　　　700,000원 + 50,000원 + 80,000원 + 35,000원 = 865,000원
　　　　(3) 건 물
　　　　　2,000,000원 + 170,000원 + (350,000원 − 210,000원) = 2,310,000원

03 [자본적 지출과 수익적 지출]

다음은 (주)연세가 보유하고 있는 차량운반구와 관련된 지출내용이다. 일자별 회계처리를 나타내시오.

> 1월 10일　　운반용 화물트럭 5,000,000원을 당좌수표를 발행하여 매입하다.
> 5월 5일　　　트럭의 타이어를 교체하고 200,000원을 현금으로 지출하다.
> 6월 10일　　트럭의 엔진을 교체하고 현금 2,700,000원을 지급하였으며, 이를 통해 내용연수가
> 　　　　　　증가하였다.
> 9월 15일　　트럭의 엔진오일을 교환하고 현금 80,000원을 지급하였다.

풀이	1/10	(차) 차량운반구	5,000,000	(대) 당좌예금	5,000,000
	5/5	(차) 차량유지비	200,000	(대) 현 금	200,000
	6/10	(차) 차량운반구	2,700,000	(대) 현 금	2,700,000
	9/15	(차) 차량유지비	80,000	(대) 현 금	80,000

04 [감가상각]

(주)리젠은 20x1년 초에 기계를 100,000원에 취득하였다. 추정잔존가치는 2,000원이고 추정 내용연수는 5년이다. 상기 자료를 정액법과 정률법에 따라 연도별 감가상각비를 각각 계산하라(정률법에 의한 상각률 : 0.5427, 감가상각비 계산 시 첫째 자리에서 반올림할 것).

풀이 (1) 정액법

연 도	계산과정	감가상각비	감가상각누계액	기말장부금액
20x1	(100,000 − 2,000) ÷ 5년	19,600	19,600	80,400
20x2	(100,000 − 2,000) ÷ 5년	19,600	39,200	60,800
20x3	(100,000 − 2,000) ÷ 5년	19,600	58,800	41,200
20x4	(100,000 − 2,000) ÷ 5년	19,600	78,400	21,600
20x5	(100,000 − 2,000) ÷ 5년	19,600	98,000	2,000

(2) 정률법

연 도	계산과정	감가상각비	감가상각누계액	기말장부금액
20x1	100,000 × 0.5427	54,270	54,270	45,730
20x2	(100,000 − 54,270) × 0.5427	24,820	79,090	20,910
20x3	(100,000 − 79,090) × 0.5427	11,350	90,440	9,560
20x4	(100,000 − 90,440) × 0.5427	5,190	95,630	4,370
20x5	4,370 − 2,000	2,370	98,000	2,000

05 [무형자산]

(주)신기의 연구·개발활동과 관련된 회계처리를 나타내시오.

(1) 연구활동과 관련하여 5,000,000원의 현금지출이 발생하였다.
(2) 제품의 품질향상을 위한 경상적인 개발비 2,500,000원을 현금으로 지출하였다.
(3) 1월 1일 신제품 개발활동과 관련하여 16,000,000원의 현금지출이 발생하였고 이는 모두 개발비 자산인식요건을 만족하는 것이며, 내용연수는 10년이다.

풀이 (1) 연구비

(차) 연구비	5,000,000	(대) 현 금	5,000,000

(2) 경상개발비

(차) 경상연구개발비	2,500,000	(대) 현 금	2,500,000

(3) 개발비

(차) 개발비 (무형자산)	16,000,000	(대) 현 금	16,000,000

〈결산 시〉

(차) 무형자산상각비	1,600,000	(대) 개발비	1,600,000

06 [비유동자산의 회계처리]

다음은 (주)리젠의 제1기(20x1년)의 거래자료이다. 관련된 회계처리를 나타내시오(각각의 거래는 독립적이다).

(1) 기계장치를 2,000,000원에 구입하고 취득세 및 등기비용 500,000원, 시운전비 100,000원과 함께 당좌수표를 발행하여 지급하였다. 다음 날 기계장치에 대한 화재보험에 가입하고 보험료 50,000원을 현금으로 납부하였다.
(2) 20x1년 1월 1일에 500,000원에 구입한 업무용 컴퓨터에 대한 20x1년 감가상각비를 계상하였다 (정액법, 내용연수 5년, 잔존가치 없음).
(3) 장부금액 1,000,000원의 차량을 1,500,000원에 처분하고 대금은 현금으로 받았다.
(4) 창고로 사용하기 위하여 (주)우리건설과 건물 임대차계약을 맺고, 1개월분 임차료 700,000원과 보증금 10,000,000원을 현금으로 지급하였다.
(5) 업무용 승용자동차의 깨진 유리창을 교체하고, 100,000원을 현금으로 지급하였다.
(6) 취득가액이 6,000,000원이고 감가상각누계액이 4,000,000원인 건물을 1,500,000원에 처분하였다.
(7) 사무실을 증축하고 증축비용 20,000,000원을 당좌수표를 발행하여 지급하다.
(8) 20x1년 1월 1일에 5,000,000원에 구입한 차량운반구에 대한 20x2년 감가상각비를 계상하였다 (정률법, 상각률 연 30%, 내용연수 5년, 잔존가치 없음).

풀이

(1)	(차)	기계장치	2,600,000	(대)	당좌예금	2,600,000
		보험료	50,000		현 금	50,000
(2)	(차)	감가상각비	100,000	(대)	감가상각누계액	100,000
(3)	(차)	현 금	1,500,000	(대)	차량운반구	1,000,000
					유형자산처분이익	500,000
(4)	(차)	임차보증금	10,000,000	(대)	현 금	10,700,000
		임차료	700,000			
(5)	(차)	차량유지비	100,000	(대)	현 금	100,000
(6)	(차)	현 금	1,500,000	(대)	건 물	6,000,000
		감가상각누계액	4,000,000			
		유형자산처분손실	500,000			
(7)	(차)	건 물	20,000,000	(대)	당좌예금	20,000,000
(8)	(차)	감가상각비	1,050,000	(대)	감가상각누계액	1,050,000

01 자산의 분류 중 무형자산에 해당되는 것을 모두 고른 것은?

> ㄱ. 개발비　　　　　　　　　　ㄴ. 보증금
> ㄷ. 산업재산권　　　　　　　　ㄹ. 투자부동산

① ㄱ, ㄴ　　　　　　　　　　　② ㄱ, ㄷ
③ ㄱ, ㄹ　　　　　　　　　　　④ ㄴ, ㄷ

해설　개발비와 산업재산권은 무형자산이고, 투자부동산은 투자자산, 보증금은 기타비유동자산이다.

정답 ②

02 20x5년 1월 1일에 1,000,000원에 취득한 기계장치를 정률법에 의해 매년 정상적으로 감가상각하는 경우, 20x6년 말 결산정리 후 재무상태표에 계상될 기계장치의 장부금액은 얼마인가?(단, 감가상각률은 연 20%이며, 결산은 연 1회 실시한다)

① 160,000원　　　　　　　　　② 360,000원
③ 640,000원　　　　　　　　　④ 1,000,000원

해설　• 정률법으로 2년 동안의 감가상각비를 계산하여 취득원가에서 차감한다.
　　　• 20x5년 말(1차년도) : 1,000,000원 × 20% = 200,000원
　　　• 20x6년 말(2차년도) : (1,000,000원 − 200,000원) × 20% = 160,000원
　　　• 2년간의 감가상각누계액이 360,000원이므로 장부금액은 다음과 같다.
　　　∴ 1,000,000원 − 360,000원 = 640,000원

정답 ③

03 (주)○○은 업무용으로 사용하기 위하여 중고자동차 1대를 3,000,000원에 구입하고, 정상 운행을 위하여 중고자동차 중개수수료 500,000원과 등록비용 150,000원, 자동차보험료 600,000원(보험계약기간 : 1년)을 당좌수표로 발행하여 지급하였다. 이 자동차의 취득원가는 얼마인가?

① 2,350,000원　　　　　　　　② 3,650,000원
③ 3,750,000원　　　　　　　　④ 4,150,000원

해설　유형자산의 취득 시 중고자동차 중개수수료와 등록비용은 취득원가에 포함한다.

정답 ②

04 다음 중 일반기업회계기준상 유형자산으로 분류할 수 없는 것은?

① 사업용 기계장치
② 영업용 차량운반구
③ 본사 사옥으로 사용 중인 건물
④ 부동산매매업자가 보유한 판매목적의 건물

해설 부동산매매업자가 판매목적으로 보유하고 있는 건물은 재고자산으로 분류한다.

정답 ④

05 (주)○○의 다음과 같은 업무용 비품에 대하여 20x6년 12월 31일 결산 시 재무상태표에 표시 될 감가상각누계액을 계산한 금액으로 옳은 것은?

- 취득일 : 20x4년 1월 1일
- 취득원가 : 4,000,000원
- 내용연수 : 5년
- 잔존가치 : 없음
- 결산 연 1회 : 매년 12월 31일
- 정액법에 의하여 매년 정상적으로 감가상각 하였음

① 800,000원
② 1,600,000원
③ 2,400,000원
④ 3,200,000원

해설 정액법은 취득원가를 내용연수로 나누어 매년 동일한 금액을 상각하는 방법이다.
따라서 4,000,000원 ÷ 5년 = 800,000원이 매년 상각할 금액이며, 3년간 감가상각하였으므로 감가상각누계액은 2,400,000원이다.

정답 ③

06 다음 중 감가상각을 하지 않는 자산만을 고른 것은?

ㄱ. 토 지   ㄴ. 기계장치
ㄷ. 차량운반구   ㄹ. 건설중인자산

① ㄱ, ㄴ
② ㄱ, ㄹ
③ ㄴ, ㄷ
④ ㄷ, ㄹ

해설 토지와 건설중인자산은 감가상각대상이 아니다.

정답 ②

07 다음 거래의 분개로 옳은 것은?

> (주)A는 신제품 개발이 완료되어 제조 특허를 얻고 특허출원수수료와 변리사비용 등 200,000원을 현금으로 지급하다.

① (차) 개발비   200,000   (대) 현 금   200,000
② (차) 산업재산권   200,000   (대) 현 금   200,000
③ (차) 영업권   200,000   (대) 현 금   200,000
④ (차) 수수료비용   200,000   (대) 현 금   200,000

해설 산업재산권을 자체 개발을 하여 취득한 경우에는 취득을 위하여 직접 사용한 금액 전부를 취득원가로 처리한다.

정답 ②

08 20x5년 1월 1일에 취득하여 매년 정상적으로 감가상각한 기계장치에 대하여, 20x6년 결산 시 감가상각비를 계산하면 얼마인가?

> • 취득원가 : 1,000,000원
> • 내용연수 : 5년
> • 상각률 : 연 40%
> • 감가상각 방법 : 정률법
> • 결산 : 연 1회(12월 31일)

① 144,000원   ② 240,000원
③ 400,000원   ④ 584,000원

해설 • 1차년도 = 1,000,000원 × 40% = 400,000원
　　　• 2차년도 = (1,000,000원 − 400,000원) × 40% = 240,000원

정답 ②

09 다음 중 기타비유동자산으로만 짝지워진 것은?

① 기계장치, 매출채권
② 임차보증금, 영업권
③ 임차보증금, 장기매출채권
④ 영업권, 장기매출채권

해설 기타비유동자산은 비유동자산 중 투자자산, 유형자산, 무형자산에 속하지 않는 자산을 의미한다.

정답 ③

10 다음 자료에 의한 무형자산 합계는 얼마인가?

• 영업권	800,000원
• 경상개발비	500,000원
• 상표권	400,000원
• 저작권	300,000원
• 연구비	200,000원

① 1,000,000원   ② 1,500,000원
③ 2,000,000원   ④ 2,500,000원

해설 무형자산 합계 = 800,000원(영업권) + 400,000원(상표권) + 300,000원(저작권) = 1,500,000원

정답 ②

11 (주)B의 재무상태표상 계정들이다. 다음 중 비유동자산은 얼마인가?

• 토 지	50,000,000원
• 상 품	5,000,000원
• 외상매출금	8,000,000원
• 감자차익	4,000,000원
• 자기주식	1,000,000원
• 임차보증금	6,000,000원

① 51,000,000원   ② 55,000,000원
③ 56,000,000원   ④ 61,000,000원

해설 비유동자산은 유형자산인 토지와 기타비유동자산인 임차보증금이다.

정답 ③

12 다음 중 무형자산이 아닌 것은?

① 영업권
② 컴퓨터 소프트웨어
③ 라이선스
④ 연구단계에서 발생한 연구비

해설 연구단계에서 발생한 연구비는 자산이 아닌 비용이다.

정답 ④

13 다음 거래의 분개 시 차변 계정과목으로 옳은 것은?

> 상품 보관용 창고로 사용하던 건물을 사무실로 개조하고, 그 비용 7,000,000원을 현금으로 지급하였다. 그 결과 건물의 내용연수가 5년 연장되었다.

① 수선비
② 상 품
③ 건 물
④ 건설중인자산

해설 내용연수가 연장된 것은 자본적 지출로 건물의 취득원가에 포함된다.

정답 ③

14 유형자산에 대한 설명 중 맞지 않는 것은?

① 유형자산은 영업활동과정에서 사용목적으로 보유하는 물리적 형체가 있는 자산이다.
② 감가상각은 자산의 평가과정이 아니라 원가의 배분과정이다.
③ 감가상각방법에는 정률법, 선입선출법, 평균법 등이 있다.
④ 정률법은 매 기간 인식하는 감가상각비가 감소한다.

해설 선입선출법, 평균법은 재고자산의 단가를 결정하는 방법이다.

정답 ③

15 다음 중 비유동자산 계정에 속하지 않는 것은?

① 영업권
② 임차보증금
③ 단기대여금
④ 산업재산권

해설 단기대여금은 유동자산에 속한다.

정답 ③

16 다음 거래의 분개 시 유형자산의 매매차손익은 얼마인가?

> (주)D는 10,000,000원에 구입하여 영업용으로 사용하던 차량운반구를 1,000,000원에 매각 처분하고 대금은 1개월 후에 받기로 하다(단, 감가상각누계액은 8,700,000원이다).

① 유형자산처분이익 300,000원
② 유형자산처분이익 900,000원
③ 유형자산처분손실 300,000원
④ 유형자산처분손실 970,000원

해설 (차) 미수금   1,000,000   (대) 차량운반구   10,000,000
　　　　　 감가상각누계액   8,700,000
　　　　　 유형자산처분손실   300,000

정답 ③

17 다음 거래의 내용 중 투자자산으로 분류할 수 없는 거래는?

① 거래은행에 2년 만기의 정기예금을 가입하고 현금 1,000,000원을 예입하다.
② 거래처에 현금 500,000원을 대여하고, 10개월 후에 받기로 하다.
③ 투자목적으로 대지 100평을 50,000,000원에 취득하고, 수표를 발행하여 지급하다.
④ 만기까지 보유할 목적으로 (주)E유통 발행의 사채 7,000,000원을 취득하고, 수표를 발행하여 지급하다.

해설 회수기간이 1년 이하인 단기대여금은 유동자산으로 분류한다.

정답 ②

18 다음 개인기업인 ○○상점의 20x5년 결산 후 재무상태표에 기록된 건물의 장부금액은 얼마인가?

> 20x1년 1월 1일에 취득한 취득원가 10,000,000원, 잔존가치 1,000,000원, 내용연수 10년인 건물을 정액법으로 감가상각하다(단, 유형자산의 감가상각은 결산일 12월 31일로 연 1회 실시한다).

① 900,000원   ② 4,500,000원
③ 5,500,000원   ④ 10,000,000원

해설 • 감가상각비 = [10,000,000원(취득원가) − 1,000,000원(잔존가치)] ÷ 10년(내용연수) = 900,000원
　　　 • 감가상각누계액 = 900,000원 × 5년 = 4,500,000원
　　　 • 장부금액 = 10,000,000원(취득원가) − 4,500,000원(감가상각누계액) = 5,500,000원

정답 ③

19 다음과 같은 거래의 분개 시 (가)에 들어갈 계정과목으로 옳은 것은?

> 업무용 컴퓨터(장부금액 300,000원)를 450,000원에 처분하고, 대금은 현금으로 받다(단, 감가상각누계액과 처분과 관련된 비용은 없다).
>
> (차) 현 금   450,000   (대) 비 품   300,000
>   (가)   150,000

① 이자수익
② 상품매출이익
③ 자산수증이익
④ 유형자산처분이익

해설 사용하던 유형자산을 장부금액보다 높게 처분하면, 영업외수익인 유형자산처분이익이 발생한다.

정답 ④

20 다음 거래의 내용에서 기계장치의 취득원가를 계산하면 얼마인가?

> 7월 1일   기계장치 1대를 3,000,000원에 구입하고, 운반비 100,000원과 함께 당좌수표를 발행하여 지급하다.
> 7월 3일   기계장치의 시험 운전비용 200,000원을 현금으로 지급하다.
> 7월 5일   기계장치의 화재보험에 가입하고, 보험료 300,000원을 현금으로 납입하다.

① 3,000,000원
② 3,100,000원
③ 3,300,000원
④ 3,600,000원

해설 유형자산의 취득 시 발생하는 운반비와 시험 운전비용은 취득원가에 가산하며, 취득 후 가입한 화재보험의 보험료는 비용으로 처리한다.

정답 ③

CHAPTER 07

부채

1 유동부채

1 유동부채의 의의

(1) 유동부채의 요건

다음과 같은 부채는 유동부채로 분류하며, 그 밖의 모든 부채는 비유동부채로 분류한다.

① 기업의 정상적인 영업주기 내에 상환 등을 통하여 소멸할 것이 예상되는 매입채무와 미지급비용 등의 부채

② 보고기간종료일로부터 1년 이내에 상환되어야 하는 단기차입금 등의 부채

③ 보고기간 후 1년 이상 결제를 연기할 수 있는 무조건의 권리를 가지고 있지 않은 부채. 이 경우 계약상대방의 선택에 따라, 지분상품의 발행으로 결제할 수 있는 부채의 조건은 그 분류에 영향을 미치지 아니한다.

(2) 세부적인 분류기준

부채는 1년을 기준으로 유동부채와 비유동부채로 분류한다. 다만, 정상적인 영업주기 내에 소멸할 것으로 예상되는 매입채무와 미지급비용 등은 보고기간종료일로부터 1년 이내에 결제되지 않더라도 유동부채로 분류한다. 이 경우 유동부채로 분류한 금액 중 1년 이내에 결제되지 않을 금액을 주석으로 기재한다. 당좌차월, 단기차입금 및 유동성장기차입금 등은 보고기간종료일로부터 1년 이내에 결제되어야 하므로 영업주기와 관계없이 유동부채로 분류한다. 또한 비유동부채 중 보고기간종료일로부터 1년 이내에 자원의 유출이 예상되는 부분은 유동부채로 분류한다.

(3) 유동부채의 종류

유동부채로 분류하는 계정과목을 예시하면 다음과 같다.

① 단기차입금

② 매입채무(외상매입금, 지급어음)

③ 당기법인세부채

④ 미지급비용

⑤ 이연법인세부채

⑥ 기타(예수금, 선수금, 선수수익 등)

2 각 계정별 회계처리

(1) 매입채무

일반적 상거래에서 발생한 외상매입금과 지급어음을 매입채무라 한다. 여기서 일반적 상거래는 그 기업의 사업목적을 위한 경상적 영업활동에서 발생한 거래, 즉 주된 영업활동에서 발생하는 거래를 말한다. 외상매입금은 일반적 상거래가 외상으로 이루어짐에 따라 발생한 채무를 말하고 지급어음은 일반적 상거래 대금을 어음으로 지급함으로써 발생한 채무를 말한다. 회계상 인식하는 대부분의 거래는 재화나 용역을 서로 주고 받는 교환 형태로 이루어지므로 매입은 매출활동과 관련해서 같은 맥락으로 이해하여야 한다.

예제 | **외상매입금과 지급어음**

다음 거래를 분개하시오.

> 2월 1일 1,000,000원의 상품을 구입하고 대금은 1개월 후에 지급하기로 하다.
> 4월 15일 300,000원의 상품을 구입하고 약속어음을 발행하여 지급하다.
> 6월 30일 상기의 어음이 만기가 되어 결제하다.

풀이

2/1	(차) 상 품	1,000,000	(대) 외상매입금	1,000,000
4/15	(차) 상 품	300,000	(대) 지급어음	300,000
6/30	(차) 지급어음	300,000	(대) 당좌예금	300,000

---

(2) 미지급금과 미지급비용

미지급금은 일반적 상거래 이외에서 발생한 채무를 말한다. 예를 들어 판매업의 경우 재고자산 매입액에 대한 미지급액은 일반적 상거래에서 발생한 것이므로 매입채무로 계상하지만 유형자산 취득에 대한 미지급액은 일반적인 상거래가 아니므로 미지급금으로 계상하는 것이다.

미지급비용은 이미 발생된 비용으로서 지급되지 아니한 것을 말한다. 일반적으로 결산일 시점에서 발생주의 원칙에 따라 기간손익을 적정하게 계상하기 위해 비용으로 인식하는 유동부채이다. 이때 미지급비용 중에서 지급기일이 경과한 경우에는 미지급금으로 대체되어야 한다.

미지급금과 미지급비용

9월 1일, 11월 1일, 12월 31일에 대한 회계처리를 나타내시오.

(주)리젠은 9월 1일 10,000,000원의 기계장치를 구입하고 대금은 2달 후에 지급하기로 하였다. 또한 공장의 임차료를 다음 달 10일에 지급하고 있는데 12월 임차료 3,000,000원에 대하여 다음 연도 1월 10일에 지급될 것이다.

풀이

9/1	(차)	기계장치	10,000,000	(대)	미지급금	10,000,000
11/1	(차)	미지급금	10,000,000	(대)	현 금	10,000,000
12/31	(차)	임차료	3,000,000	(대)	미지급비용	3,000,000

(3) 단기차입금

차입금은 1년 이내 상환되는 것은 단기차입금으로 분류하여 유동부채로 보며, 1년 이후 상환되는 것은 장기차입금으로서 비유동부채로 본다. 단기차입금은 금융기관으로부터의 당좌차월액과 1년 내에 상환될 차입금으로 한다. 당좌차월이란 기업이 금융기관과 당좌차월계약을 체결하게 되면 일정금액 한도 내에서 당좌예금 잔액을 초과하여 어음이나 수표를 발행하여도 당해 금융기관이 결제를 해주게 되는데 이때 당좌예금 잔액을 초과하여 결과를 해준 금액을 말한다. 단기차입금에서는 이자가 발생할 수 있는데 이는 이자비용으로 처리된다. 반대로 돈을 빌려준 회사 입장에서는 이것이 채권이 되어 자산으로 분류되고 이자수익을 인식하게 된다.

	계 정	계정과목
① 빌린 돈	부 채	단기차입금
② 빌린 돈의 이자	비 용	이자비용

	계 정	계정과목
① 빌려준 돈	자 산	단기대여금
② 빌려주고 받은 이자	수 익	이자수익

예제 차입금과 이자비용

(주)리젠은 4월 1일 (주)다원으로부터 2,000,000원을 차입하였다. 12월 31일 (주)리젠은 이자 150,000원과 원금 2,000,000원을 현금으로 지급하였다. (주)리젠과 (주)다원의 입장에서 각각 회계처리하라.

풀이

1. (주)리젠

4/1	(차)	현 금	2,000,000	(대)	단기차입금	2,000,000
12/31	(차)	이자비용	150,000	(대)	현 금	2,150,000
		단기차입금	2,000,000			

2. (주)다원

4/1	(차)	단기대여금	2,000,000	(대)	현 금	2,000,000
12/31	(차)	현 금	2,150,000	(대)	이자수익	150,000
					단기대여금	2,000,000

(4) 선수금

선수금은 미래에 재화 또는 용역을 제공하기로 약속하고 상대방으로부터 대금의 전부 또는 일부를 미리 수령한 것을 말한다. 이는 일반적으로 상거래상 미리 받은 것만을 의미한다. 대금을 미리 받은 경우 차후에 상품을 인도해야 하는 의무가 생기는 것이므로 이를 부채로 보는 것이다.

예제 선수금

다음의 거래에 대한 회계처리를 나타내시오(단, 매출원가 제외).

> 6월 1일 (주)리젠은 상품을 판매하기로 하고 대금 중 50,000원을 계약금으로 받았다.
> 6월 15일 상품을 인도하고 잔금 250,000원을 현금으로 수령하였다.

풀이

6/1	(차)	현 금	50,000	(대)	선수금	50,000
6/15	(차)	현 금	250,000	(대)	매출액	300,000
		선수금	50,000			

(5) 예수금

예수금이란 선수금과 달리 일반적인 상거래 외 거래로 인하여 일시적으로 현금을 수취하고, 이후 이를 반환하거나 납부하는 때까지 사용하는 계정이다. 예를 들어 직원에게 급여를 지급하면서 소득세를 원천징수하거나 건강보험, 고용보험과 같은 4대 보험료를 예수하는 것이다. 건강보험이나 고용보험, 국민연금의 경우 직원의 급여에서 반액을 징수하여 예수금으로 처리하고 차후 납부 시 회사가 나머지 반액을 부담한다.

예제　예수금-급여

다음의 거래에 대한 회계처리를 나타내시오.

> 5월 31일　(주)리젠은 종업원에 대한 급여 3,000,000원을 지급할 때, 종업원이 부담할 소득세 200,000원과 건강보험료 100,000원을 차감한 잔액 2,700,000원을 현금으로 지급하였다.
> 6월 10일　(주)리젠은 소득세와 건강보험료(회사부담분 포함)를 현금으로 납부하였다.

풀이

5/31	(차)	급 여	3,000,000	(대)	현 금	2,700,000
					예수금	300,000
6/10	(차)	복리후생비	100,000	(대)	현 금	400,000
		예수금	300,000			

재고자산의 매출과 매입 시에는 일반적으로 10%의 부가가치세가 과세된다. 부가가치세는 매출세액(매출액의 10%)에서 매입세액(매입액의 10%)을 차감한 잔액을 납부하게 된다. 예를 들어 상품을 1,000원에 매입하여 1,500원에 판매하는 경우 매출 시에는 1,500원만 받는 것이 아니라 부가가치세인 150원을 추가로 받게 된다. 기업은 총 1,650원의 현금을 수취하였으나 이 중 150원은 추후 부가가치세로 국가에 납부하여야 하므로 예수금이라는 부채로 기록하게 된다.

또한 매입 시에는 1,000원뿐만 아니라 부가가치세인 100원을 추가로 부담하여야 한다. 이는 추후 매출세액에서 차감하게 되므로 대급금(유동자산)이라는 자산 계정을 사용한다.

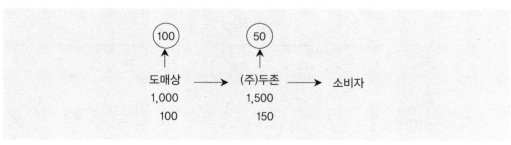

예제 **예수금-부가가치세**

(주)두존은 다음과 같은 거래를 하였다. 이에 따른 일자별 회계처리를 나타내시오.

> 3월 1일   (주)두존은 도매상으로부터 상품을 1,000원(VAT 별도)에 현금으로 매입하였다.
> 3월 15일   (주)두존은 소비자에게 동 상품을 1,500원(VAT 별도)에 현금으로 판매하였다.
> 4월 25일   (주)두존은 동 거래와 관련한 부가가치세를 현금으로 납부하였다.

풀이

3/1	(차)	상 품	1,000	(대)	현 금	1,100
		부가가치세대급금	100			
3/15	(차)	현 금	1,650	(대)	매 출	1,500
					부가가치세예수금	150
4/25	(차)	부가가치세예수금	150	(대)	부가가치세대급금	100
					현 금	50

(6) 가수금

가수금은 현금을 수취하였으나 그 내용이 불분명할 때 사용하는 계정이다. 이는 임시적 계정이므로 차후 현금을 수취하게 된 내용을 파악하여 적절한 과목으로 대체하여야 한다.

예제 **가수금**

다음의 거래에 대한 회계처리를 나타내시오.

> 5월 13일   사원 김주원이 출장 중 내용을 알 수 없는 5,000,000원을 회사의 보통예금 계좌로 송금하다.
> 5월 31일   출장 보고서에 의하여 위 송금액은 외상매출금의 회수액으로 확인되었다.

풀이

5/13	(차)	보통예금	5,000,000	(대)	가수금	5,000,000
5/31	(차)	가수금	5,000,000	(대)	외상매출금	5,000,000

(7) 유동성장기부채

보고기간종료일로부터 1년 이후에 만기가 도래하는 부채는 비유동부채로 분류한다. 그러나 발생시점에 비유동부채로 분류되었다 하더라도 시간이 경과되면 그 부채의 상환기일이 1년 이내로 도래하게 되며, 이때에는 이를 유동부채로 재분류해야 한다. 이렇게 발생시점에는 비유동부채였으나 상환기일이 도래하여 유동부채가 되는 때에 사용하는 계정과목이 유동성장기부채이다.

예제	유동성장기부채

다음의 거래에 대한 회계처리를 나타내시오.

20x1 7월 1일	은행으로부터 3년 만기로 30,000,000원을 차입하여 보통예금 계좌에 입금하다.
20x3 12월 31일	차입금을 유동성장기부채로 대체하다.
20x4 6월 30일	차입금을 보통예금 계좌에서 입금하여 상환하다.

풀이

20x1.7.1	(차) 보통예금	30,000,000	(대) 장기차입금 (비유동부채)	30,000,000
20x3.12.31	(차) 장기차입금	30,000,000	(대) 유동성장기부채 (유동부채)	30,000,000
20x4.6.30	(차) 유동성장기부채	30,000,000	(대) 보통예금	30,000,000

2 비유동부채

1 비유동부채의 의의

비유동부채는 부채 중 유동부채가 아닌 것으로 일반적으로 보고기간종료일로부터 1년 이후에 만기가 도래하는 부채를 말한다. 또한 비유동부채 중 재무상태표일로부터 1년 이내에 만기가 도래하는 것은 유동성장기부채로 계정을 재분류하여야 한다. 이러한 비유동부채를 예시하면 다음과 같다.

① 사 채
② 신주인수권부사채
③ 전환사채
④ 장기차입금
⑤ 장기제품보증충당부채
⑥ 이연법인세부채
⑦ 기 타

이러한 비유동부채는 만기금액의 현재가치와 만기금액과의 차이가 크기 때문에 재무상태표에 기재할 때에는 이를 현재가치로 표시하여야 한다.

2 사 채

(1) 의 의

사채란 기업이 자금을 조달하기 위해 사채권을 발행하여 만기일에 원금을 지급하고 일정한 이자를 지급할 것을 약속한 채무증권을 말한다. 사채를 투자한 입장에서도 이미 살펴본 바와 같이 보유목적에 따라 유동자산 또는 투자자산으로 분류하지만 발행자 입장에서는 비유동부채로 분류한다. 사채는 미래 현금흐름의 크기와 시기를 정확하게 파악할 수 있으므로 미래 현금흐름을 유효이자율로 할인한 현재가치로 평가하여야 한다.

(2) 현재가치 평가방법

$$\text{사채의 현재가치} = \frac{\text{사채의 액면가액}}{(1 + r)^n}$$

* r : 기간당 이자율, n : 기간

(3) 사채의 발행

만약 시장이자율이 액면이자율보다 높다면 사람들은 본 사채보다는 다른 투자처에 투자할 것이므로 사채 발행 시 액면보다 적은 금액으로 발행하여야 할 것이다. 반대로 시장이자율보다 액면이자율이 높다면 다른 투자처보다 본 사채는 높은 이자를 지급하여 주므로 액면금액보다 높은 금액으로 발행할 수 있을 것이다. 이를 표로 정리하면 다음과 같다.

이자율 간의 관계	발행유형	액면가액과 발행가액과의 관계
시장이자율 = 액면이자율	액면발행	액면가액 = 발행가액
시장이자율 > 액면이자율	할인발행	액면가액 > 발행가액
시장이자율 < 액면이자율	할증발행	액면가액 < 발행가액

(4) 사채의 발행과 회계처리

사채의 발행가액과 액면가액의 차액은 사채할인발행차금(부채의 차감) 또는 사채할증발행차금(부채의 증가)으로 표시하며, 유효이자율법에 따라 이자비용과 함께 상각한다. 이에 대한 회계처리를 나타내면 다음과 같다.

구 분	할인발행				할증발행			
사채 발행	(차) 보통예금 사채할인발행차금	××× ×××	(대) 사 채	×××	(차) 보통예금	×××	(대) 사 채 사채할증발행차금	××× ×××
이자 지급	(차) 이자비용	×××	(대) 보통예금 사채할인발행차금	××× ×××	(차) 이자비용 사채할증발행차금	××× ×××	(대) 보통예금	×××
만기 상환	(차) 사 채	×××	(대) 보통예금	×××	(차) 사 채	×××	(대) 보통예금	×××

사채 발행 시 발생하는 사채발행비는 사채할인발행차금에 가산하거나 사채할증발행차금에서 차감한다.

1 충당부채의 의의

미래에 지출이 있을 것은 확실하지만, 그 구체적인 금액이나 시기 등이 불확실하여 예상 지출액을 부채로 계상한 것이 충당부채이다. 충당부채와 같이 추정금액을 재무제표에 기록하는 것은 극히 예외적인 것이며, 추정이지만 과거 경영활동의 경험을 근거로 하여 합리적인 금액을 부채로 기록하는 것이다. 일반기업회계기준에서는 다음의 3가지 요건을 충족하는 경우 충당부채로 기록한다.

① 과거사건이나 거래의 결과로 현재의무가 존재한다.

② 당해 의무를 이행하기 위하여 자원이 유출될 가능성이 매우 높다.

③ 그 의무의 이행에 소요되는 금액을 신뢰성 있게 추정할 수 있다.

충당부채에는 퇴직급여충당부채, 판매보증충당부채, 복구충당부채, 공사손실충당부채, 경품충당부채, 반품충당부채 등이 있다. 이들 충당부채 역시 1년을 기준으로 유동부채와 비유동부채로 구분하나, 유동성 구분이 어려운 것은 장기충당부채에 속하는 것으로 할 수 있다.

2 퇴직급여충당부채

(1) 의 의

기업은 임원이나 종업원이 퇴직하면 퇴직금을 지급하는데 퇴직금은 근무한 기간의 경과에 따라 증가한다. 즉, 퇴직급여는 근로의 제공이라는 과거사건의 결과로 발생하는 현재의무로 의무발생가능성이 높고 금액을 신뢰성 있게 추정할 수 있으므로 충당부채로 인식한다.

퇴직급여충당부채를 설정하는 이유는 적절한 손익의 대응을 이루기 위해서이다. 한 사원이 회사에서 10년간 근무하고 퇴직 시에 퇴직금으로 50,000,000원을 지급한다면 이는 퇴직시점에 전액 비용으로 처리하여서는 안 된다. 왜냐하면 퇴직금 50,000,000원은 10년간 근무기간에 매년 5,000,000원씩 비용처리하여야 하는 것이다. 이에 대하여 다음과 같이 회계처리한다.

〈근무 시〉

| (차) 퇴직급여 | 5,000,000 | (대) 퇴직급여충당부채 | 5,000,000 |
| (비용의 발생) | | (부채의 증가) | |

〈퇴직 시〉

| (차) 퇴직급여충당부채 | 50,000,000 | (대) 현 금 | 50,000,000 |
| (부채의 감소) | | (자산의 감소) | |

즉, 근무기간 동안에 비용처리를 한 뒤 퇴직 시에는 비용처리를 하지 않고 퇴직금을 지급할 수 있게 되어 손익이 적절히 대응된다.

(2) 퇴직급여충당부채의 설정방법

퇴직급여충당부채는 회계연도 말 현재 전 임직원이 일시에 퇴직할 경우 지급하여야 할 퇴직금에 상당하는 금액(퇴직금추계액)으로 계상하도록 하고 있는데 당기말 퇴직금추계액에서 퇴직급여충당부채의 장부금액을 차감한 금액이다. 퇴직급여충당부채의 장부금액은 전기말 현재의 퇴직급여충당부채에서 당기에 실제로 지급한 퇴직금을 차감한 금액을 말한다.

> 당기 퇴직급여충당부채 = 당기말 퇴직금추계액 - 퇴직급여충당부채의 장부금액
> = 당기말 퇴직금추계액 - (전기말 퇴직금추계액 - 당기 퇴직금지급액)

예제 **퇴직급여충당부채**

일련의 회계처리를 나타내고 계정원장에 전기하시오.

- (주)두존의 20x1년 12월 31일 현재 퇴직금추계액은 20,000,000원이다(충당부채 잔액 없음).
- (주)두존은 20x2년 9월 1일에 퇴직금 8,000,000원을 지급하였다.
- 20x2년 말 현재 퇴직금추계액은 25,000,000원이다.

풀이

20x1.12.31

(차) 퇴직급여	20,000,000	(대) 퇴직급여충당부채	20,000,000

20x2.9.1

(차) 퇴직급여충당부채	8,000,000	(대) 현 금	8,000,000

20x2.12.31

(차) 퇴직급여	13,000,000 *	(대) 퇴직급여충당부채	13,000,000

    * 25,000,000원 - (20,000,000원 - 8,000,000원) = 13,000,000원

퇴직급여충당부채

당기지급	8,000,000	전기이월	20,000,000
		당기설정	13,000,000
		잔 액	25,000,000

3 우발부채와 우발자산

(1) 우발부채

우발부채는 부채로 인식하지 아니한다. 의무를 이행하기 위하여 자원이 유출될 가능성이 아주 낮지 않는 한, 우발부채를 주석에 기재한다.

(2) 우발자산

우발자산은 자산으로 인식하지 아니하고 자원의 유입가능성이 매우 높은 경우에만 주석에 기재한다. 상황변화로 인하여 자원이 유입될 것이 확정된 경우에는 그러한 상황변화가 발생한 기간에 관련 자산과 이익을 인식한다.

〈우발부채와 충당부채의 구분〉

자원유출가능성	금액추정가능성	
	신뢰성 있게 추정가능	추정불가능
가능성이 매우 높음	충당부채로 인식	우발부채로 주석공시
가능성이 어느 정도 있음	우발부채로 주석공시	
가능성이 거의 없음	공시하지 않음	공시하지 않음

CHAPTER 07 부 채

주관식 ▶ 연습문제

01 [예수금-급여]

(주)대신은 다음과 같은 거래를 하였다. 이에 따른 일자별 회계처리를 나타내시오.

> 7월 31일   직원에 대한 급여 10,000,000원 중 소득세 400,000원과 건강보험료와 국민연금
> 750,000원을 차감하고 지급하였다.
> 8월 10일   소득세를 현금으로 납부하였다.
> 8월 11일   건강보험료와 국민연금을 납부하였다(회사부담분 포함).

풀이	7/31	(차) 급 여	10,000,000	(대) 현 금	8,850,000
				예수금	1,150,000
	8/10	(차) 예수금	400,000	(대) 현 금	400,000
	8/11	(차) 예수금	750,000	(대) 현 금	1,500,000
		복리후생비	750,000		

02 [예수금-부가가치세]

(주)삼환은 다음과 같은 거래를 하였다. 이에 따른 일자별 회계처리를 나타내시오.

> 5월 1일   (주)삼환은 도매상으로부터 상품을 10,000,000원(VAT 별도)에 현금으로 매입하였다.
> 6월 15일   (주)삼환은 소비자에게 동 상품을 14,000,000원(VAT 별도)에 현금으로 판매하였다.
> 7월 25일   (주)삼환은 동 거래와 관련한 부가가치세를 현금으로 납부하였다.

풀이	5/1	(차) 상 품	10,000,000	(대) 현 금	11,000,000
		부가세대급금	1,000,000		
	6/15	(차) 현 금	15,400,000	(대) 매 출	14,000,000
				부가세예수금	1,400,000
	7/25	(차) 부가세예수금	1,400,000	(대) 부가세대급금	1,000,000
				현 금	400,000

03 [퇴직급여충당부채]

다음은 (주)리젠의 거래자료이다.

20x1년 12월 31일	현재 퇴직금추계액은 60,000,000원이다(충당부채 잔액 없음).
20x2년 5월 1일	퇴직금 27,000,000원을 지급하였다.
20x2년 12월 31일	현재 퇴직금추계액은 95,000,000원이다.

일련의 회계처리를 나타내고 계정원장에 전기하시오.

풀이 20x1.12.31

(차) 퇴직급여　　　　　　　　60,000,000　　(대) 퇴직급여충당부채　　　　60,000,000

20x2.5.1

(차) 퇴직급여충당부채　　　　27,000,000　　(대) 현 금　　　　　　　　　27,000,000

20x2.12.31

(차) 퇴직급여　　　　　　62,000,000 *　　(대) 퇴직급여충당부채　　　　62,000,000

* 95,000,000원 − (60,000,000원 − 27,000,000원) = 62,000,000원

퇴직급여충당부채

당기지급	27,000,000	전기이월	60,000,000
		당기설정	62,000,000
		잔 액	95,000,000

04 [부채의 회계처리]

다음은 (주)리젠의 20x1년 12월 1일부터 20x1년 12월 31일까지의 거래자료이다. 일자별 회계처리를 나타내시오(부가가치세는 고려하지 않는다).

12월 3일	5,000,000원의 업무용 건물을 구입하고 대금은 12월 말에 지급하기로 하였다.
12월 5일	2,000,000원의 상품을 구입하고, 대금은 약속어음을 발행하여 지급하였다.
12월 6일	(주)가람으로부터 1,500,000원을 차입하였다.
12월 8일	(주)다원상사에 상품을 판매하기로 하고 대금 중 30,000원을 계약금으로 받았다.
12월 10일	(주)성원에게 500,000원을 빌려주었다.
12월 15일	(주)다원상사에 상품을 판매하고 잔금 70,000원을 현금으로 받았다(매출원가 제외).
12월 19일	12월 5일에 발행한 어음이 만기가 되어 결제하였다.
12월 20일	12월 10일 (주)성원에게 빌려준 500,000원과 이자 50,000원을 현금으로 받았다.
12월 31일	12월 3일에 구입한 업무용 건물에 대한 미지급금 5,000,000원을 현금으로 지급하였다.
12월 31일	12월 6일에 (주)가람으로부터 차입한 원금 1,500,000원과 이자 200,000원을 현금으로 지급하였다.
12월 31일	업무용 건물의 12월분 화재 보험료 100,000원을 다음 연도 1월 10일에 지급하기로 하였다.

풀이

일자	차변	금액	대변	금액
12/3	(차) 건 물	5,000,000	(대) 미지급금	5,000,000
12/5	(차) 상 품	2,000,000	(대) 지급어음	2,000,000
12/6	(차) 현 금	1,500,000	(대) 단기차입금	1,500,000
12/8	(차) 현 금	30,000	(대) 선수금	30,000
12/10	(차) 단기대여금	500,000	(대) 현 금	500,000
12/15	(차) 현 금	70,000	(대) 상품매출	100,000
	선수금	30,000		
12/19	(차) 지급어음	2,000,000	(대) 당좌예금	2,000,000
12/20	(차) 현 금	550,000	(대) 단기대여금	500,000
			이자수익	50,000
12/31	(차) 미지급금	5,000,000	(대) 현 금	5,000,000
12/31	(차) 단기차입금	1,500,000	(대) 현 금	1,700,000
	이자비용	200,000		
12/31	(차) 보험료	100,000	(대) 미지급보험료	100,000

01 다음 자료에 의하여 기말 외상매입금의 미지급액을 계산하면 얼마인가?

• 전기이월액	50,000원
• 당기 중 외상매입액	550,000원
• 외상매입금 중 현금지급액	350,000원

① 150,000원   ② 250,000원

③ 850,000원   ④ 950,000원

해설 50,000원(전기이월액) + 550,000원(당기 중 외상매입액) − 350,000원(현금지급액) = 250,000원

정답 ②

02 다음 계정과목 중 유동부채에 해당하는 것은?

① 선급금   ② 미지급금

③ 가지급금   ④ 장기차입금

해설 선급금 : 자산, 가지급금 : 자산, 장기차입금 : 비유동부채

정답 ②

03 다음 (가), (나)를 분개할 때 대변에 기입되는 계정과목으로 옳은 것은?

(가) 신제품을 생산하기 위하여 기계장치 2대를 300,000원에 구입하고, 대금은 3개월 후에 지급하기로 하다.

(나) 약속한 날짜에 신제품을 공급해 주기 위해 대리점에서 미리 주문을 받고, 주문 대금 중 400,000원을 현금으로 받다.

	(가)	(나)		(가)	(나)
①	외상매입금	선급금	②	외상매입금	선수금
③	미지급금	선급금	④	미지급금	선수금

해설 (가)는 일반적 상거래 외의 외상거래이므로 미지급금 계정을, (나)는 상품대금을 미리 받은 경우로 선수금 계정을 사용한다.

정답 ④

04 다음 자료에 의하여 결산 시 재무상태표에 매입채무로 통합표시할 금액으로 옳은 것은?

• 선수금	50,000원
• 미지급금	100,000원
• 지급어음	200,000원
• 외상매입금	300,000원

① 150,000원 ② 450,000원
③ 500,000원 ④ 600,000원

해설 매입채무는 외상매입금과 지급어음을 합산한 금액이다.

정답 ③

05 종업원의 급여 1,000,000원을 지급할 때 종업원이 부담할 소득세 50,000원을 차감하고 현금으로 지급하였으나, 다음과 같이 분개하였다면 정정분개로 옳은 것은?

(차) 급 여	950,000	(대) 현 금	950,000

① (차) 급 여　　50,000　(대) 현 금　　50,000
② (차) 급 여　　50,000　(대) 소득세예수금　50,000
③ (차) 소득세　　50,000　(대) 현 금　　50,000
④ (차) 소득세　　50,000　(대) 소득세예수금　50,000

해설 급여에서 차감한 종업원 부담의 소득세는 급여에 가산하고, 소득세예수금 계정 대변에 기입하여야 한다.

정답 ②

06 종업원의 급여 지급 시 소득세와 보험료 등을 일시적으로 차감하여 보관하는 경우 해당하는 계정과목은?

① 가수금 ② 미수금
③ 선수금 ④ 예수금

해설 예수금에 대한 설명이다.

정답 ④

07 (주)C의 결산 시 총계정원장의 계정 잔액 일부를 자료로 재무상태표에 매입채무로 표시할 금액을 계산한 것으로 옳은 것은?

> • 가수금   20,000원
> • 미지급금   30,000원
> • 지급어음   40,000원
> • 외상매입금   50,000원

① 70,000원   ② 80,000원
③ 90,000원   ④ 100,000원

해설 매입채무는 상품 매입 시에 발생한 채무로 외상매입금과 지급어음이 해당된다.

정답 ③

08 다음 거래에 대한 분개의 (   ) 안에 기입될 계정과목으로 옳은 것은?

> 종업원의 급여 1,000,000원 중 종업원이 부담할 소득세 50,000원을 차감하고 현금으로 지급하다.
> (차) 급 여   1,000,000   (대) 현 금   950,000
>   (   )   50,000

① 소득세   ② 미지급금
③ 세금과공과   ④ 소득세예수금

해설 종업원이 납부할 소득세를 급여에서 차감한 경우 소득세예수금 계정의 대변에 기입한다.

정답 ④

09 다음 거래의 분개 시 차변 계정과목으로 옳은 것은?

> 종업원의 급여 지급 시 차감한 종업원 부담의 건강보험료 100,000원을 건강보험공단에 현금으로 납부하다.

① 급 여   ② 건강보험료예수금
③ 복리후생비   ④ 세금과공과

해설 (차) 건강보험료예수금   100,000   (대) 현 금   100,000

정답 ②

10 다음 중 비유동부채가 아닌 것은?

① 선수금
② 장기차입금
③ 장기성매입채무
④ 퇴직급여충당부채

해설 선수금이란 상품, 제품 및 수주공사 등 일반적인 상거래에서 발생한 것으로서 재화나 용역을 제공하기 전에 그 대가를 선수한 금액이며, 유동부채에 해당한다.

정답 ①

11 주식회사가 거액의 자금조달을 위해 일반투자자들에게 회사의 의무를 나타내는 유가증권을 발행해 주었다. 이를 회계처리 시 대변에 기입할 계정과목으로 옳은 것은?

① 사 채
② 장기차입금
③ 장기성매입채무
④ 자본금

해설 사채란 기업이 회사의 의무를 나타내는 유가증권을 발행해주고 일반투자자들로부터 거액의 자금을 조달하는 방법이다.

정답 ①

12 사채할인발행차금은 시장이자율이 액면이자율보다 (가) 경우 발생하고, 액면이자율과 시장이자율을 동일하게 발행하는 것을 (나) 발행이라 한다. (가)와 (나)에 들어갈 말로 알맞은 것은?

	(가)	(나)		(가)	(나)
①	높 을	할 증	②	높 을	액 면
③	낮 을	액 면	④	낮 을	할 인

해설 시장이자율이 액면이자율보다 높을 때 발행하면 할인발행이라 한다. 할인발행 시 회계처리는 다음과 같다.

(차) 현 금 ××× (대) 사 채 ×××
사채할인발행차금 ×××

정답 ②

13 다음 거래에 대한 분개에서 차변과 대변의 계정과목으로 옳은 것은?

소유하고 있던 사채에 대한 이자 100,000원을 현금으로 받다.

	(차)	(대)		(차)	(대)
①	현 금	이자수익	②	이자수익	현 금
③	사 채	현 금	④	현 금	사 채

해설 (차) 현 금 100,000 (대) 이자수익 100,000

정답 ①

14 다음 자료에서 결산 시 손익계산서에 기입할 퇴직급여액을 계산한 금액으로 옳은 것은?

- 퇴직급여충당부채 기초 잔액 2,000,000원
- 기중 퇴직금 지급액 1,500,000원
- 기말 현재 전 종업원이 퇴직할 경우 지급해야 할 퇴직금추계액 700,000원

① 200,000원　　　　　　　　　　　② 700,000원
③ 1,500,000원　　　　　　　　　　④ 2,200,000원

해설 기말 현재 전 종업원이 퇴직할 경우 지급해야 할 퇴직금추계액 700,000원에서 결산 시 퇴직급여충당부채의 잔액 500,000원을 차감한다.
　　(차) 퇴직급여 200,000 (대) 퇴직급여충당부채 200,000

정답 ①

15 다음 거래를 분개할 때 차변에 기입될 계정과목과 금액이 바르게 연결된 것은?

종업원 5명이 퇴사하게 되어 퇴직금 5,000,000원을 현금으로 지급하다(단, 퇴직 시 퇴직급여충당부채 잔액은 4,000,000원이 있다).

① (차) 퇴직급여 5,000,000
② (차) 퇴직급여충당부채 5,000,000
③ (차) 퇴직급여 4,000,000
④ (차) 퇴직급여충당부채 4,000,000
　　　　퇴직급여 1,000,000

해설 퇴직급여충당부채 4,000,000원을 충당하고, 나머지를 퇴직급여 계정과목으로 처리한다.

정답 ④

CHAPTER 08 자 본

1 자본의 의의

1 개 요

자본은 기업의 자산에서 모든 부채를 차감한 후의 잔여지분을 나타내며, 주주로부터의 납입자본에 기업활동을 통하여 획득하고 기업의 활동을 위해 유보된 금액을 가산하고, 기업활동으로부터의 손실 및 소유자에 대한 배당으로 인한 주주지분 감소액을 차감한 잔액이다.

재무상태표 대변은 부채와 자본으로서 자산에 대한 자금조달의 원천이며, 동시에 자산에 대한 청구권을 나타낸다. 부채는 기업채권자의 청구권이고, 자본은 소유주의 청구권이다. 이때 채권자가 우선적 권리를 갖기 때문에 자본은 자산에서 부채를 차감한 잔액이 된다. 따라서 자본을 잔여지분, 순자산, 소유주지분이라고도 부른다.

재무상태표

자 산	부 채
	자 본

자 산 = 부 채 + 자 본
（채권자지분）（소유주지분）

2 자본의 분류

일반기업회계기준에서는 자본을 다음과 같이 구분하고 있다.

2 자본금

1 개 요

자본금이란 회사의 주주가 투자한 금액으로서 주주의 지분을 표시하는 금액이다. 또한 채권자 보호 등의 관점에서 회사가 유지하여야 할 자산가액의 최저한도를 의미한다. 이러한 자본금은 회사가 발행한 주식의 액면가액 합계로 나타낸다.

자본금 = 발행주식수 × 1주당 액면가액

② 주식발행의 회계처리

(1) 일반적인 주식발행

주주로부터 현금을 수령하고 주식을 발행하는 경우에 주식의 발행금액이 액면금액보다 크다면 그 차액을 주식발행초과금으로 하여 자본잉여금으로 회계처리한다. 발행금액이 액면금액보다 작다면 그 차액을 주식발행초과금의 범위 내에서 상계처리하고, 미상계된 잔액이 있는 경우에는 자본조정의 주식할인발행차금으로 회계처리한다. 이익잉여금(결손금) 처분(처리)으로 상각되지 않은 주식할인발행차금은 향후 발생하는 주식발행초과금과 우선적으로 상계한다.

(2) 현물출자

기업이 현물을 제공받고 주식을 발행한 경우에는 제공받은 현물의 공정가치를 주식의 발행금액으로 한다. 주식의 발행금액과 액면금액의 차액은 문단 위에서 언급한 바와 같이 주식발행초과금 등으로 회계처리한다.

(3) 주식발행 시의 회계처리

주식의 발행금액과 액면가액(액면가 × 발행주식수)을 비교하여 그 크기에 따라 액면발행, 할증발행, 할인발행으로 구분한다.

주식발행가액이 액면가액을 초과할 때 차액을 주식발행초과금으로 처리하며 자본잉여금으로 분류한다. 주식발행가액이 액면가액에 미달될 경우 주식할인발행차금으로 처리하고 자본조정에 차감하는 형식으로 기재한다.

① 액면발행

(차) 현 금	×××	(대) 자본금	×××

② 할증발행

(차) 현 금	×××	(대) 자본금	×××
		주식발행초과금	×××
		(자본잉여금)	

③ 할인발행

(차) 현 금	×××	(대) 자본금	×××
주식할인발행차금	×××		
(자본조정)			

(주)리젠은 액면 2,000원인 주식 100주를 발행하였다. 발행가액이 각각 다음과 같을 때 회계
처리와 부분재무상태표를 표시하시오.

(1) 1주당 발행가액 2,000원
(2) 1주당 발행가액 3,000원
(3) 1주당 발행가액 1,000원

풀이

(1) 액면발행

| (차) 현 금 | 200,000 | (대) 자본금 | 200,000 |

재무상태표

자 본
　자본금　　　　　　　　　　　　200,000
총 자본액 : 200,000

(2) 할증발행

| (차) 현 금 | 300,000 | (대) 자본금 | 200,000 |
| | | 주식발행초과금 | 100,000 |

재무상태표

자 본
　자본금　　　　　　　　　　　　200,000
　자본잉여금
　　주식발행초과금　　　　　　　100,000
총 자본액 : 300,000

(3) 할인발행

| (차) 현 금 | 100,000 | (대) 자본금 | 200,000 |
| 주식할인발행차금 | 100,000 | | |

재무상태표

자 본
　자본금　　　　　　　　　　　　200,000
　　　⋮
　자본조정
　　주식할인발행차금　　　　　　(100,000)
총 자본액 : 100,000

(4) 신주발행비

지분상품을 발행하거나 취득하는 과정에서 등록비 및 기타 규제 관련 수수료, 법률 및 회계자문 수수료, 주권인쇄비 및 인지세와 같은 여러 가지 비용이 발생한다. 이러한 자본거래 비용 중 자본거래가 없었다면 회피가능하고 자본거래에 직접 관련되어 발생한 추가비용에 대해서는 관련된 법인세효과를 차감한 금액을 주식발행초과금에서 차감하거나 주식할인발행차금에 가산한다. 중도에 포기한 자본거래 비용은 당기손익으로 인식한다. 한편, 상법에서는 주식할인발행차금에 가산한 신주발행비용에 대하여 신주발행 후 3년 내의 매 결산기에 균등액 이상의 상각을 하도록 규정하고 있다.

예제 신주발행비

(주)두존은 액면 2,000원인 주식 100주를 발행하고 신주발행비로 50,000원을 지출하였다. 발행가액이 각각 다음과 같을 때 회계처리를 나타내시오.

(1) 1주당 발행가액 2,000원
(2) 1주당 발행가액 3,000원
(3) 1주당 발행가액 1,000원

풀이

(1) 1주당 발행가액 2,000원

(차) 현 금	150,000	(대) 자본금	200,000
주식할인발행차금	50,000		

(2) 1주당 발행가액 3,000원

(차) 현 금	250,000	(대) 자본금	200,000
		주식발행초과금	50,000

(3) 1주당 발행가액 1,000원

(차) 현 금	50,000	(대) 자본금	200,000
주식할인발행차금	150,000		

| 예제 | 동일 주식의 발행 시 회계처리(연결되는 회계처리) |

1. (주)가람은 액면 2,000원인 주식 100주를 20x1년 1월 1일에 1주당 5,000원으로 발행하였다(주금은 전액 당좌예입).

풀이

(차) 당좌예금	500,000	(대) 자본금	200,000
		주식발행초과금	300,000

2. (주)가람은 액면 2,000원인 주식 50주를 20x1년 7월 1일 1주당 1,000원으로 발행하였다(주금은 전액 당좌예입).

풀이

(차) 당좌예금	50,000	(대) 자본금	100,000
주식발행초과금	50,000		

※ 동일한 기업에서의 주식발행 시 발생한 주식발행초과금이 있다면 먼저 주식할인발행차금과 상계하는 데 사용한다.

3 주식의 종류

기업이 자본을 조달하기 위하여 주식을 발행하는데 이에는 보통주와 우선주가 있다. 이는 다양한 종류의 주식을 발행하여 투자를 유인하고자 하는 수단이 되며 상법의 규정에 따라 발행하게 된다.

(1) 보통주

보통주란 이익배당이나 청산 시 잔여재산 분배 표준이 되는 일반적인 형태의 주식이다. 이는 후술하는 다양한 형태의 우선주와 비교의 대상이 되는 주식이며, 만약 기업에서 일반적인 형태의 주식만을 발행한다면 모두 보통주가 되는 것이다.

(2) 우선주

우선주는 보통주에 비하여 특정한 사항에 관한 우선적 지위를 갖는 주식으로서 그 내용에 따라 이익배당우선주, 전환우선주, 상환우선주로 나누어진다. 이러한 우선주에는 일반적으로 의결권이 부여되지 않는다.

① 이익배당우선주

이익배당 시 보통주보다 일정률에 대하여 우선적으로 배당금을 받을 수 있는 권리가 부여된 우선주이다.

② 전환우선주

주주의 의사표시로 인해 보통주로 전환할 수 있는 권리가 부여된 우선주이다.

③ 상환우선주

주식을 발행한 기업에서 약정에 따라 그 주식을 매입상환할 수 있도록 발행된 우선주이다.

3 자본의 감소(감자)

1 개 요

자본금은 채권자를 보호하기 위하여 상법에서 정한 규정에 따라 회사에서 보유하고 있는 금액이다. 또한 자본금은 상환되지 않으므로 원칙적으로 감소될 수 없다. 그러나 예외적인 경우에 자본을 감소시킬 수 있는데 하나는 자기주식을 취득하는 것이며, 또 하나는 감자절차를 통해 자본금을 감소시키는 것이다.

2 자기주식

(1) 자기주식의 취득

발행기업이 매입 등을 통하여 취득하는 자기주식은 취득원가를 자기주식의 과목으로 하여 자본조정으로 회계처리한다.

예제 자기주식(1)

다음은 (주)가람은 20x1년 거래자료이다. 다음 거래에 대한 회계처리와 부분재무상태표를 작성하시오.

1월 1일	액면 2,000원의 주식 100주를 1주당 2,000원에 발행하였다.
6월 5일	자기주식 10주를 20,000원에 구입하였다.

풀이

1/1	(차) 현 금	200,000	(대) 자본금	200,000
6/5	(차) 자기주식	20,000	(대) 현 금	20,000

재무상태표

자 본	
자본금	200,000
⋮	
자본조정	
자기주식	(20,000)
총 자본액 : 180,000	

---

(2) 자기주식의 처분

자기주식을 처분하는 경우 처분금액이 장부금액보다 크다면 그 차액을 자기주식처분이익으로 하여 자본잉여금으로 회계처리한다. 처분금액이 장부금액보다 작다면 그 차액을 자기주식처분이익의 범위 내에서 상계처리하고, 미상계된 잔액이 있는 경우에는 자본조정의 자기주식처분손실로 회계처리한다. 이익잉여금(결손금) 처분(처리)으로 상각되지 않은 자기주식처분손실은 향후 발생하는 자기주식처분이익과 우선적으로 상계한다.

① 자기주식처분이익 : 처분가액 > 취득가액(기타자본잉여금)
② 자기주식처분손실 : 처분가액 < 취득가액(자본조정)

예제 **자기주식(2)**

(주)열림은 20x1년 1월 1일 액면 2,000원의 주식 100주를 1주당 2,000원에 발행하였다. (주)열림은 6월 5일 자기주식 10주를 20,000원에 구입하였다. (주)열림이 6월 30일 동 주식을 50,000원에 매각한 경우와 10,000원에 매각한 경우로 나누어 일자별 분개와 부분재무상태표를 나타내시오.

풀이

(1) 주식을 50,000원에 매각한 경우

1/1	(차) 현 금	200,000	(대) 자본금	200,000
6/5	(차) 자기주식	20,000	(대) 현 금	20,000
6/30	(차) 현 금	50,000	(대) 자기주식	20,000
			자기주식처분이익	30,000

재무상태표

자 본
  자본금   200,000
    ⋮
  자본잉여금
    기타자본잉여금   30,000
총 자본액 : 230,000

(2) 주식을 10,000원에 매각한 경우

1/1	(차) 현 금	200,000	(대) 자본금	200,000
6/5	(차) 자기주식	20,000	(대) 현 금	20,000
6/30	(차) 현 금	10,000	(대) 자기주식	20,000
	자기주식처분손실	10,000		

재무상태표

자 본
  자본금   200,000
    ⋮
  자본조정
    자기주식처분손실   (10,000)
총 자본액 : 190,000

3 유상감자와 무상감자

기업은 기업규모를 전체적으로 줄이거나 결손보전을 위하여 자본금을 감소시키게 된다. 자본금을 감소시키는 것은 주주들로부터 주식을 회수하여 소각하는 방법으로 하며, 이는 상법상의 엄격한 절차에 의하여야 한다. 이때 주주들로부터 주식을 회수하면서 회사가 대가를 지급하면 유상감자가 되며, 대가를 지급하지 않으면 무상감자가 된다.

(1) 실질적 감자 또는 유상감자

기업이 이미 발행한 주식을 유상으로 재취득하여 소각하는 경우에 주식의 취득원가가 액면금액보다 작다면 그 차액을 감자차익으로 하여 자본잉여금으로 회계처리한다. 취득원가가 액면금액보다 크다면 그 차액을 감자차익의 범위 내에서 상계처리하고, 미상계된 잔액이 있는 경우에는 자본조정의 감자차손으로 회계처리한다. 이익잉여금(결손금) 처분(처리)으로 상각되지 않은 감자차손은 향후 발생하는 감자차익과 우선적으로 상계한다.

주식을 이익으로 소각하는 경우에는 소각하는 주식의 취득원가에 해당하는 이익잉여금을 감소시킨다.

(2) 형식적 감자 또는 무상감자

기업이 주주에게 순자산을 반환하지 않고 주식의 액면금액을 감소시키거나 주식수를 감소시키는 경우에는 감소되는 액면금액 또는 감소되는 주식수에 해당하는 액면금액을 감자차익으로 하여 자본잉여금으로 회계처리한다.

예제 유상감자

다음 (주)가람의 자료를 참고로 하여 일자별 회계처리를 나타내시오.

1월 1일	액면 2,000원의 주식 100주를 1주당 2,000원에 발행하였다.
6월 5일	20주의 주식을 소각하며 감자대가로 주주들에게 주당 1,000원을 지급하였다.
8월 3일	20주의 주식을 소각하며 감자대가로 주주들에게 주당 4,000원을 지급하였다.

풀이

1/1	(차) 현 금	200,000	(대) 자본금			200,000
6/5	(차) 자본금	40,000	(대) 현 금			20,000
			감자차익			20,000
			(자본잉여금)			
8/3	(차) 자본금	40,000	(대) 현 금			80,000
	감자차익	20,000				
	감자차손	20,000				
	(자본조정)					

4 자본잉여금

1 의 의

자본잉여금이란 주식의 발행, 주식의 소각 등 주주와의 자본거래에서 발생하는 잉여금이다. 기업회계 기준에서 자본잉여금을 주식발행초과금, 감자차익, 기타자본잉여금으로 구분하고 있다. 자본잉여금은 자본거래, 즉 자본을 조달하거나 감소시키는 거래로부터 발생한 잉여금이다. 따라서 손익거래로 인한 이익잉여금과는 구분되며, 손익계산서를 거치지 않고 직접 재무상태표에 반영된다.

2 자본잉여금의 분류

자본잉여금은 크게 주식발행초과금과 감자차익, 기타자본잉여금으로 구분된다.

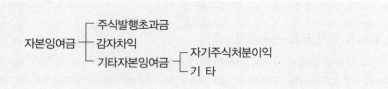

(1) 주식발행초과금

주식발행가액(증자의 경우에 신주발행수수료 등 신주발행을 위하여 직접 발생한 기타의 비용을 차감한 후의 가액을 말한다)이 액면가액을 초과하는 경우 당해 초과액을 말한다.

(2) 감자차익

회사는 특정한 사유가 있을 때에 주주들이 소유한 주식을 소각하고 주금을 반환하는 경우가 있다. 이 때 감소되는 자본금보다 적은 금액을 반환하여 주게 될 때 발생하는 잉여금이 감자차익이다.

(3) 기타자본잉여금

기타자본잉여금이란 주식발행초과금, 감자차익 이외의 자본잉여금을 말하는데 대표적인 예로 자기주식처분이익이 있다. 자기주식처분이익이란 자기주식을 매입해서 처분할 때 차이에 의해 발생한다.

① 자기주식처분이익 : 처분가액 > 취득가액(기타자본잉여금)
② 자기주식처분손실 : 처분가액 < 취득가액(자본조정)

자기주식처분손실이 발생한 경우 이미 계상되어 있는 자기주식처분이익과 상계처리하고 잔액만을 자본조정으로 기재한다.

1 개 요

이익잉여금이란 손익거래에서 발생한 이익으로서 배당금 등으로 사외에 유출되지 않고 사내에 유보된 금액을 말하며, 유보이익이라고도 한다. 이러한 이익잉여금은 처분절차를 거쳐 주주에게 나누어 주거나 사내에 유보시키게 된다. 이익잉여금의 처분내용을 보여주는 보고서가 이익잉여금처분계산서이다. 일반적으로 잉여금의 처분은 보고기준일(12월 31일) 이후에 주주총회에서 확정된다. 따라서 이익잉여금처분계산서에 포함된 처분내용, 즉 배당 등은 재무상태표일 현재 아직 확정되지 않았으므로 재무상태표에 부채로 인식하지 않으며, 재무상태표에는 이익잉여금 미처분의 재무상태를 표시한다.

즉, 당기말 재무상태표에는 이익잉여금이 처분되기 전의 금액을 보고하므로 이익잉여금을 어떻게 처분할 것인지에 대한 정보를 제공하는 보고서가 이익잉여금처분계산서인 것이다.

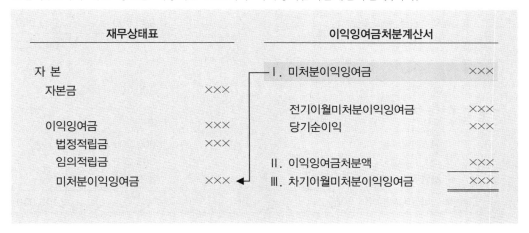

2 잉여금의 처분

이익잉여금처분계산서

제××기 20x1년 1월 1일부터 20x1년 12월 31일까지

(주)열림   처분확정일 : 20x2년 3월 1일   (단위 : 원)

구 분	제x(당)기	금 액
Ⅰ. 미처분이익잉여금		3,000,000
1. 전기이월미처분이익잉여금	500,000	
2. 전기오류수정손익	0	
3. 당기순이익		
(또는 당기순손실)	2,500,000	
Ⅱ. 임의적립금 등의 이입액	1,000,000	1,000,000
합 계		4,000,000
Ⅲ. 이익잉여금처분액		(1,900,000)
1. 이익준비금	100,000	
2. 기타법정적립금		
3. 배당금		
가. 현금배당	1,000,000	
나. 주식배당	500,000	
4. 사업확장적립금	300,000	
Ⅳ. 차기이월미처분이익잉여금		2,100,000

(1) 미처분이익잉여금

잉여금을 처분하기 전에 처분가능한 잉여금으로서 전기로부터 이월된 잉여금 500,000원과 당기순이익 2,500,000원을 합한 금액이다. 전기로부터 이월된 잉여금이란 전기의 당기순이익 등에서 이익잉여금의 처분을 반영하고 남은 것이 당기로 이월된 것이다.

(2) 임의적립금 등의 이입액

회사가 법의 규정에 의하여 강제적으로 적립한 금액이 아닌 임의적립금 등의 이입액은 미처분이익잉여금과 합산하여 당기의 처분가능 이익잉여금을 구성한다.

(3) 이익준비금

법에 의하여 이익잉여금 중 일정액을 강제로 적립하여야 하는 금액을 말한다. 법정적립금의 사례로는 이익준비금이 있는데 주식회사는 자본금의 1/2에 달할 때까지 매 결산기의 현금배당액의 1/10 이상의 금액을 이익준비금으로 적립하여야 한다. 위에서는 현금배당이 1,000,000원이므로 100,000원을 적립하였는데 이에 대한 회계처리를 나타내면 다음과 같다.

(차) 미처분이익잉여금	100,000	(대) 이익준비금	100,000
(이익잉여금의 감소)		(이익잉여금의 증가)	

이는 이익잉여금 내부에서의 계정 재분류에 해당하므로 이익잉여금은 물론 기업의 순자산에 변동을 주지 않는다. 다만, 이익잉여금 중 일정액을 배당할 수 없도록 처분하여 계정을 달리하는 것이다.

(4) 임의적립금

적립이 강제되어 있지는 않으나 회사의 특별한 목적을 위해 적립하는 적립금이다. 예를 들어 사업확장적립금의 경우 수년 이내 공장부지를 늘리거나 투자를 통해 사업범위의 확장을 준비하기 위하여 적립하는 금액이다. 이러한 임의적립금은 처분절차를 거친 뒤 다음 기에 다시 처분가능한 이익잉여금으로 합산된다. 위에서는 사업확장적립금으로 300,000원을 처분하였는데 이에 대한 회계처리를 나타내면 다음과 같다.

(차) 미처분이익잉여금	300,000	(대) 사업확장적립금	300,000
(이익잉여금의 감소)		(이익잉여금의 증가)	

이 역시 이익잉여금 내부에서의 계정 재분류에 해당하지만 앞의 '(2) 임의적립금 등의 이입액'에서 살펴보듯이 다음 기의 잉여금 처분 시 미처분이익잉여금으로 이입하여 기업의사에 따라 배당금 등 이익처분의 재원으로 활용할 수 있다.

(5) 배 당

배당은 회사가 벌어들인 수익을 주주들에게 배분하는 과정으로 현금배당과 주식배당이 있다. 현금배당은 배당금을 현금으로 지급하는 것이고, 주식배당은 배당금을 주식으로 교부하는 것이다. 이에 대한 회계처리는 잉여금을 처분하는 시점과 배당금을 지급하는 시점으로 나누어진다.

① 현금배당

　　㉠ 잉여금 처분 시

(차) 미처분이익잉여금	1,000,000	(대) 미지급배당금	1,000,000
(이익잉여금의 감소)		(부채의 증가)	

　　㉡ 배당금 지급 시

(차) 미지급배당금	1,000,000	(대) 현 금	1,000,000
(부채의 감소)		(자산의 감소)	

② 주식배당

　　㉠ 잉여금 처분 시

(차) 미처분이익잉여금	500,000	(대) 미교부주식배당금	500,000
(이익잉여금의 감소)		(자본조정의 증가)	

ⓛ 배당금 지급 시

(차) 미교부주식배당금 　　　　500,000 　　(대) 자본금 　　　　　　　500,000
　　　(자본조정의 감소) 　　　　　　　　　　　　(자본금의 증가)

현금배당은 차후 배당금 지급 시 현금을 지급할 것이므로 처분시점에 미지급배당금이란 부채로 계상한다. 그러나 주식배당은 배당금을 지급하는 것이 아닌 자본금이 증가하게 되므로 처분시점에 자본의 임시계정이라 할 수 있는 자본조정으로 처리하게 된다.

(6) 차기이월미처분이익잉여금

처분가능한 이익잉여금 중 처분내용을 반영하고 남은 잉여금은 다음 기로 넘어가게 되는데 이를 차기이월이익잉여금이라 한다. 즉, 처분가능 이익잉여금에서 잉여금 처분액을 차감한 잔액이 된다. 한편, 위에서 살펴본 대로 재무상태표에는 미처분이익잉여금이 기록된다.

예제　이익잉여금 처분

(주)가람은 20x1년 1월 1일 설립하여 영업활동을 시작하였다. 다음의 거래에 대하여 일자별 회계처리를 나타내고, 20x1년과 20x2년의 이익잉여금처분계산서를 작성하시오.

〈20x1년〉
(1) 당기순이익으로 3,000,000원을 보고하다.
(2) 주주총회에서(20x2.3.1) 다음과 같이 잉여금의 처분을 결의하다.
　　이익준비금　　　　　　　100,000원
　　현금배당　　　　　　　1,000,000원
　　사업확장적립금　　　　　700,000원

〈20x2년〉
(1) 3월 10일 배당금 1,000,000원을 현금지급하다.
(2) 당기순이익으로 5,000,000원을 보고하다.
(3) 주주총회에서(20x3.3.1) 다음과 같이 잉여금의 처분을 결의하다.
　　사업확장적립금의 환입액　　　　　　500,000원
　　이익준비금　　　　　　　　　　　　300,000원
　　현금배당　　　　　　　　　　　　3,000,000원

〈20x3년〉
(1) 3월 15일 배당금 3,000,000원을 현금으로 지급하다.

---

1. 회계처리

   〈20x1년〉

12월 31일	(차)	집합손익	3,000,000	(대)	미처분이익잉여금	3,000,000

   〈20x2년〉

3월 1일	(차)	미처분이익잉여금	1,800,000	(대)	이익준비금	100,000
					미지급배당금	1,000,000
					사업확장적립금	700,000
3월 10일	(차)	미지급배당금	1,000,000	(대)	현 금	1,000,000
12월 31일	(차)	집합손익	5,000,000	(대)	미처분이익잉여금	5,000,000

   〈20x3년〉

3월 1일	(차)	사업확장적립금	500,000	(대)	미처분이익잉여금	500,000
		미처분이익잉여금	3,300,000		이익준비금	300,000
					미지급배당금	3,000,000
3월 15일	(차)	미지급배당금	3,000,000	(대)	현 금	3,000,000

2. 이익잉여금처분계산서

   이익잉여금처분계산서

   제1기 20x1.1.1 ~ 20x1.12.31

(주)가람	처분확정일 : 20x2.3.1	(단위 : 원)
Ⅰ. 미처분이익잉여금		3,000,000
1. 당기순이익	3,000,000	
Ⅱ. 임의적립금 등의 이입액		
합 계		3,000,000
Ⅲ. 이익잉여금처분액		1,800,000
1. 이익준비금	100,000	
2. 배당금	1,000,000	
3. 사업확장적립금	700,000	
차기이월미처분이익잉여금		1,200,000

   이익잉여금처분계산서

   제2기 20x2.1.1 ~ 20x2.12.31

(주)가람	처분확정일 : 20x3.3.1	(단위 : 원)
Ⅰ. 미처분이익잉여금		6,200,000
1. 전기이월미처분이익잉여금	1,200,000	
2. 당기순이익	5,000,000	
Ⅱ. 임의적립금 등의 이입액		500,000
합 계		6,700,000
Ⅲ. 이익잉여금처분액		3,300,000
1. 이익준비금	300,000	
2. 배당금	3,000,000	
차기이월미처분이익잉여금		3,400,000

6 자본조정과 기타포괄손익누계액

1 자본조정

자본조정이란 자본금, 자본잉여금, 이익잉여금 이외의 임시적인 성격의 자본항목으로 볼 수 있다. 자본조정 계정은 자본의 자본잉여금 다음에 그 내용을 구분하여 자본에 가산 또는 차감하는 형식으로 표시된다.

일반기업회계기준에서는 자본조정 항목으로 주식할인발행차금, 자기주식, 주식선택권, 출자전환채무, 감자차손 및 자기주식처분손실 등을 열거하고 있다.

2 기타포괄손익누계액

기타포괄손익누계액이란 당기손익에 포함되지 않지만 자본항목에 포함되는 평가손익의 잔액이며, 대표적인 항목으로 매도가능증권평가손익이 있다.

매도가능증권평가손익은 매도가능증권을 시가법에 의하여 평가하는 경우 그 평가손익을 말하며, 이는 손익계산서에 반영하여 당기손익에 포함하지 않고, 자본에 가감하는 형식으로 표시한다. 매도가능증권에서 발생한 평가손익은 미실현 보유손익이므로 이는 당기손익에 포함하지 않으나, 이에 대한 정보를 정보이용자에게 공시하고, 이를 평가시점이 아닌 처분시점이 속하는 시점의 손익에 반영하기 위하여 자본항목으로 분류한다.

일반기업회계기준에서는 기타포괄손익누계액 항목으로 매도가능증권평가손익, 해외사업환산손익 및 현금흐름위험회피 파생상품평가손익 등을 열거하고 있다.

CHAPTER 08 자 본

주관식 ▶ 연습문제

01 [주식의 발행]

(주)훈민은 액면 5,000원인 주식 10,000주를 발행하고 신주발행비로 2,000,000원을 지출하였다. 발행가액이 각각 1주당 6,000원, 1주당 4,000원일 경우 회계처리를 나타내시오.

풀이 (1) 1주당 발행가액 6,000원일 경우

(차) 현 금	58,000,000	(대) 자본금	50,000,000
		주식발행초과금	8,000,000

(2) 1주당 발행가액 4,000원일 경우

(차) 현 금	38,000,000	(대) 자본금	50,000,000
주식할인발행차금	12,000,000		

02 [자기주식]

(주)훈민은 20x1년 1월 3일 액면 5,000원의 주식 10,000주를 1주당 5,000원에 발행하였다. (주)훈민은 6월 1일 자기주식 1,000주를 1주당 4,000원에 구입하였다. (주)훈민은 10월 5일 동 주식 500주를 1주당 5,500원에 매각하였고, 12월 20일에는 나머지 500주를 1주당 2,000원에 매각하였다. 일자별 분개를 나타내시오.

풀이

1/3	(차) 현 금	50,000,000	(대) 자본금	50,000,000
6/1	(차) 자기주식	4,000,000	(대) 현 금	4,000,000

재무상태표

20x1.6.1

자 본	
자본금	50,000,000
⋮	
자본조정	
자기주식	(4,000,000)

총 자본액 : 46,000,000

| 10/5 | (차) 현 금 | 2,750,000 | (대) 자기주식 | 2,000,000 |
| | | | 자기주식처분이익 | 750,000 |

재무상태표

20x1.10.5

자 본
  자본금   50,000,000
  ⋮
  자본잉여금
    기타자본잉여금   750,000
  ⋮
  자본조정
    자기주식   (2,000,000)

       총 자본액 : 48,750,000

12/20	(차) 현 금	1,000,000	(대) 자기주식	2,000,000
	자기주식처분이익	750,000		
	자기주식처분손실	250,000		

재무상태표

20x1.12.20

자 본
  자본금   50,000,000
  ⋮
  자본잉여금
    기타자본잉여금   0
  ⋮
  자본조정
    자기주식처분손실   (250,000)

       총 자본액 : 49,750,000

03 [유상감자]

다음 자료를 참고로 하여 일자별 회계처리를 나타내시오.

> 1월 10일 액면 5,000원의 주식 10,000주를 1주당 8,000원에 발행하였다.
> 7월 1일   400주의 주식을 소각하며 감자대가로 주주들에게 주당 3,500원을 지급하였다.
> 11월 1일 500주의 주식을 소각하며 감자대가로 주주들에게 주당 7,000원을 지급하였다.

| 풀이 | 1/10 | (차) 현 금 | 80,000,000 | (대) 자본금 | 50,000,000 |
| | | | | 주식발행초과금 | 30,000,000 |

```
                          재무상태표
                          20x1.1.10
        ────────────────────────────────────────────────
        자 본
          자본금                                50,000,000
            ⋮
          자본잉여금
            주식발행초과금                      30,000,000
            감자차익                                     0
            ⋮
          자본조정
                    총 자본액 : 80,000,000
```

7/1   (차) 자본금   2,000,000   (대) 현 금   1,400,000
                                                  감자차익   600,000

```
                          재무상태표
                          20x1.7.1
        ────────────────────────────────────────────────
        자 본
          자본금                                48,000,000
            ⋮
          자본잉여금
            주식발행초과금                      30,000,000
            감자차익                               600,000
            ⋮
          자본조정
                    총 자본액 : 78,600,000
```

11/1   (차) 자본금   2,500,000   (대) 현 금   3,500,000
             감자차익   600,000
             감자차손   400,000

```
                          재무상태표
                          20x1.11.1
        ────────────────────────────────────────────────
        자 본
          자본금                                45,500,000
            ⋮
          자본잉여금
            주식발행초과금                      30,000,000
            감자차익                                     0
            ⋮
          자본조정
            감자차손                              (400,000)
                    총 자본액 : 75,100,000
```

04 [자본의 회계처리]

다음은 (주)나래의 20x2년 3월 1일부터 3월 31일까지의 거래이다. 일자별 회계처리를 나타내시오 (단, 20x2년 2월 말 현재 감자차익, 주식발행초과금 및 자기주식처분이익은 없다).

3월 1일	주주총회에서 다음과 같이 잉여금의 처분을 결의하였다. 현금배당 1,000,000원, 이익준비금 100,000원
3월 4일	증자를 결의하고 보통주 100주를 주당 10,000원 (액면가 5,000원)에 발행하였고 신주발행비로 100,000원을 지출하였다. 주식대금은 납입받아 전액 당좌예입하였다.
3월 8일	배당금 1,000,000원을 현금으로 지급하였다.
3월 10일	보통주 100주(액면가 5,000원)를 발행하고, 주식대금으로 공정가치 600,000원인 업무용 토지를 출자받았다.
3월 12일	자기주식 100주를 500,000원에 구입하였다.
3월 15일	자기주식 50주를 300,000원에 매각하였다.
3월 20일	보통주 300주를 주당 3,000원(액면가 5,000원)에 발행하였다. 주식대금은 납입받아 전액 당좌예입하였다.
3월 22일	기업규모의 축소를 위하여 발행 주식 중 150주(액면가 5,000원)를 1주당 3,000원에 매입하여 소각하였다.
3월 25일	자기주식 50주를 100,000원에 매각하였다.

풀이

3/1	(차)	미처분이익잉여금	1,100,000	(대)	이익준비금	100,000
					미지급배당금	1,000,000
3/4	(차)	당좌예금	900,000	(대)	자본금	500,000
					주식발행초과금	400,000
3/8	(차)	미지급배당금	1,000,000	(대)	현 금	1,000,000
3/10	(차)	토 지	600,000	(대)	자본금	500,000
					주식발행초과금	100,000
3/12	(차)	자기주식	500,000	(대)	현 금	500,000
3/15	(차)	현 금	300,000	(대)	자기주식	250,000
					자기주식처분이익	50,000
3/20	(차)	당좌예금	900,000	(대)	자본금	1,500,000
		주식발행초과금	500,000			
		주식할인발행차금	100,000			
3/22	(차)	자본금	750,000	(대)	현 금	450,000
					감자차익	300,000
3/25	(차)	현 금	100,000	(대)	자기주식	250,000
		자기주식처분이익	50,000			
		자기주식처분손실	100,000			

01 다음 중 자본잉여금으로 분류되지 않는 항목은?

① 자기주식처분이익

② 감자차익

③ 주식발행초과금

④ 자산수증이익

해설 자산수증이익은 영업외수익에 속하는 항목으로 손익계산서에 기재된다.

정답 ④

02 다음은 (주)A의 주식 발행에 관한 자료이다. 이에 대한 설명으로 옳은 것을 〈보기〉에서 고른 것은?

- 발행 주식 종류 : 기명식 보통주식
- 발행 주식 수 : 1,000주
- 액면가액 : 1주당 10,000원
- 발행가액 : 1주당 12,000원
- 주식대금 : 전액 당좌예입
- 주식발행비 : 없음

보기

ㄱ. 자본금이 증가한다.

ㄴ. 자본조정이 증가한다.

ㄷ. 당기순이익이 증가한다.

ㄹ. 이익잉여금이 증가한다.

① ㄱ ② ㄴ
③ ㄷ ④ ㄹ

해설 주식을 발행하면 자본금이 증가하고, 액면가액을 초과하는 발행가액은 주식발행초과금으로 자본잉여금이 증가한다.

정답 ①

03 다음은 B주식회사의 20x6년도 말 재무상태표에 기입된 내용의 일부이다. 이익잉여금의 합계액은 얼마인가?

• 자본금	20,000,000원
• 자기주식	2,000,000원
• 이익준비금	500,000원
• 임의적립금	350,000원
• 감자차익	250,000원
• 주식발행초과금	600,000원

① 350,000원　　　　　　　　　　② 500,000원
③ 850,000원　　　　　　　　　　④ 1,100,000원

해설　이익잉여금 = 500,000원(이익준비금) + 350,000원(임의적립금) = 850,000원

정답 ③

---

04 다음 중 일반기업회계기준상 이익잉여금인 것은?

① 이익준비금
② 주식발행초과금
③ 매도가능증권평가이익
④ 퇴직급여충당부채

해설　주식발행초과금 : 자본잉여금, 매도가능증권평가이익 : 기타포괄손익, 퇴직급여충당부채 : 부채

정답 ①

---

05 다음 중 자본항목의 분류로 옳은 것은?

① 감자차익 : 자본잉여금
② 이익준비금 : 자본조정
③ 주식발행초과금 : 이익잉여금
④ 주식할인발행차금 : 자본잉여금

해설　이익준비금 : 이익잉여금, 주식발행초과금 : 자본잉여금, 주식할인발행차금 : 자본조정

정답 ①

06 다음 거래를 회계처리할 때 (가), (나)의 계정과목으로 옳은 것은?

거 래	사업규모를 축소하기 위하여 1주당 액면가액 10,000원의 주식 100주를 1주당 4,000원에 현금으로 지급하고 매입하여 소각하다.
회계처리	(차) (가) 1,000,000 (대) 현 금 400,000 (나) 600,000

  (가)   (나)
① 자본금   감자차익
② 자본금   자기주식처분이익
③ 자기주식   감자차익
④ 자기주식   자기주식처분이익

해설 차변은 자본금의 감소이고, 대변은 감자차익이다. 주식 1,000,000원을 현금 400,000원으로 소각하므로 감자차익이 600,000원이 발생한다.

정답 ①

07 다음 중 자본에 대한 설명으로 옳지 않은 것은?
① 법정자본금은 발행주식총수에 주당 발행가액을 곱하여 계산한 금액이다.
② 주식발행초과금은 주식발행가액이 액면금액을 초과하는 금액이다.
③ 이익잉여금은 영업활동에 의하여 획득된 이익 중 사외유출 되지 않고 기업내부에 유보하는 이익이다.
④ 자기주식은 발행회사가 유통 중인 자사의 주식을 매입해서 소각하지 않고 보유하고 있는 주식이다.

해설 법정자본금 = 발행주식수 × 1주당 액면가액

정답 ①

08 다음은 (주)C의 총계정원장 일부 계정의 잔액이다. 이를 자료로 자본잉여금을 계산하면 얼마인가?

• 자본금	30,000,000원
• 주식발행초과금	300,000원
• 자기주식처분이익	100,000원
• 사업확장적립금	200,000원
• 감자차익	50,000원
• 미처분이익잉여금	40,000원

① 390,000원   ② 450,000원

③ 500,000원   ④ 590,000원

해설 자본거래에서 발생한 잉여금을 자본잉여금이라 하며, 주식발행초과금, 자기주식처분이익, 감자차익이 이에 해당한다.

정답 ②

09 다음 중 자본조정 항목으로 옳지 않은 것은?

① 감자차익
② 주식할인발행차금
③ 자기주식
④ 자기주식처분손실

해설 감자차익은 자본잉여금에 해당한다.

정답 ①

10 다음 중 자본잉여금에 속하지 않는 것은?

① 주식발행초과금
② 감자차익
③ 감자차손
④ 자기주식처분이익

해설 감자차손은 자본조정 항목이다.

정답 ③

11 (주)○○는 증자하기로 결정하고 신주 100주(액면 @5,000원)를 1주당 7,000원에 발행하고 납입금은 전액 현금으로 받고 주식발행비 30,000원을 현금으로 지급한 경우 발행 당시 주식발행초과금 계정에 기입되는 금액은 얼마인가?

① 30,000원

② 170,000원

③ 200,000원

④ 700,000원

해설 • 100주 × (7,000원 − 5,000원) = 200,000원
• 주식 할증발행 시 주식발행비는 주식발행초과금에서 차감한다.
• 200,000원 − 30,000원 = 170,000원

정답 ②

12 다음 자료에 의하여 차기이월미처분이익잉여금을 계산하면 얼마인가?

• 전기이월미처분이익잉여금 : 2,000,000원
• 당기순이익 : 8,000,000원
• 이익잉여금의 처분 : 금전배당 500,000원, 기타처분 2,500,000원

① 2,500,000원

② 4,500,000원

③ 7,000,000원

④ 8,000,000원

해설 2,000,000원 + 8,000,000원 − (500,000원 + 2,500,000원) = 7,000,000원

정답 ③

CHAPTER 09

수익과 비용

1 수익과 비용의 인식과 측정

1 발생주의

재무제표는 발생기준에 따라 작성된다. 발생주의 회계는 재무회계의 기본적 특징으로서 재무제표의 기본요소의 정의 및 인식, 측정과 관련이 있다. 발생주의 회계의 기본적인 논리는 발생기준에 따라 수익과 비용을 인식하는 것이다. 발생기준은 기업실체의 경제적 거래나 사건에 대해 관련된 수익과 비용을 그 현금유출입이 있는 기간이 아니라 당해 거래나 사건이 발생한 기간에 인식하는 것을 말한다. 발생주의 회계에서는 현금유출입이 수반되지 않는 자산과 부채 항목이 인식될 수 있다. 그러므로 발생주의 회계와 현금주의 회계의 주된 차이는 수익과 비용을 인식하는 시점이 다르다는 데 있다. 기업실체가 재화 및 용역을 생산하기 위해 설비 등에 투자하는 기간과 생산된 재화 및 용역을 판매하여 수익으로 회수하는 기간은 일반적으로 일치하지 않는 경우가 많다.

설비투자에 현금이 지출되는 시점에서부터 판매된 제품의 대가가 현금으로 회수될 때까지는 상당한 기간이 소요될 수 있다. 그러므로 1년 정도의 짧은 기간에 대해 현금유입과 현금유출만을 단순 대비하는 것은 기업실체의 재무적 성과를 적절히 나타내지 못할 수 있다. 그러나 발생주의 회계에서는 회계기간별로 기업실체의 경영성과를 적절히 측정하기 위하여 발생과 이연의 절차를 통해 수익과 비용을 기간별로 관련시키고 동시에 자산과 부채의 증감도 함께 인식하게 된다.

2 수익과 비용의 대응

비용을 인식하는 방법으로도 발생주의를 기본으로 하므로 회사의 경영활동을 통해 순자산의 감소가 발생할 때마다 이를 인식해야 한다. 그러나 현실적으로 이를 엄격히 적용하는 것은 어렵기 때문에 수익이 인식된 시점에서 수익과 관련하여 비용을 인식하는 데 이를 수익·비용 대응의 원칙이라고 한다. 수익·비용 대응의 원칙에 따라 비용을 인식하는 방법에는 직접대응, 기간배분, 기간대응이 있다.

(1) 직접대응

수익과 이를 실현하기 위하여 발생된 비용의 인과관계를 명확히 파악하여 수익인식시점에 비용을 인식하는 것을 말한다. 매출원가나 판매수수료의 경우 실현된 수익과 발생된 비용의 인과관계가 명확하여 직접대응하는 것이다.

(2) 기간배분

특정수익과 직접적인 인과관계를 명확히 파악할 수 없으나 발생한 비용이 장기간에 걸쳐 수익창출에 기여하는 경우 이를 기간배분한다. 즉, 수익창출에 기여한 것으로 판단되는 기간 동안 합리적이고 체계적인 방법에 따라 비용을 배분한다. 유·무형자산의 감가상각이 이에 해당한다.

(3) 기간대응

기간대응이란 위 (1)과 (2)의 방법으로는 수익과 비용을 대응시킬 수 없는 경우 발생한 기간에 전액 비용으로 인식하는 것을 말한다. 예를 들어 광고선전비의 경우 발생한 비용이 수익에 영향을 미치는 것은 당연한 사실이나 어느 기간에 어느 만큼의 비용이 수익과 관련이 있는지를 파악하기 어렵다. 이러한 비용을 발생한 기간의 비용으로 전액 인식하는 것이다.

3 거래형태별 인식기준

(1) 재화의 판매

다음 다섯 가지 조건을 모두 충족하는 경우 인식한다.
① 재화의 소유에 따른 유의적인 위험과 보상이 구매자에게 이전된다.
② 판매자는 판매한 재화에 대하여 소유권이 있을 때 통상적으로 행사하는 정도의 관리나 효과적인 통제를 할 수 없다.
③ 수익금액을 신뢰성 있게 측정할 수 있다.
④ 경제적 효익의 유입 가능성이 매우 높다.
⑤ 거래와 관련하여 발생했거나 발생할 원가를 신뢰성 있게 측정할 수 있다.

(2) 용역의 제공

용역의 제공으로 인한 수익은 용역제공거래의 성과를 신뢰성 있게 추정할 수 있을 때 진행기준에 따라 인식한다. 다음 조건이 모두 충족되는 경우에는 용역제공거래의 성과를 신뢰성 있게 추정할 수 있다고 본다.
① 거래 전체의 수익금액을 신뢰성 있게 측정할 수 있다.
② 경제적 효익의 유입 가능성이 매우 높다.
③ 진행률을 신뢰성 있게 측정할 수 있다.
④ 이미 발생한 원가 및 거래의 완료를 위하여 투입하여야 할 원가를 신뢰성 있게 측정할 수 있다.

예제 진행기준

(주)나래가 다음 공사와 관련하여 매년 인식할 공사손익을 계산하시오.

- 공사기간 : 3년(20x1년 ~ 20x3년)
- 계약금액 : 15,000,000원
- 공사예정원가 : 12,000,000원
- 공사는 매년 1/3씩 진행된다.

풀이

구 분	20x1년	20x2년	20x3년
매출액(수익)	5,000,000원	5,000,000원	5,000,000원
공사원가(비용)	4,000,000원	4,000,000원	4,000,000원
이 익	1,000,000원	1,000,000원	1,000,000원

(3) 이자, 배당, 로열티 등 특수 수입금액

자산을 타인에게 사용하게 함으로써 발생하는 이자, 배당금, 로열티 등의 수익은 다음 조건을 모두 충족하는 경우에 인식한다.

① 수익금액을 신뢰성 있게 측정할 수 있다.

② 경제적 효익의 유입 가능성이 매우 높다.

구 분	내 용
이자수익	원칙적으로 유효이자율을 적용하여 발생기준에 따라 인식한다.
배당금수익	배당금을 받을 권리와 금액이 확정되는 시점에 인식한다.
로열티수익	관련된 계약의 경제적 실질을 반영하여 발생기준에 따라 인식한다.

(4) 기타의 수익

재화의 판매, 용역의 제공, 이자, 배당금, 로열티로 분류할 수 없는 기타의 수익은 다음 조건을 모두 충족할 때 발생기준에 따라 합리적인 방법으로 인식한다.

① 수익가득과정이 완료되었거나 실질적으로 거의 완료되었다.

② 수익금액을 신뢰성 있게 측정할 수 있다.

③ 경제적 효익의 유입 가능성이 매우 높다.

4 기타의 거래 인식시점

(1) 구매자에게 제한적인 반품권이 부여된 거래

반품가능성이 불확실하여 추정이 어려운 경우에는 구매자가 재화의 인수를 공식적으로 수락한 시점 또는 재화가 인도된 후 반품기간이 종료된 시점에 수익을 인식한다.

(2) 위탁판매

위탁자는 수탁자가 해당 재화를 제3자에게 판매한 시점에 수익을 인식한다.

(3) 상품권에 대한 회계처리

① 매출수익 인식시기

매출수익은 물품 등을 제공 또는 판매하여 상품권을 회수한 때에 인식하며 상품권 판매 시에는 선수금(상품권선수금 계정 등)으로 처리한다.

② 상품권 할인판매 시 회계처리

액면금액 전액을 선수금으로 인식하고 할인액은 상품권할인액 계정으로 선수금의 차감 계정으로 표시하며, 할인액은 추후 물품 등을 제공 또는 판매한 때 매출에누리로 대체한다.

③ 상품권의 잔액환급 시 회계처리

물품상품권 또는 용역상품권의 물품 또는 용역제공이 불가능하거나 지체되어 현금 상환해주거나 금액상품권의 물품 등을 판매한 후 잔액을 환급하는 경우에는 현금을 상환하는 때 또는 물품 판매 후 잔액을 환급해 주는 때에 선수금과 상계한다.

④ 장기미회수상품권의 회계처리

상품권의 유효기간이 경과하였으나 상법상의 소멸시효가 완성되지 않은 경우에는 유효기간이 경과된 시점에 상품권에 명시된 비율에 따라 영업외수익으로 인식함을 원칙으로 하고, 상법상의 소멸시효가 완성된 경우에는 소멸시효가 완성된 시점에 잔액을 영업외수익으로 인식하여야 한다.

(4) 부동산의 판매

부동산의 판매수익은 법적 소유권이 구매자에게 이전되는 시점에 인식한다. 그러나 법적 소유권이 이전되기 전이라도 소유에 따른 위험과 보상이 구매자에게 실질적으로 이전되는 경우가 있다. 이때에는 판매자가 계약 완료를 위하여 더 이상 유의적인 행위를 수행할 의무가 없다면 수익을 인식할 수 있다. 법적 소유권이 이전되거나 또는 소유에 따른 위험과 보상이 구매자에게 실질적으로 이전된 이후에도 판매자가 유의적인 행위를 추가로 수행할 의무가 있는 경우에는 해당 행위가 완료되는 시점에 수익을 인식한다.

(5) 출판물 및 이와 유사한 품목의 구독

해당 품목의 금액이 매기 비슷한 경우에는 발송기간에 걸쳐 정액기준으로 수익을 인식한다. 그러나 품목의 금액이 기간별로 다른 경우에는 발송된 품목의 판매금액이 구독신청을 받은 모든 품목의 추정 총판매금액에서 차지하는 비율에 따라 수익을 인식한다.

(6) 설치수수료

설치수수료는 재화가 판매되는 시점에 수익을 인식하는 재화의 판매에 부수되는 설치의 경우를 제외하고는 설치의 진행률에 따라 수익으로 인식한다.

(7) 광고수수료

광고매체수수료는 광고 또는 상업방송이 대중에게 전달될 때 인식하고, 광고제작수수료는 광고 제작의 진행률에 따라 인식한다.

PART 2

(8) 입장료

예술공연, 축하연, 기타 특별공연 등에서 발생하는 수익은 행사가 개최되는 시점에 인식한다. 하나의 입장권으로 여러 행사에 참여할 수 있는 경우의 입장료수익은 각각의 행사를 위한 용역의 수행된 정도가 반영된 기준에 따라 각 행사에 배분하여 인식한다.

(9) 수강료

강의기간에 걸쳐 수익으로 인식한다.

(10) 주문형 소프트웨어의 개발 수수료

주문개발하는 소프트웨어의 대가로 수취하는 수수료는 진행률에 따라 수익을 인식한다. 이때 진행률은 소프트웨어의 개발과 소프트웨어 인도 후 제공하는 지원용역을 모두 포함하여 결정한다.

5 수익의 측정

(1) 수익측정의 일반원칙

수익은 재화의 판매, 용역의 제공이나 자산의 사용에 대하여 받았거나 또는 받을 대가(이하 '판매대가'라 한다)의 공정가치로 측정한다. 매출에누리와 할인 및 환입은 수익에서 차감한다.

(2) 현재가치의 평가

대부분의 경우 판매대가는 현금 또는 현금성자산의 금액이다. 그러나 판매대가가 재화의 판매 또는 용역의 제공 이후 장기간에 걸쳐 유입되는 경우에는 그 공정가치가 미래에 받을 금액의 합계액(이하 '명목금액'이라 한다)보다 작을 수 있다. 이때 공정가치는 명목금액의 현재가치로 측정하며, 공정가치와 명목금액과의 차액은 유효이자율법에 따라 현금회수기간에 걸쳐 이자수익으로 인식한다.

(3) 교환거래

성격과 가치가 유사한 재화나 용역 간의 교환은 수익을 발생시키는 거래로 보지 않는다. 이러한 예로는 정유산업 등에서 공급회사 간에 특정지역의 수요를 적시에 충족시키기 위해 재고자산을 교환하는 경우가 있다.

그러나 성격과 가치가 상이한 재화나 용역 간의 교환은 수익을 발생시키는 거래로 본다. 이때 수익은 교환으로 취득한 재화나 용역의 공정가치로 측정하되, 현금 또는 현금성자산의 이전이 수반되면 이를 반영하여 조정한다. 만일 취득한 재화나 용역의 공정가치를 신뢰성 있게 측정할 수 없으면 그 수익은 제공한 재화나 용역의 공정가치로 측정하고, 현금 또는 현금성자산의 이전이 수반되면 이를 반영하여 조정한다.

2 수익과 비용의 계정

■ 손익계산서의 기본양식

손익계산서

기업명	회계기간	(보고통화 및 금액단위)
매출액		×××
매출원가		(×××)
매출총손익		×××
판매비와관리비		(×××)
영업손익		×××
영업외수익		×××
영업외비용		(×××)
법인세비용차감전순손익		×××
법인세비용		(×××)
당기순손익		×××

② 매출액

매출액은 기업의 주된 영업활동에서 발생한 제품, 상품, 용역 등의 총매출액에서 매출에누리, 매출환입, 매출할인 등을 차감한 금액이다. 차감 대상 금액이 중요한 경우에는 총매출액에서 차감하는 형식으로 표시하거나 주석으로 기재한다.

매출액 = 총매출 − 매출에누리 − 매출환입 − 매출할인

(1) 매출에누리

대량매입과 같은 거래조건 또는 상품에 결함이 있는 사유 등에 따라 판매대금을 감해주는 것을 말한다.

(2) 매출환입

매출한 상품에 결함 등의 사유로 반품된 것을 말한다.

(3) 매출할인

외상매출 시 일정기한 안에 외상대금을 조기 변제하는 경우 약정된 할인율로 매출액을 감하여 주는 것을 말한다.

매출액은 업종 또는 부문별로 구분하여 표시할 수 있으며, 반제품매출액, 부산물매출액, 작업폐물매출액, 수출액, 장기할부매출액 등이 중요한 경우에는 이를 구분하여 표시할 수 있다.

3 매출원가

매출원가는 제품, 상품 등의 매출액에 대응되는 원가로서 판매된 제품이나 상품 등에 대한 제조원가 또는 매입원가이다. 매출원가의 산출과정은 손익계산서 본문에 표시하거나 주석으로 기재한다. 매출원가의 산정은 기초상품재고액에 당기매입액을 합한 금액에 기말상품재고액을 차감하여 계산된다. 따라서 기말상품재고액을 결정하는 것이 보다 중요하다.

매출원가 = 기초상품재고액 + 당기매입액 − 기말상품재고액

매출원가가 계산된 과정을 보여 주기 위하여 손익계산서에는 다음과 같이 표시한다.

```
Ⅱ. 매출원가                              ×××
   1. 기초상품(또는 제품)재고액      ×××
   2. 당기매입액(또는 제품제조원가)  ×××
   3. 기말상품(또는 제품)재고액      ×××
```

그리고 당기매입액은 당기총매입액에서 매입에누리와 매입환출 및 매입할인을 차감한 금액으로 한다.

(1) 매입에누리

매입한 상품 등에 결함이 있는 경우 상품을 반환하거나 판매자와 협의하여 가격을 할인받은 것

(2) 매입환출

구입한 상품을 반환하는 것

(3) 매입할인

외상매입금을 조기에 상환해 줌으로써 할인받는 것. 기업회계기준에서는 매출원가에서 차감하도록 하고 있다.

4 판매비와관리비

판매비와관리비는 상품과 용역의 판매활동 또는 기업의 관리와 유지에서 발생하는 비용으로 급여(임원급여, 급료, 임금 및 제수당을 포함한다), 퇴직급여, 명예퇴직금, 복리후생비, 임차료, 접대비, 감가상각비, 무형자산상각비, 세금과공과, 광고선전비, 연구비, 경상개발비, 대손상각비 등 매출원가에 속하지 아니하는 모든 영업비용을 포함하며, 당해 비용을 표시하는 적절한 항목으로 구분한다. 한편, 빈번하게 발생하는 것은 아니지만 영업활동과 관련하여 비용이 감소함에 따라 발생하는 퇴직급여충당부채환입, 판매보증충당부채환입 및 대손충당금환입 등은 판매비와관리비의 부(−)의 금액으로 표시한다.

5 영업외손익

영업외손익은 기업의 주된 영업활동이 아닌 활동으로부터 발생한 수익과 차익 및 비용과 차손으로서 중단사업손익에 해당하지 않는 것을 말한다.

영업외수익은 이자수익, 배당금수익(주식배당액은 제외한다), 임대료, 단기투자자산처분이익, 단기투자자산평가이익, 외환차익, 외화환산이익, 지분법이익, 장기투자증권손상차손환입, 투자자산처분이익, 유형자산처분이익, 사채상환이익, 전기오류수정이익 등을 포함한다.

영업외비용은 이자비용, 기타의대손상각비, 단기투자자산처분손실, 단기투자자산평가손실, 재고자산감모손실(비정상적으로 발생한 재고자산감모손실에 한한다), 외환차손, 외화환산손실, 기부금, 지분법손실, 장기투자증권손상차손, 투자자산처분손실, 유형자산처분손실, 사채상환손실, 전기오류수정손실 등을 포함한다.

3 판매비와관리비

1 개 요

판매비와관리비는 상품과 용역의 판매활동 또는 기업의 관리와 유지에서 발생하는 비용으로 매출원가에 속하지 아니하는 영업비용을 말한다. 판매비는 판매활동과 관련하여 발생하는 비용이며 관리비는 회사 전체의 관리 및 유지에 필요한 비용을 말한다.

2 판매비와관리비 항목

(1) 급 여

근로제공의 대가로 회사의 직원에게 지급하는 대가로서 임원급여·급여와 임금·제수당 등을 말한다.

(2) 퇴직급여

근속기간이 경과함에 따라 증가하는 퇴직급여충당부채를 설정하고 퇴직금을 비용으로 인식한 계정이다. 또한, 퇴직연금의 회사 기여금을 납입하면서 지급한 금액도 퇴직급여로 회계처리한다.

(3) 복리후생비

근로환경의 개선 및 업무능률의 향상을 위하여 지출하는 노무비적인 성격을 갖는 비용으로서, 회식비, 야근식대, 간식비 및 음료차대, 업무작업복, 명절선물비용 등 회사의 임직원의 복지를 위하여 지출하는 비용을 말한다.

(4) 여비교통비

근로자가 업무수행을 위해 사외로 출장하는 경우에 발생되는 여비와 교통비 항목의 비용을 처리하는 계정으로서, 교통비, 숙박비, 출장여비 등을 말한다.

(5) 접대비

회사의 업무와 관련하여 거래관계의 개선이나 신규시장 개척 등을 위하여 특정인에게 지출하는 교제비, 사례금, 선물비 등으로 회사의 임직원 외에 거래관계가 있는 자들에게 지출한 금액을 말한다.

(6) 통신비

전신, 전화, 전보, 우편, 팩스사용료, 증권통신서비스료, 이동통신전화료, 전용회선사용료, 인터넷 사용료 등을 처리하는 계정이다.

(7) 수도광열비

회사의 업무 관련 공간에서 발생하는 수도요금, 상하수도요금, 난방요금을 처리하는 계정이다.

(8) 세금과공과

국가나 지방자치단체가 기업에 대하여 부과하는 조세와 공과금, 벌금, 과징금 등을 말한다.

(9) 감가상각비

유형자산의 취득원가를 기간손익에 반영하기 위하여 배분한 금액을 말한다.

(10) 지급임차료

부동산이나 동산을 빌린 것에 대한 대가로 그 소유자에게 지급하는 금액을 말한다.

(11) 수선비

보유 중인 자산의 유지관리에 소요된 비용 중 정상적인 가동을 위한 원상회복이나 본래의 기능을 유지할 수 있도록 하는 경상적인 지출을 처리하는 계정이다.

(12) 보험료

보유 중인 자산의 화재보험이나, 임직원의 업무손해관련 보험, 임직원 대상 상해보험 등 업무관련 보험지출액을 말한다.

(13) 차량유지비

회사 소유 차량을 운행하면서 소요되는 유류대, 유료도로 통행료, 주차비 등의 비용을 처리하는 계정을 말한다.

(14) 경상연구개발비

신제품·신기술의 연구와 개발 등을 위하여 실시하는 실험·연구 등의 활동으로 인하여 발생하는 비용을 말한다.

(15) 교육훈련비

임직원의 업무능력 향상을 위하여 지출하는 학원비, 학교 공교육비, 외부강사 초청비, 외부기관 훈련비용 등을 말한다.

(16) 광고선전비

광고선전을 목적으로 불특정 다수를 위하여 지출하는 TV, 신문, 라디오 등의 광고료, 전단지 인쇄비 등 기타 홍보물 제작비용, 광고선전 목적의 이벤트 비용 등을 말한다.

(17) 대손상각비

일반적 상거래상 발생한 채권 중 회수가 불가능한 채권을 비용으로 회계처리하거나, 대손추산액을 대손충당금으로 설정하기 위하여 비용으로 처리하는 계정이다.

(18) 지급수수료

용역을 공급받고 지급하는 수수료로서, 금융수수료(은행 이체수수료), 회계·세무·법률 등 자문 수수료, 무인경비수수료 등을 말한다.

(19) 도서인쇄비

도서구입비, 외부인쇄비와 제본비용, 신문 잡지 구독료, 사진현상비용 등을 말한다.

(20) 소모품비

회사의 소모성 비품을 구매한 비용을 말한다.

다음의 거래내용을 회계처리하시오.

11월 1일	본사 게시판에 부착할 본사 정경을 담은 대형사진을 현상하고 대금 400,000원을 현금으로 지급하였다.

11월 1일   본사 게시판에 부착할 본사 정경을 담은 대형사진을 현상하고 대금 400,000원을 현금으로 지급하였다.

11월 2일   서울상회로부터 공장노무자 작업복을 구입하고 대금 645,000원을 현금으로 결제하였다.

11월 3일   웅진석유에서 난방용 경유를 360,000원에 구입하고 대금은 현금으로 지급하였다.

11월 4일   직원들의 사기진작을 위하여 인근식당에서 회식을 하고 식사대금 237,000원을 법인카드(국민카드)로 결제하였다.

11월 5일   상품을 보관하는 창고에 도난의 위험이 있어 (주)한국화재보험에 손해보험을 가입하고, 3개월분 보험료 1,200,000원은 보통예금에서 이체하였다.

11월 6일   재경팀사무실에서 사용하는 전화의 전화요금 125,000원을 은행에서 현금으로 납부하였다.

11월 7일   경리부에서 사용할 차와 음료수 30,000원을 인근 대성할인마트에서 구입하고, 현금을 지급하였다.

11월 8일   회계부 직원의 교육을 위해 교촌문고에서 책을 현금으로 구입하고 아래의 영수증을 수취한 후, 비용으로 처리하였다.

영 수 증

대   표 : 임 학 수
주   소 : 서울 강남구 역삼동 178
전   화 : 02-904-2598
사업자등록번호 : 220-07-62934
상   호 : 교촌문고
일   자 : 20xx. 11. 08
금   액 : 30,000원
품   목 : 연수교재

이는 세금계산서 대용이 불가합니다.

감사합니다.

11월 9일   독도횟집에서 거래처 임직원들과 저녁식사를 하고 식사대 235,000원을 법인카드(국민카드)로 결제하였다.

11월 10일   대전상회로부터 영업부에서 사용할 소모품을 구입하고 대금 100,000원은 거래처로부터 받아서 보관하고 있던 자기앞수표로 지급하였다(비용으로 계상할 것).

11월 11일   본사 관리사무실에서 사용할 A4용지를 문구점에서 현금으로 구입하고 아래의 영수증을 수취한 후, 비용으로 처리하려고 한다.

```
┌─────────────────────────────────┐
│           영  수  증            │
│                                 │
│  대    표 : 김  성  수          │
│  주    소 : 서울 노원구 상계동 178 │
│  전    화 : 02-904-2598         │
│  사업자등록번호 : 108-81-31257   │
│  상    호 : 광복문구            │
│  일    자 : 20xx. 11. 11        │
│  금    액 : 29,000원            │
│  품    목 : A4용지              │
│                                 │
│         감사합니다.             │
└─────────────────────────────────┘
```

11월 13일   삼거리주유소에서 화물차에 주유를 하고 주유대금 50,000원은 법인카드(국민카드)로 결제하였다.

11월 14일   직원의 결혼식에 축의금으로 100,000원을 현금으로 지급하였다.

11월 15일   주매출처인 (주)한울의 구매담당자와 청해수산에서 접대 목적으로 식사를 같이하고 회사의 법인카드(국민카드)로 100,000원을 사용하였다.

11월 18일   당사가 속한 가방협회에 협회비 120,000원을 현금으로 지급하였다.

풀이

11/1	(차)	도서인쇄비	400,000	(대)	현 금	400,000
11/2	(차)	복리후생비	645,000	(대)	현 금	645,000
11/3	(차)	수도광열비	360,000	(대)	현 금	360,000
11/4	(차)	복리후생비	237,000	(대)	미지급금	237,000
11/5	(차)	보험료	1,200,000	(대)	보통예금	1,200,000
11/6	(차)	통신비	125,000	(대)	현 금	125,000
11/7	(차)	복리후생비	30,000	(대)	현 금	30,000
11/8	(차)	도서인쇄비	30,000	(대)	현 금	30,000
11/9	(차)	접대비	235,000	(대)	미지급금	235,000
11/10	(차)	소모품비	100,000	(대)	현 금	100,000
11/11	(차)	소모품비	29,000	(대)	현 금	29,000
11/13	(차)	차량유지비	50,000	(대)	미지급금	50,000
11/14	(차)	복리후생비	100,000	(대)	현 금	100,000
11/15	(차)	접대비	100,000	(대)	미지급금	100,000
11/18	(차)	세금과공과	120,000	(대)	현 금	120,000

4 영업외수익 및 영업외비용

1 영업외수익

영업외수익이란 매출수익을 얻기 위한 주된 영업활동 이외의 보조적 또는 부수적인 영업활동에서 순환적으로 발생하는 수익을 말한다.

(1) 이자수익

판매업, 제조업 등 금융업 이외의 업종을 영위하는 회사가 일시적인 유휴자금을 대여하고 받는 이자 및 할인료를 말한다. 이자수익은 실제 현금수령액뿐만 아니라 기간이 경과함에 따라 발생한 미수이자까지 포함한다. 기업회계상 이자수익의 수익계상은 발생주의에 의한다.

(2) 배당금수익

배당금이라 함은 주식이나 출자금 등의 단기투자자산 및 장기투자자산과 관련하여 피투자회사의 이익이나 잉여금의 분배로 받는 경제적 이익을 말한다. 배당금 수익은 다음과 같이 분류할 수 있다. 배당은 주주총회 결의로서 이익처분을 통해 하는 것이 원칙이나, 예외적으로 연중 1회에 한하여 이사회 결의로서 중간배당을 실시할 수 있다. 이들은 모두 배당금 수익에 해당한다.

한편, 배당형태에 따라 현금배당과 주식배당으로 구분해볼 수 있는데 현금배당은 수익으로 인식하지만 주식배당은 수익으로 인식하지 않고 주식수와 단가만을 수정한다.

〈결의주체에 따른 분류〉

구 분	내 용	비 고
일반배당	주주총회 결의로서 하는 배당	영업외수익
중간배당	이사회 결의로서 하는 배당	영업외수익

〈배당형태에 따른 분류〉

구 분	내 용	비 고
현금배당	배당금을 현금으로 수령	영업외수익
주식배당	배당금을 주식으로 수령	–

(3) 임대료(임대료수익)

임대료라 함은 기업이 동산 또는 부동산을 주된 영업목적 이외의 목적으로 타인에게 임대하여 사용하게 하고 일정기간마다 그 사용대가로 받는 금액(지대·집세·기타사용료 등)을 말하는 것으로서, 이러한 투자로 인하여 발생하는 임대료수익은 영업외수익으로 처리하여야 한다.

(4) 단기매매증권처분이익

단기매매증권을 처분함으로써, 처분가액이 장부금액을 초과하는 경우 그 차익을 처리하는 계정이라 할 수 있다.

단기매매증권처분손익 = 처분가액 − 처분일 장부금액

〈회계처리〉

① 단기매매증권처분이익이 발생한 경우

    (차) 현 금   ×××   (대) 단기매매증권   ×××

                                                   단기매매증권처분이익   ×××

                                                     (영업외수익)

② 단기매매증권처분손실이 발생한 경우

    (차) 현 금   ×××   (대) 단기매매증권   ×××

         단기매매증권처분손실   ×××

         (영업외비용)

(5) 단기매매증권평가이익

단기매매증권은 근시일 내에 처분할 목적으로 보유하고 있는 자산이므로 외부에 판매됨으로써 기업에 효익을 제공한다. 단기매매증권을 평가하는 경우에 발생하는 평가손익은 영업외손익으로 분류되며, 평가이익과 평가손실이 동시에 발생하는 경우에는 이를 서로 상계하여 순액으로 보고한다.

단기매매증권평가손익 = 재무상태표일의 공정가액 − 평가 전 장부금액

〈회계처리〉

① 단기매매증권평가이익이 발생한 경우

    (차) 단기매매증권   ×××   (대) 단기매매증권평가이익   ×××

                                                     (영업외수익)

② 단기매매증권평가손실이 발생한 경우

    (차) 단기매매증권평가손실   ×××   (대) 단기매매증권   ×××

         (영업외비용)

(6) 외환차익

외환차익이라 함은 기업이 보유하고 있던 외화자산을 회수할 때 원화로 회수하는 금액이 그 외화자산의 장부금액보다 큰 경우, 혹은 외화부채를 상환할 때 원화로 상환하는 금액이 그 외화부채의 장부가액보다 낮은 경우에 발생하는 금융상의 이익을 말한다. 그 반대의 경우에는 외환차손이 발생하며 이는 영업외비용으로 분류된다.

〈회계처리〉

① 외환차익이 발생한 경우

(차) 현 금	×××	(대) 외화외상매출금	×××
		외환차익	×××
		(영업외수익)	

② 외환차손이 발생한 경우

(차) 현 금	×××	(대) 외화외상매출금	×××
외환차손	×××		
(영업외비용)			

(7) 외화환산이익

외화환산이익은 결산일에 화폐성 외화자산 또는 화폐성 외화부채를 환산하는 경우 환율의 변동으로 인하여 발생하는 환산손익을 기재한다. 환율의 변동이란 직전 회계연도 말 또는 외화표시채권·채무의 발생시점의 환율과 당해 회계연도 말 현재 환율의 차이를 의미한다. 이는 외환차익과는 달리 실제 환전에 따른 차익이 아닌 환산에 의한 이익이므로 미실현손익에 해당한다. 이 또한 반대의 경우에는 외화환산손실이 발생하며 영업외비용으로 분류한다.

〈회계처리〉

① 외화환산이익이 발생한 경우

(차) 외화외상매출금	×××	(대) 외화환산이익	×××
		(영업외수익)	

② 외화환산손실이 발생한 경우

(차) 외화환산손실	×××	(대) 외화외상매출금	×××
(영업외비용)			

(8) 투자자산처분이익

투자자산처분이익이라 함은 투자자산을 처분함에 있어서 그 처분가액이 장부금액을 초과하는 경우 그 초과액을 처리하는 계정을 말한다.

투자자산처분손익 = 처분가액 − 처분일 장부금액

〈회계처리〉

① 투자자산처분이익이 발생한 경우

(차) 현 금	×××	(대) 토지 등	×××
		투자자산처분이익	×××
		(영업외수익)	

② 투자자산처분손실이 발생한 경우

(차) 현 금	×××	(대) 토지 등	×××
투자자산처분손실	×××		
(영업외비용)			

(9) 유형자산처분이익

유형자산처분이익은 토지·건물·기계장치와 같은 유형자산을 처분하는 경우의 처분가액이 장부금액보다 많은 경우에 발생하는 차액을 말한다. 여기에서 유형자산의 장부금액이라 함은 당해 자산의 취득가액에서 감가상각누계액을 차감한 금액을 말한다.

유형자산처분손익 = 처분가액 – 처분일 장부금액

〈회계처리–감가상각자산의 경우〉
① 유형자산처분이익이 발생한 경우

(차) 현 금	×××	(대) 건물 등	×××
감가상각누계액	×××	유형자산처분이익	×××
		(영업외수익)	

② 유형자산처분손실이 발생한 경우

(차) 현 금	×××	(대) 건물 등	×××
감가상각누계액	×××		
유형자산처분손실	×××		
(영업외비용)			

(10) 사채상환이익

사채상환이익이라 함은 자사가 발행한 사채를 조기상환하는 경우에 당해 사채의 액면가액보다 그 사채의 상환에 소요된 자금이 적은 경우에 발생하는 이익을 말한다.

(11) 법인세 환급액

과거 회계연도에 대한 법인세 등에 대한 감액신청으로 인해 환급된 금액을 말한다.

(12) 잡이익

잡이익이라 함은 영업활동에 간접적으로 관계가 있는 수익으로서, 기업회계기준에 열거되어 있는 영업외수익 중 그 발생빈도가 드물고 금액적으로도 중요성이 없는 것, 또는 다른 영업외수익 항목에 포함시키기가 적절하지 아니하다고 인정되는 것 등을 일괄하여 처리하는 계정을 말한다.

(13) 자산수증이익

회사가 주주나 대표자 등 회사 외부의 자로부터 현금이나 기타의 재산을 무상으로 제공받음으로써 생기는 이익, 증여이익을 말한다.

(차) 현금 등	×××	(대) 자산수증이익	×××

(14) 채무면제이익

금융기관 등 채권자로부터 부채를 탕감받는 경우 그 부채의 감소액을 말한다.

(차) 장기차입금 등	×××	(대) 채무면제이익	×××

2 영업외비용

영업외비용이란 매출수익을 얻기 위한 주된 영업활동 이외의 보조적 또는 부수적인 영업활동에서 순환적으로 발생하는 비용을 말한다.

(1) 이자비용

이자비용이라 함은 기업이 타인자본을 사용하였을 경우에 이에 대한 대가로서 지급하는 것을 말하며, 여기에는 당좌차월 및 장·단기차입금에 대한 이자, 회사채이자 및 사채할인발행차금상각액 등을 포함한다.

(2) 기타의대손상각비

기타의대손상각비라 함은 일반적 상거래에서 발생한 매출채권 이외의 채권, 즉 대여금·미수금·기타 이와 유사한 채권에 대한 대손액을 처리하는 계정을 말하며, 기업회계기준에서는 매출채권에 대한 대손금을 판매비와관리비로 처리하고 기타의 채권에 대한 대손금은 영업외비용으로 처리하도록 규정하고 있다.

(3) 단기매매증권처분손실

단기매매증권처분손실이란 유가증권을 처분함으로써, 처분가액이 장부금액에 미달하는 경우 그 차액을 처리하는 계정이다.

(4) 단기매매증권평가손실

단기매매증권의 시가법에 의한 기말평가 시 시가가 장부금액보다 낮은 경우 그 차액을 처리하는 계정이다.

(5) 재고자산감모손실

재고자산의 수량 감소분 중 정상감모손실은 매출원가에 포함하나 비정상감모손실은 영업외비용으로 처리한다.

(6) 외환차손

외환차손이라 함은 기업이 보유하고 있던 외화자산을 회수할 때 원화로 회수하는 금액이 그 외화자산의 장부금액보다 적은 경우, 혹은 외화부채를 상환할 때 원화로 상환하는 금액이 그 외화부채의 장부가액보다 많은 경우에 발생하는 금융상의 손실을 말한다.

(7) 외화환산손실

기말 화폐성 외화자산(부채)을 기말 현재의 환율로 평가 시 장부금액보다 기말 환산가액이 적은(많은) 경우 그 차액을 처리하는 계정을 말한다.

(8) 기부금

기부금이라 함은 기업의 정상적인 사업활동과는 직접적인 관계가 없으면서도 상대방으로부터 아무런 대가를 받지 아니하고 금전·기타의 자산 등 경제적인 이익을 타인에게 무상으로 제공하는 경우의 그 금전액 또는 금전 이외의 자산가액 등을 말한다. 무상 지출액이란 점에서는 접대비와 유사하나 회사의 영업활동과 관련이 없는 지출은 기부금으로 분류된다.

(9) 투자자산처분손실

투자자산 처분 시 처분가액이 장부금액에 미달하는 경우 그 차액을 처리하는 계정이다.

(10) 유형자산처분손실

사업에 사용하는 토지·건물 등의 유형자산 처분 시 처분가액이 장부금액에 미달하는 경우 그 차액을 처리하는 계정을 말한다.

(11) 사채상환손실

사채를 만기이전에 상환 시 사채관련 장부금액보다 상환금액이 더 큰 경우 그 초과하여 지급한 금액을 처리하는 계정을 말한다.

다음의 거래내용을 회계처리하시오.

12월 1일	6월 1일에 가입한 6개월 만기 은행예금의 이자 100,000원을 현금으로 수령하였다.
12월 2일	배당금수익 보유 중인 (주)경영의 주식에 대하여 중간배당금 2,000,000원을 현금으로 받았다.
12월 3일	(주)가람에 임대하고 있는 건물의 11월분 임대료 1,000,000원을 현금으로 수령하였다.
12월 4일	단기 시세차익을 목적으로 소유하고 있던 장부금액 500,000원의 주식을 700,000원에 처분하였다.
12월 5일	업무용으로 사용하던 취득가액 10,000,000원의 건물을 3,000,000원에 매각하고 매각대금은 12월 말에 받기로 하였다. 건물에 대한 감가상각누계액은 8,000,000원이다.
12월 6일	당사는 경영부진으로 누적된 결손금의 보전을 위하여 대주주로부터 자기앞수표 1억원을 증여받아 보통예금 계좌에 입금하였다.
12월 7일	대한은행에 대한 장기차입금 10,000,000원 중 2,000,000원을 탕감받았다.
12월 8일	단기차입금에 대한 이자 300,000원을 현금으로 지급하였다.
12월 9일	거래처 (주)열림이 파산함에 따라 단기대여금 1,000,000원이 회수불능되었다.
12월 10일	단기매매차익을 목적으로 소유하던 장부금액 1,000,000원의 주식을 700,000원에 처분하였다.
12월 11일	사회복지공동모금회에 불우이웃돕기성금으로 300,000원을 현금으로 지급하였다.
12월 12일	취득가액 5,000,000원의 차량운반구를 500,000원에 처분하고, 대금은 현금으로 수령하였다. 차량운반구에 대한 감가상각누계액은 4,000,000원이다.

풀이

12/1	(차)	현 금	100,000	(대)	이자수익	100,000
12/2	(차)	현 금	2,000,000	(대)	배당금수익	2,000,000
12/3	(차)	현 금	1,000,000	(대)	임대료	1,000,000
12/4	(차)	현 금	700,000	(대)	단기매매증권	500,000
					단기매매증권처분이익	200,000
12/5	(차)	미수금	3,000,000	(대)	건 물	10,000,000
		감가상각누계액(건물)	8,000,000		유형자산처분이익	1,000,000
12/6	(차)	보통예금	100,000,000	(대)	자산수증이익	100,000,000
12/7	(차)	장기차입금	2,000,000	(대)	채무면제이익	2,000,000
12/8	(차)	이자비용	300,000	(대)	현 금	300,000
12/9	(차)	기타의대손상각비	1,000,000	(대)	단기대여금	1,000,000
12/10	(차)	현 금	700,000	(대)	단기매매증권	1,000,000
		단기매매증권처분손실	300,000			
12/11	(차)	기부금	300,000	(대)	현 금	300,000
12/12	(차)	현 금	500,000	(대)	차량운반구	5,000,000
		감가상각누계액(차량운반구)	4,000,000			
		유형자산처분손실	500,000			

객관식 ▶ 연습문제

01 다음은 (주)A의 20x6년 3월 중 상품매출과 관련된 자료이다. 손익계산서상에 순매출액을 계산한 금액은?

• 외상으로 판매한 상품	400,000원
• 상품매출하는 과정에서 지급되는 운송료	15,000원
• 상품하자로 할인해준 금액	10,000원
• 외상매출금의 조기 상환으로 할인한 금액	30,000원
• 상품하자로 반품되어 환불한 금액	20,000원
• 거래처 파산으로 포기한 외상매출금	10,000원

① 325,000원

② 340,000원

③ 355,000원

④ 365,000원

> **해설** • 순매출액은 총매출액에서 매출환입액, 매출에누리액, 매출할인액을 차감하여 계산한다. 매출운임과 대손상각비는 비용으로 처리한다.
> • 순매출액 = 400,000원(외상판매액) − 10,000원(상품하자할인 : 매출에누리) − 30,000원(조기상환할인 : 매출할인) − 20,000원(반품 : 매출환입) = 340,000원

 정답 ②

02 다음 거래의 분개 시 (가), (나)에 해당하는 차변 계정과목으로 옳은 것은?

> (가) 거래처 직원의 결혼축의금 50,000원을 현금으로 지급하다.
> (나) 불우이웃돕기성금으로 모금 중인 방송사에 현금 100,000원을 기탁하다.

	(가)	(나)
①	접대비	기부금
②	접대비	광고선전비
③	복리후생비	기부금
④	복리후생비	광고선전비

해설 거래처 직원의 결혼축의금은 접대비, 불우이웃돕기성금을 지급한 것은 기부금으로 영업외비용이다.

정답 ①

03 다음 중 일반기업회계기준상 영업수익에 해당하지 않는 것은?

① 용역회사에서 용역을 제공하고 받은 대가
② 운송회사가 물품을 운반해주고 받은 대가
③ 건설회사가 공장 건물을 지어주고 받은 대가
④ 컴퓨터 소프트웨어를 개발하는 회사가 사용하던 컴퓨터를 장부금액 이상으로 매각하고 받은 대가

해설 컴퓨터 소프트웨어를 개발하는 회사는 개발한 소프트웨어를 판매하고 받은 대가가 영업수익이며, 사용하던 컴퓨터를 매각하고 장부금액 이상으로 받은 대가는 영업외수익이다.

정답 ④

04 다음 항목 중 비용에 해당되지 않는 것은?

① 주주에 대한 배당금
② 상품의 매출원가
③ 종업원의 급여
④ 건물 임차료

해설 배당금은 자본이다. 이익잉여금처분계산서상에 나타나는 계정이다.

정답 ①

05 다음은 도매업을 하는 기업의 약식 손익계산서와 관련 자료이다. (가), (나)에 반영할 금액은?(단, 제시된 자료 외에는 고려하지 않는다)

약식 손익계산서	매출총이익	500,000원
	판매비와관리비	(×××)
	영업이익	(가)
	영업외수익	×××
	영업외비용	×××
	법인세비용차감전순이익	(나)
관련 자료	• 임대료	80,000원
	• 이자수익	30,000원
	• 보험료	40,000원
	• 광고선전비	20,000원
	• 여비교통비	15,000원
	• 이자비용	5,000원

	(가)	(나)
①	420,000원	530,000원
②	420,000원	540,000원
③	425,000원	530,000원
④	425,000원	540,000원

해설 영업이익은 매출총이익에서 판매비와관리비(보험료, 광고선전비, 여비교통비)를 차감하여 계산하고, 이 금액에 영업외수익(임대료, 이자수익)을 가산하고, 영업외비용(이자비용)을 차감하여 법인세비용차감전순이익을 계산한다.

정답 ③

06 다음 중 영업외수익에 해당하지 않는 것은?

① 배당금수익

② 자산수증이익

③ 채무면제이익

④ 자기주식처분이익

해설 자기주식처분이익은 자본 항목 중 자본잉여금으로 분류한다.

정답 ④

07 (주)B백화점은 20x6년 6월에 상품을 판매하면서 자사 상품권을 받았다. 이 경우 회계처리 시 차변 계정과목으로 옳은 것은?

① 외상매입금   ② 현 금
③ 매 출   ④ 상품권선수금

> **해설**   상품권 발행 시 (차) 현 금   ×××   (대) 상품권선수금   ×××
>   상품 인도 시 (차) 상품권선수금   ×××   (대) 매출액   ×××
>
> **정답** ④

08 다음은 (주)C의 비용 지출과 관련한 대화이다. 이를 회계처리 시 차변 계정과목으로 옳은 것은?

> • 김대리 : 거래처에 구매 관련 제안 서류를 우편으로 발송하였나요?
> • 박사원 : 네, 오전에 발송하였고 등기요금 20,000원을 현금으로 지급하였습니다.

① 기부금   ② 통신비
③ 접대비   ④ 세금과공과

> **해설**   우편요금은 통신비로 처리한다.
>
> **정답** ②

09 다음의 자료를 이용하여 영업이익을 계산하면 얼마인가?

> • 매출액   6,000,000원
> • 기초상품재고액   1,000,000원
> • 당기상품매입액   3,000,000원
> • 기말상품재고액   1,500,000원
> • 판매비와관리비   1,000,000원
> • 영업외수익   1,200,000원

① 2,500,000원   ② 3,700,000원
③ 1,300,000원   ④ 3,500,000원

> **해설**   • 매출원가 = 1,000,000원(기초상품재고액) + 3,000,000원(당기상품매입액) − 1,500,000원(기말상품재고액) = 2,500,000원
>   • 매출총이익 = 6,000,000원(매출액) − 2,500,000원(매출원가) = 3,500,000원
>   • 영업이익 = 3,500,000원(매출총이익) − 1,000,000원(판매비와관리비) = 2,500,000원
>
> **정답** ①

10 다음 중 상품의 판매로 인해 매출수익이 실현되는 시점을 옳게 나타낸 것은?

① 상품을 인도하는 시점
② 상품의 견본품을 발송하는 시점
③ 상품을 판매하기로 계약을 체결한 시점
④ 상품을 판매하기로 하고 계약금을 받은 시점

해설 상품매출 수익의 인식시점은 판매(인도)기준에 따라 인식한다.

정답 ①

11 다음 (가)와 관련된 적절한 내용은?

영업이익 = 매출총이익 − (가)

① 기부금, 이자비용 등 기업의 관리에서 발생하는 비용
② 상품 등의 판매활동에서 발생하는 비용
③ 재해손실 등 비경상적으로 발생하는 비용
④ 영업활동 중 발생한 수익

해설 상품 등의 판매활동에서 발생하는 비용은 판매비와관리비에 해당한다.

정답 ②

12 다음 중 영업외수익에 해당하는 계정과목만으로 짝지어진 것은?

① 영업권, 저작권, 산업재산권
② 이자수익, 배당금수익
③ 미수금, 미수수익, 매출채권
④ 자본잉여금, 이익잉여금

해설 • 영업외수익 : 이자수익, 배당금수익, 임대료
• 무형자산 : 영업권, 저작권, 산업재산권
• 당좌자산 : 미수금, 미수수익, 매출채권
• 자본 : 자본잉여금, 이익잉여금

정답 ②

13 다음 중 영업외비용에 해당하는 계정과목만으로 짝지어진 것은?

① 임차료, 잡비, 보험료

② 접대비, 소모품비, 개발비

③ 미지급비용, 선수금, 광고선전비

④ 기부금, 기타의대손상각비, 이자비용

해설 임차료, 잡비, 보험료, 접대비, 소모품비, 대손상각비, 광고선전비는 판매비와관리비에 해당하는 계정과목이며, 개발비는 자산, 미지급비용과 선수금은 부채이다.

정답 ④

14 다음 약식 손익계산서를 보고 설명한 내용으로 옳지 않은 것은?

손익계산서

(단위 : 원)

비 용	금 액	수 익	금 액
급 여	200,000	상품매출	800,000
복리후생비	100,000	배당금수익	50,000
광고선전비	50,000		
보험료	120,000		
이자비용	80,000		
기부금	30,000		
( )	( )		
	850,000		850,000

① 영업이익은 330,000원이다.

② 영업외수익은 50,000원이다.

③ 영업외비용은 30,000원이다.

④ 당기순이익은 270,000원이다.

해설 영업외비용은 이자비용과 기부금이 해당하여 총 110,000원이다.

정답 ③

15 다음 (주)D의 자료에서 영업이익을 계산한 금액으로 옳은 것은?

• 매출원가	1,000,000원	• 당기순매출액	1,500,000원
• 급 여	100,000원	• 접대비	30,000원
• 여비교통비	20,000원	• 임대료	60,000원
• 기부금	40,000원	• 이자비용	10,000원
• 이자수익	5,000원		

① 350,000원

② 450,000원

③ 510,000원

④ 530,000원

해설 • 매출총이익 = 1,500,000원(당기순매출액) − 1,000,000원(매출원가) = 500,000원
• 영업이익 = 500,000원(매출총이익) − 100,000원(급여) − 30,000원(접대비) − 20,000원(여비교통비)
= 350,000원

정답 ①

16 다음 자료에 의하여 영업이익을 계산한 금액으로 옳은 것은?

• 순매출액	500,000원	• 매출원가	300,000원
• 급 여	80,000원	• 임차료	20,000원
• 광고선전비	10,000원	• 여비교통비	15,000원
• 기부금	25,000원	• 이자비용	5,000원

① 45,000원

② 60,000원

③ 75,000원

④ 90,000원

해설 매출총이익은 순매출액에서 매출원가를 차감하여 계산하고, 영업이익은 매출총이익에서 판매비와관리비(급여, 임차료, 광고선전비, 여비교통비)를 차감하여 계산한다. 이자비용과 기부금은 영업외비용이다.

정답 ③

성공한 사람은 대개 지난번 성취한 것보다 다소 높게,
그러나 과하지 않게 다음 목표를 세운다.
이렇게 꾸준히 자신의 포부를 키워간다.

– 커트 르윈 –

PART 3
결 산

CHAPTER 10

PART 3 결 산

제조원가

1 제조원가의 기본개념

1 상기업과 제조기업

기업은 주요 영업활동에 따라 상기업과 제조기업으로 구별된다. 상기업은 이미 완성된 제품을 매입하여 판매하는 도·소매상을 의미하며, 제조기업은 원재료를 매입하여 제품을 만들어서 판매하는 기업을 말한다. 상기업의 경우 매출원가는 재고자산과 당기매입한 재고의 금액을 사용하여 계산하므로 어려운 문제가 아니다. 그러나 제조기업의 경우 판매하는 제품의 원가를 계산하는 것은 다소 복잡한 일이다. 제품을 제조하기 위해서 필요한 재료비나 투입한 노동력에 대한 임금, 기타 부대비용을 계산하여 제품별로 배부하여야 하기 때문이다.

상기업의 경영활동은 상품구매활동과 판매활동 이렇게 단순한 구조로 되어 있다. 그러나 제조기업의 경우 상품을 구입하는 것이 아니라 원재료를 구입하며, 판매에 앞서 제조과정을 거치게 된다. 이를 비교하면 다음과 같다.

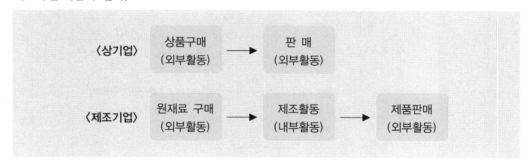

2 비용의 인식시점

(1) 비용의 인식기준

어떠한 지출이 일어났을 때 이를 비용으로 보는 것은 현금주의인데 반해 현재 회계는 발생주의 시스템을 도입하고 있다. 발생주의에 의하면 지출시점이 아닌 수익창출에 기여하는 시점이 비용처리 시점이다.

예를 들어 40년간 사용할 수 있는 건물을 구입하였다고 한다면, 그 구입하는 시점에 지출되는 금액 전부를 올해의 비용으로 본다면 올바른 수익계산이 되지 않는다. 왜냐하면 이러한 고정자산의 경우 사용기간(수익창출에 기여하는 기간)이 여러 회계기간에 걸쳐있기 때문에 지출한 시점에 비용으로 처리해서는 안되는 것이다. 따라서 이를 지출한 시점에는 자산으로 보았다가 매년 결산을 통하여 감가상각비와 감가상각누계액이라는 계정으로 비용처리를 하게 된다.

또한 발생 즉시 비용화하는 계정도 있다. 소모품비나 사무실의 임차료 등과 같은 것은 지출하는 시점에 바로 비용처리한다. 왜냐하면 이는 지출시점인 1회계기간에만 효과를 발휘하고, 그 다음 해에는 또 다시 지출되는 경상적인 경비이기 때문이다.

즉, 결론적으로 발생주의 회계에서의 비용처리기준은 지출시점에 즉시 비용으로 처리하는 방법과 지출시점에는 자산으로 인식하였다가 점차 비용으로 처리하는 방법이 있다.

(2) 자산과 비용

앞에서 살펴본 바와 같이 발생주의 회계에선 소비되었다 하더라도 자산을 먼저 거쳐서 비용화되는 것이 있다. 자산은 미래에 현금흐름을 가져오는 경제적 가치가 있는 물건이므로, 곧 수익을 창출하는 데 기여하는 비용으로 소멸되게 된다. 즉, '자산은 죽어서 비용을 남긴다.'는 말로 정리해 볼 수 있는데, 아직 자산의 형태로 남아있는 것을 미소멸원가라 하고, 자산을 거쳐 손익계산서에 반영되어 수익창출에 기여한 것을 소멸원가라 한다.

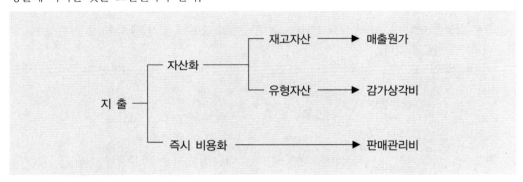

3 제조원가와 기간비용

(1) 의 의

제품원가는 매입이나 제조과정에서 발생한 원가들로, 발생한 시점에는 재고자산의 원가를 구성하였다가 제품이 판매되는 시점에 비용으로 처리한다. 예를 들어 재료비의 경우 영업활동기간 중 지속적으로 발생하지만 발생 시점에는 재고자산화했다가 제품이 매출되는 시점에 비용으로 처리된다. 반면에 기간비용은 제품원가에 포함되지 않고 발생한 시점에 바로 비용으로 처리하는 것을 말한다. 광고비, 판매수수료, 사무실 임차료 등이 대표적인 기간비용이다.

원가와 비용의 구분기준은 제품생산과의 관련성이다. 같은 임차료라 할지라도 공장의 임차료는 제품의 생산과 관련이 있으므로 제품의 원가를 구성하여, 다른 재료비 등과 합산 후 제품 단위당 원가계산에 반영되지만, 본사 사무실의 임차료는 발생시점에 비용으로 처리한다.

(2) 제조원가와 기간비용의 비교

구 분	제조원가	기간비용
의 의	제품제조를 위하여 소비된 경제적 가치	제품제조와 직접적인 관련은 없으나, 수익획득을 위한 일련의 활동으로 소비된 경제적 가치
예 시	① 공장종업원의 임금 ② 공장 건물·기계에 대한 수선비, 감가상각비 ③ 공장의 임차료 ④ 공장에 대한 제세공과금	① 본사 사무실 직원, 영업사원의 급료 ② 본사 건물에 대한 감가상각비 등 ③ 본사 건물·사무실에 대한 임차료 ④ 본사 건물에 대한 제세공과금

2 원가의 분류

1 제조활동과의 관련성에 따른 분류

(1) 제조원가

이는 원가가 발생하게 된 원인, 원가의 요소에 따라 나눈 것으로 재료비와 노무비 그리고 제조경비(제조간접비)로 나눈다. 이는 재무상태표상의 제품제조원가로서 손익계산서상의 매출원가를 구성한다.

① 직접재료비

제품제조를 위해 사용된 재료로서 특정제품에 사용된 것을 확인할 수 있는 비용으로 주요재료비, 보조재료비, 부분품 등을 포함한다.

② 직접노무비

제품제조와 직접관련된 생산직 종업원의 급료, 퇴직금 등을 말한다.

③ 제조경비(제조간접비)

특정제품의 제조를 위해 사용된 것을 명확히 구분하기 어려운 것으로 여러 제품에 공통적으로 발생하는 것을 말한다. 즉, 공장관리자의 급여나, 기계·공장건물 등에 대한 감가상각비, 공장 전기료 등 제조에 사용되었으나, 특정제품으로의 연결이 곤란한 것들이다.

※ 제조경비의 대부분은 간접소비액이며, 외주가공비, 특허권사용료, 특정제품 설계비만 직접제조경비에 속한다.

(2) 비제조원가

기업의 제조과정과는 관련이 없으나, 기업의 수익창출 활동을 위하여 발생하는 판매관리비와 같은 것을 말한다.

2 기본원가와 가공비

재료비, 노무비, 제조경비를 원가의 3요소라 부르고, 이를 다음과 같이 분류한다.

(1) 기본원가(기초원가)

제조원가 중 재료비와 노무비만을 더한 것으로 기초원가라고도 한다.

(2) 가공비(전환원가)

제품 중 눈에 보이지는 않지만 원가를 구성하고 있는 요소로서 원재료를 가공하는 데 사용된 노무비와 여러 제품의 제조나 공통으로 사용된 부분인 제조경비를 말한다.

3 직접비와 간접비

(1) 추적가능성에 따른 분류

어떠한 소비액과 제품과의 연관관계를 분명히 구분해낼 수 있는 것을 원가의 추적이라 한다. 원가는 제조된 제품과 소요된 원가를 정확히 추적할 수 있는가 여부에 따라 직접원가와 간접원가로 나누어진다.

① 직접비란 원가와 제품과의 상관관계를 분명히 식별할 수 있는 지출을 말하는 것이다.

② 반면에 간접비란 공통으로 사용된 원가와 같이 특정제품에 사용된 것을 정확히 추적해 내기 곤란한 원가이다(예 연료용 가스, 붕어빵 기계의 감가상각비, 리어카의 타이어 수리비 등).

(2) 비용 효익 관점에 따른 분류

어떤 원가가 특정한 제품에 실질적으로 추적할 수 있다 하더라도 비용 효익 관점에서 추적의 효익이 비용보다 작으면 이것은 간접원가로 분류된다. 예를 들어 나사 또는 접착제 등과 같은 소모품비는 특정제품에 투입여부를 알 수 있지만, 그 개별적 금액이 매우 적고 일괄적으로 제품에 배분하여도 큰 차이가 생기지 않는다. 반면에 이를 추적하려면 상당한 노력과 비용이 들게 된다. 따라서 이러한 소모품원가의 경우 추적의 효익이 거의 없으므로 간접원가에 포함된다.

4 조업도(생산량) 변화에 따른 분류

이를 원가행태에 따른 분류라고 하기도 한다.

이는 변동비와 고정비를 분류하는 과정이며 다음과 같은 가정하에서 출발한다.

① 조업도만이 유일한 원가변동 원인이다.

② 조업도의 변동에 대한 관련범위가 제시된다.

③ 원가함수는 선형이다.

④ 시간의 범위가 제시된다.

(1) 변동비

변동비란 조업도의 변동에 따라 원가 총액이 비례적으로 변화하는 원가를 말한다. 예를 들어 직접재료비, 직접노무비, 매출액 대비 판매수수료, 전기료 등을 들 수 있다.

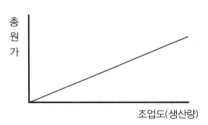

〈제과점의 빵 제조 시 투입되는 '밀가루' 소비액의 예〉

조업도(생산량)	빵 1개	빵 2개	빵 3개
단위당 변동비	@1,500원	@1,500원	@1,500원
변동비 총 발생액	1,500원	3,000원	4,500원

(2) 고정비

고정비란 조업도의 변동과 관계없이 원가총액이 변동하지 않고 일정하게 발생하는 원가를 말한다. 예를 들어 감가상각비, 임차료 등을 들 수 있다. 공장건물의 임차료는 제품을 1개 생산하든지 1,000개 생산하든지 그 금액이 일정하게 지출되기 때문에 고정비에 속하는 것이다.

〈제과점의 빵 제조 시 발생하는 '임차료' 소비액의 예〉

조업도(생산량)	10개	20개	40개
단위당 고정비	@50,000원	@25,000원	@12,500원
고정비 총 발생액	500,000원	500,000원	500,000원

(3) 준변동비(혼합원가)

준변동비란 변동비와 고정비의 두 요소를 모두 가지
고 있는 원가를 말하며 혼합원가라고도 한다. 이는 기
본요금이 존재하며, 조업도가 증가함에 따라 원가도
비례적으로 증가하는 것을 말하며, 전력비, 택시요금
등이 이에 해당한다.

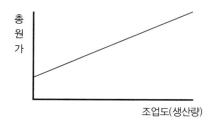

조업도	0	10	20	30
단위당 원가	–	@6,000원	@3,500원	@2,667원
총원가	50,000원	60,000원	70,000원	80,000원

(4) 준고정비(계단원가)

준고정비란 일정한 범위의 조업도 내에서는 일정하지
만 그 범위를 벗어나면 총액이 달라지는 원가를 말하
며 계단원가라고도 한다.

기계장치와 같은 유형자산의 경우 그 생산량이 1,000
개라고 가정하면 생산량이 1,000개 이내일 때에는 기
계장치에 대한 감가상각비가 고정비 형태로 지출된

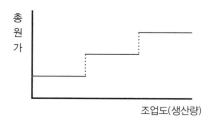

다. 그러나 일정 생산범위를 벗어나게 되면 변동비와 같이 추가적인 지출이 있게 되어 조업도에 따라
원가가 계단식으로 증감하게 된다. 예를 들어 생산량이 1,001개로 증가한다면 1개에 대한 조업도 증가
에 따라 기계장치에 대한 감가상각비도 2배로 늘어나게 된다. 이를 표로 나타내면 다음과 같다.

조업도(개)	0	500	1,000	1,500	2,000	2,500	3,000
발생원가(원)	500,000	500,000	500,000	1,000,000	1,000,000	1,500,000	1,500,000

1 제조기업과 상기업의 원가흐름

상기업에서는 매출원가, 즉 매출액과 직접 대비되는 비용에 대하여 구입시점부터 판매시점까지는 재고자산이란 명목으로 재무상태표에 반영하게 된다. 즉, 판매할 상품을 도매업자나 공장에서 구입시점에 바로 비용으로 지출하는 것이 아니라 구입 시에는 재고자산이란 계정으로 분류하였다가, 그것이 판매되었을 때에 비로소 매출원가라는 과목으로 수익에서 차감하게 되는 것이다.

제조기업 역시 제품 완성 후에는 재고자산으로 기재하였다가 판매시점에 매출원가로 비용처리한다. 그렇다면 제품을 제조하는 과정에서 지출되는 재료비나 임금과 같은 것은 어떻게 하는 것일까? 이때 등장하는 것이 재공품 계정이다. 재료비나 임금 역시 지출되는 시점에 비용으로 보는 것이 아니라 제품이 완성되어 판매되는 시점까지는 자산으로 보았다가 완성되는 시점에 이를 재고자산으로 보고, 판매되는 시점에 비용으로 처리하는 것이다.

2 제조원가의 흐름

이렇게 원재료로부터 시작하여 매출원가와 제품재고까지의 이동경로를 제조원가의 흐름이라 하며 이를 도식화하면 다음과 같다.

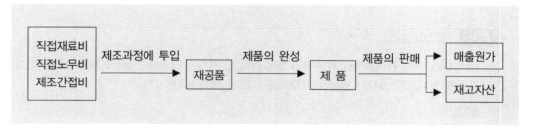

이에서 보듯이 원재료와 가공비를 투입하여 제품을 완성하는데, 이 제품을 생산하는 과정에서 발생된 원가 중 아직 제조과정에 있는 것은 재공품 계정에 기록된다. 즉, 모든 제조원가(직접재료비, 직접노무비, 제조간접비)는 재공품 계정에 집계되며, 당기에 완성된 제품은 재공품 계정에서 다시 제품 계정으로 대체되는 것이다.

1 직접재료비

직접재료비는 제품과 원재료 사이의 추적 가능성에 따른다. 즉, 제품을 생산하기 위하여 투입된 재료비로서 특정제품에 사용되었는지 여부를 확실히 파악할 수 있는 원가를 말한다. 예를 들어 의류공장의 섬유, 가구업자의 목재 등과 같은 것을 말한다.

당기에 원재료를 구입한 경우에는 이를 원재료의 차변 계정에 기입하고, 제조활동에 사용된 것은 원재료 대변 계정에 기입함과 동시에 재공품 차변 계정에 기입한다. 또한 당기에 사용된 원재료를 구하는 산식은 다음과 같다.

> 직접재료비 = 기초원재료 재고액 + 원재료 당기매입액 − 기말원재료 재고액

〈재료비 계정의 구성〉

원재료

전월이월	××	직접재료비	××
(월초재료재고액)		(재료출고액)	
당기매입액	××	차월이월	××

예제 **직접재료비**

(주)미래의 기초원재료 재고액은 100,000원이고, 원재료 당기매입액은 2,000,000원이다. 기말에 원재료를 실사한 결과 150,000원이었다. 회계처리하시오.

풀이

1. 원재료 구입 시

(차) 원재료 2,000,000 (대) 현 금 2,000,000

재 료					재료비		
전월이월	100,000	재료비	1,950,000	→	재 료	1,950,000	
현 금	2,000,000	차월이월	150,000				
	2,100,000		2,100,000				

2. 재료출고액 대체

(차) 재료비 1,950,000* (대) 재 료 1,950,000

* 100,000원 + 2,000,000원 − 150,000원 = 1,950,000원

---

2 직접노무비

직접노무비는 특정 제품을 생산하기 위하여 당기에 제조과정에 투입한 생산직 근로자의 임금을 말한다. 노무비 지급시점에는 노무비 계정 차변에 기입하고, 기말에 이를 재공품 계정으로 대체시킨다.

> 직접노무비 = 당월노무비 지급액 − 전월노무비 미지급액 + 당월노무비 미지급액

노무비 소비액 계산 시 당월지급액에 전월분 소비액 차감하고, 당월분 소비액을 가산하는 것이다.

노무비			
당월노무비지급액	××	전월이월(전월노무비미지급액)	××
차월이월(당월노무비미지급액)	××	노무비소비액	××

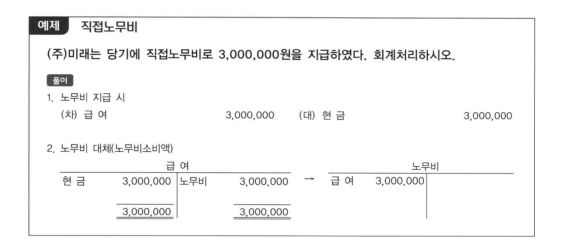

예제 **직접노무비**

(주)미래는 당기에 직접노무비로 3,000,000원을 지급하였다. 회계처리하시오.

풀이

1. 노무비 지급 시

(차) 급 여　　　　　　3,000,000　　(대) 현 금　　　　　　3,000,000

2. 노무비 대체(노무비소비액)

급 여			
현 금	3,000,000	노무비	3,000,000
	3,000,000		3,000,000

노무비	
급 여　3,000,000	

3 제조경비(제조간접비)

제조경비(제조간접비)란 직접재료비와 직접노무비를 제외한 모든 제조원가를 말한다. 제조간접비로는 기계장치나 공장건물에 대한 감가상각비, 보험료, 수선유지비와 생산직관리자의 급료, 공장사무실 운영비, 공장소모품비 등을 그 예로 들 수 있다. 제조간접비 및 판매비와관리비는 유사한 면이 있지만 제조간접비는 제조활동과 관련되어 발생하는 것으로서 판매 및 관리활동으로 인하여 발생하는 판매관리비와는 구별된다.

제조경비			
전월이월(전월선급액)	××	제조간접비(당월제조경비소비액)	××
당월지급액	××	차월이월(당월경비선급액)	××

간접비와 직접비를 구분하는 기준은 원가의 추적 가능성이다. 직접비는 특정 원가와 특정 제품의 관련성을 직접적으로 확인할 수 있으나, 간접비의 경우는 그러하지 않다. 주로 여러 제품의 제조나 여러 부문의 활동을 위하여 공통적으로 소비된 원가로 전기료, 수도료, 경비원의 급료 등을 간접비로 볼 수 있다.

제조경비(제조간접비)	판매비와관리비
• 기계장치·공장건물에 대한 감가상각비, 보험료, 수선유지비 • 생산직 관리자의 급료 • 공장사무실의 운영비 • 공장 소모품비 • 공장의 전력비	• 사무실(본사) 건물에 대한 감가상각비, 보험료, 수선유지비 • 판매원의 급료 • 판매부서의 운영비 • 사무용 소모품비 • 사무실 건물의 전력비, 동력비 등

예제   **제조간접비**

(주)미래의 제조간접비 발생내역은 다음과 같다. 회계처리를 나타내시오.

(1) 기계장치와 공장건물의 감가상각비는 각각 1,000,000원씩이다.
(2) 당기 공장건물에 대한 수선비는 1,200,000원이다.
(3) 공장건물의 전기료로 1,600,000원과 수도료로 400,000원을 지출하였다.
(4) 공장관리자의 임금으로 1,500,000원을 지출하다.

풀이

1. 지출시점

(차) 수선비	1,200,000	(대) 현 금	1,200,000
(차) 전기료	1,600,000	(대) 현 금	1,600,000
(차) 수도료	400,000	(대) 현 금	400,000
(차) 급 여	1,500,000	(대) 현 금	1,500,000

2. 기말수정분개

(차) 감가상각비	2,000,000	(대) 감가상각누계액(기계)	1,000,000
		감가상각누계액(건물)	1,000,000
(차) 제조간접비	6,700,000	(대) 수선비	1,200,000
		전기료	1,600,000
		수도료	400,000
		급 여	1,500,000
		감가상각비	2,000,000
(차) 재공품	6,700,000	(대) 제조간접비	6,700,000

4 재공품

당기에 발생된 모든 제조원가(직접재료비, 직접노무비, 제조간접비)는 재공품 계정에 집계되며 당기에 완성된 제품은 재공품 계정에서 다시 제품 계정으로 대체된다.

재공품			
전월이월(월초재공품)	××	제품(당기 제품제조원가)	××
직접재료비	××		
직접노무비	××	차월이월(월말재공품)	××
제조간접비	××		

예제 재공품

다음을 회계처리하시오.

(1) 당기 총제조원가는 11,650,000원이다.
 • 직접재료비   1,950,000원
 • 직접노무비   3,000,000원
 • 제조간접비   6,700,000원
(2) 기초재공품의 원가는 500,000원이고, 기말재공품의 원가는 1,000,000원이다.

풀이

1. 제조원가의 집계

(차) 재공품	11,650,000	(대) 원재료	1,950,000
		노무비	3,000,000
		제조간접비	6,700,000

2. 제품의 완성

(차) 제 품	11,150,000 *	(대) 재공품	11,150,000

* 500,000원 + 11,650,000원 − 1,000,000원 = 11,150,000원

5 제 품

당기 제품제조원가가 확정되면 이를 재공품 계정에서 제품 계정으로 대체시키며, 당기에 판매된 제품은 제품 계정에서 매출원가 계정으로 대체시킴으로써 제품원가계산에 대한 회계처리는 완료된다.

제 품

전월이월(월초제품)	××	매출원가	××
당기 제품제조원가	××	차월이월(월말제품)	××

예제 제 품

다음을 회계처리하시오.

(1) 당기 제품제조원가는 11,150,000원이다.
- 직접재료비   1,950,000원
- 직접노무비   3,000,000원
- 제조간접비   6,700,000원

(2) 기초제품은 400,000원이고, 기말제품은 2,000,000원이다.

풀이

1. 제품의 완성

  (차) 제 품   11,150,000   (대) 재공품   11,150,000

2. 제품의 판매

  (차) 매출원가   9,550,000 *   (대) 제 품   9,550,000

      * 400,000원 + 11,150,000원 − 2,000,000원 = 9,550,000원

---

6 T-계정으로 본 제조원가 흐름

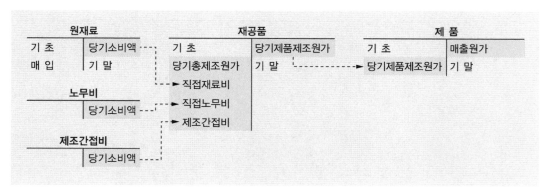

7 제조원가명세서의 작성

(1) 계산식

① 당기 총제조원가

당기 총제조원가 = 직접재료비* + 직접노무비 + 제조간접비

* 직접재료비 = 기초원재료 재고액 + 당기원재료 매입액 − 기말원재료 재고액

② 당기 제품제조원가

당기 제품제조원가 = 기초재공품 재고액 + 당기 총제조원가 − 기말재공품 재고액

③ 매출원가

매출원가 = 기초제품 재고액 + 당기 제품제조원가 − 기말제품 재고액

(2) 제조원가명세서

Ⅰ. 직접재료비		1,950,000
1. 기초원재료 재고액	100,000	
2. 당기원재료 매입액	2,000,000	
계	2,100,000	
3. 기말원재료 재고액	150,000	
Ⅱ. 직접노무비		3,000,000
1. 임 금	3,000,000	
Ⅲ. 제조간접비		6,700,000
1. 수선비	1,200,000	
2. 전기료	1,600,000	
3. 수도료	400,000	
4. 급 여	1,500,000	
5. 감가상각비	2,000,000	
Ⅳ. 당기 총제조원가		11,650,000
Ⅴ. 기초재공품 재고액		500,000
합 계		12,150,000
Ⅵ. 기말재공품 재고액		1,000,000
Ⅶ. 당기 제품제조원가		11,150,000

CHAPTER 10 제조원가

01 다음 중 원가 항목을 고르시오.

> (1) 전력비 (2) 공장경비원의 임금
> (3) 파업기간의 임금 (4) 재해손실
> (5) 재료비 (6) 기계감가상각비
> (7) 공장소모품비 (8) 광고선전비
> (9) 단기매매처분손실 (10) 비정상적인 재료감모손실

풀이 (1) 전력비, (2) 공장경비원의 임금, (5) 재료비, (6) 기계감가상각비, (7) 공장소모품비

02 다음 자료를 보고 매출원가를 구하시오.

> (1) 직접재료비 500,000원 (2) 기초재공품 100,000원
> (3) 기초제품 150,000원 (4) 직접노무비 400,000원
> (5) 기말재공품 200,000원 (6) 기말제품 250,000원
> (7) 제조간접비 300,000원

풀이
• 당기 총제조원가
  500,000원(직접재료비) + 400,000원(직접노무비) + 300,000원(제조간접비) = 1,200,000원
• 당기 제품제조원가
  100,000원(기초재공품) + 1,200,000원(당기 총제조원가) − 200,000원(기말재공품) = 1,100,000원
• 매출원가
  150,000원(기초제품) + 1,100,000원(당기 제품제조원가) − 250,000원(기말제품) = 1,000,000원

03 [제조원가의 흐름]

다음은 (주)리젠의 자료이다. 이를 바탕으로 요구사항에 답하시오.

〈재고자산〉

구 분	기 초	당기매입	기 말
원재료	100,000원	500,000원	120,000원
재공품	120,000원	–	150,000원
제 품	250,000원	–	100,000원

〈원가 및 매출자료〉

1. 직접노무비

기초 미지급액	60,000원
당기 현금지급액	830,000원
기말 미지급액	130,000원

2. 제조간접비 발생액

공장관리자의 급여	200,000원
공장 임차료	300,000원
기계감가상각비	200,000원

3. 연간 매출액　　2,800,000원

〈요구사항〉
1. 제조원가명세서를 작성하라.
2. 손익계산서를 작성하라(매출총이익까지만).

풀이 1. 제조원가명세서를 작성하라.

Ⅰ. 직접재료비		480,000
1. 기초원재료 재고액	100,000	
2. 당기원재료 매입액	500,000	
합 계	600,000	
3. 기말원재료 재고액	120,000	
Ⅱ. 직접노무비		900,000
1. 임 금	900,000 *	
Ⅲ. 제조간접비		700,000
1. 공장관리자의 급여	200,000	
2. 공장 임차료	300,000	
3. 기계감가상각비	200,000	
Ⅳ. 당기 총제조원가		2,080,000
Ⅴ. 기초재공품 재고액		120,000
합 계		2,200,000
Ⅵ. 기말재공품 재고액	150,000	
Ⅶ. 당기 제품제조원가		2,050,000

* 직접노무비 발생액 = 당기 현금지급액 – 전기 미지급액 + 당기 미지급액
　　　= 830,000원 – 60,000원 + 130,000원 = 900,000원

2. 손익계산서를 작성하라(매출총이익까지만).

Ⅰ. 매출액		2,800,000
Ⅱ. 매출원가		2,200,000
1. 기초제품 재고액	250,000	
2. 당기 제품제조원가	2,050,000	
3. 기말제품 재고액	(100,000)	
Ⅲ. 매출총이익		600,000

객관식 ▶ 연습문제

01 다음 자료에 의하면 당기 제품제조원가는 얼마인가?

• 기초재공품재고액	20,000원
• 기말재공품재고액	21,000원
• 기초제품재고액	30,000원
• 기말제품재고액	25,000원
• 당기 총제조비용	100,000원

① 124,000원

② 94,000원

③ 104,000원

④ 99,000원

해설 20,000원(기초재공품재고액) + 100,000원(당기 총제조비용) − 21,000원(기말재공품재고액) = 99,000원

정답 ④

02 다음 자료에 의하면 당월의 제품제조에 소요된 원재료 소비액은?

• 월초 원재료재고액	20,000원
• 당월 원재료매입액	420,000원
• 월말 원재료재고액	40,000원

① 440,000원   ② 460,000원

③ 400,000원   ④ 480,000원

해설

원재료

월초재고액	20,000	당월소비액	( )
당월매입액	420,000	기말재고액	40,000

정답 ③

03 다음 중 원가의 흐름으로 옳은 것은?

① 제품 → 재공품 → 원재료
② 재공품 → 제품 → 원재료
③ 원재료 → 재공품 → 제품
④ 원재료 → 제품 → 재공품

정답 ③

04 다음 중 제조원가명세서에 나타나지 않는 것은?

① 당기 제품제조원가
② 당기 제품매출원가
③ 기초재공품 재고액
④ 기말재공품 재고액

해설 제품매출원가는 손익계산서에 나타난다.

정답 ②

05 다음 자료에 의한 매출원가는 얼마인가?

당기 총제조비용	기초재공품	기말재공품	기초제품	기말제품
1,000,000원	150,000원	250,000원	100,000원	200,000원

① 800,000원 ② 850,000원

③ 860,000원 ④ 760,000원

해설 (1) 당기 제품제조원가
150,000원(기초재공품) + 1,000,000원(당기 총제조비용) − 250,000원(기말재공품) = 900,000원
(2) 매출원가
100,000원(기초제품) + 900,000원(당기 제품제조원가) − 200,000원(기말제품) = 800,000원

정답 ①

06 제조원가명세서에서 산출된 당기 제품제조원가는 손익계산서 작성 시 어떤 항목을 계산하는 데 사용되는가?

① 영업외수익 ② 매출원가

③ 매출액 ④ 판매비와관리비

정답 ②

07 다음의 원가자료에 의하여 직접노무비를 구하시오(단, 기초재공품과 기말재공품은 없음).

- 직접재료비　　　　　100,000원
- 제조간접비　　　　　 50,000원
- 제조원가　　　　　　200,000원
- 판매관리비　　　　　 50,000원

① 150,000원 ② 130,000원

③ 50,000원 ④ 30,000원

해설 100,000원(직접재료비) + 직접노무비 + 50,000원(제조간접비) = 200,000원(제조원가)
∴ 직접노무비 = 50,000원

정답 ③

CHAPTER 11

PART 3 결산

결 산

1 결산의 개념

1 결산의 의의와 수정사항

(1) 결산의 의의

결산이란 일정시점에 장부를 마감하고 재무상태와 경영성과를 파악하여 재무제표를 작성하는 것을 말한다. 거래의 기록부터 시작하여 결산수정을 거쳐 재무제표를 작성하는 과정은 일반적으로 다음과 같은 절차에 의하여 이루어진다.

① 거래의 기록(분개)
② 총계정원장에 전기
③ 수정전 시산표의 작성
④ 결산수정분개
⑤ 수정후 시산표의 작성
⑥ 장부의 마감
⑦ 재무제표의 작성

(2) 결산 수정사항

① 손익의 귀속시기의 결정

회계는 발생주의에 의하여 손익을 인식한다. 그런데 기중 거래의 기록에서 현금주의에 의하여 기록되지 않은 손익이 있는 경우 이를 결산시점에 정리하여야 한다. 이미 발생되어 있는 수익·비용으로 결산수정분개를 통하여 인식하여야 하는 항목으로는 선급비용, 선수수익, 미지급비용, 미수수익이 있다.

② 자산·부채의 평가

목적적합한 정보의 공시를 위하여 기말시점에 적절한 금액으로 평가를 하여야 하는 경우가 있다.

③ 기타의 결산항목

결산 시에는 그 밖에도 감가상각, 충당부채의 설정 등을 행해야 한다.

2 손익의 귀속시기의 결정

손익의 귀속시기를 결정	수익의 발생(예상)	미수수익(자산)
	수익의 이연	선수수익(부채)
	비용의 발생(예상)	미지급비용(부채)
	비용의 이연	선급비용(자산)

(1) 손익의 발생(예상)

손익의 발생(예상)

미지급비용	미수수익
아직 현금으로 지출되지 않았지만 당기에 귀속되는 비용을 당기의 비용으로 인식하는 개념 예 미지급임차료, 미지급이자 등	아직 현금으로 유입되지는 않았지만 당기에 귀속되는 수익을 당기의 수익으로 인식하는 개념 예 미수임대료, 미수이자 등

예제　미지급비용

20x1년 7월 1일 연 이자율 10%, 매년 6월 30일 이자지급조건으로 은행에서 1,200,000원을 차입한 경우 20x1년 7월 1일과 12월 31일의 회계처리를 나타내어라.

풀이

20x1.7.1

(차) 현 금	1,200,000	(대) 차입금	1,200,000

20x1.12.31

(차) 이자비용	60,000	(대) 미지급비용	60,000

예제　미수수익

20x1년 7월 1일 연 이자율 10%, 매년 6월 30일을 이자수령일로 하여 1,200,000원을 대여해 준 경우 20x1년 7월 1일과 12월 31일의 회계처리를 나타내어라.

풀이

20x1.7.1

(차) 대여금	1,200,000	(대) 현 금	1,200,000

20x1.12.31

(차) 미수수익	60,000	(대) 이자수익	60,000

(2) 손익의 이연

선급비용	선수수익
비용을 현금으로 미리 지급한 경우 당기에 귀속되지 않는 부분을 다음기로 이연시키는 개념 예 선급임차료, 선급이자, 선급보험료 등	수익을 현금으로 미리 수취한 경우 당기에 귀속되지 않는 부분을 다음기로 이연시키는 개념 예 선수임대료, 선수이자, 선수수수료 등

예제 **선급비용**

20x1년 4월 1일에 1년분 보험료 120,000원을 현금으로 지급한 경우 20x1년 4월 1일과 12월 31일의 회계처리를 나타내어라.

풀이

20x1.4.1

(차) 보험료   120,000   (대) 현 금   120,000

20x1.12.31

(차) 선급비용   30,000   (대) 보험료   30,000

예제 **선수수익**

20x1년 4월 1일 건물을 임대하고 1년분 임대료 120,000원을 현금으로 미리 받은 경우 20x1년 4월 1일과 12월 31일의 회계처리를 나타내어라.

풀이

20x1.4.1

(차) 현 금   120,000   (대) 임대료   120,000

20x1.12.31

(차) 임대료   30,000   (대) 선수수익   30,000

---

3 자산·부채의 평가

(1) 대손충당금의 설정

결산시점에는 대손예상액을 추정하여 대손충당금을 설정하고 이를 각 채권에서 차감하는 형식으로 표시한다. 결산시점의 대손충당금 설정액은 다음과 같이 계산한다.

> 대손상각비 = 추정한 대손충당금 − 장부상 대손충당금 잔액

① 결산수정분개

　㉠ 추정한 대손충당금 > 장부상 대손충당금

　　(차) 대손상각비　　　　　　　×××　　　(대) 대손충당금　　　　　　　×××

　㉡ 추정한 대손충당금 < 장부상 대손충당금

　　(차) 대손충당금　　　　　　　×××　　　(대) 대손충당금환입　　　　　×××

② 대손확정 시

　(차) 대손충당금　　　　　　　　×××　　　(대) 외상매출금　　　　　　　×××

③ 재무상태표상 표시방법

　매출채권　　　　　　　　　　　×××
　대손충당금　　　　　　　　　　(×××)　　　　　　×××

　　　　　　　　　　　　　↳ 대손충당금 차감 후 순매출채권 금액

예제　대손충당금

다음은 (주)미래의 대손에 관한 자료이다. 회계처리를 나타내시오.

> 1월 1일　　전기로부터 이월된 대손충당금의 대변 잔액은 500,000원이다.
> 8월 4일　　전기에 매출한 300,000원의 외상매출금이 회수불가능한 것으로 판명되었다.
> 12월 31일　기말 현재의 외상매출금 잔액은 10,000,000원이며 과거의 경험에 의하면 외상매출금
> 　　　　　　잔액의 3%가 대손으로 예상된다.

풀이

8/4	(차) 대손충당금	300,000	(대) 외상매출금	300,000
12/31	(차) 대손상각비	100,000	(대) 대손충당금	100,000 *

　　　　* (10,000,000 × 3%) − (500,000 − 300,000) = 100,000

대손충당금

당기대손	300,000	전기이월	500,000
		당기설정	100,000
		잔　액	300,000

재무상태표

자　산		
외상매출금	10,000,000	
대손충당금	(300,000)	9,700,000

(2) 재고자산

① 매출원가의 계산

$$매출원가 = 기초재고 + 당기매입 - 기말재고$$

예제　매출원가 계산

(주)리젠은 실지재고조사법을 적용하고 있다. 20x1년 말 현재 재고자산과 관련된 수정전 시산표가 다음과 같고 기말재고자산 실사 후 기말상품이 200,000원이다.

1. 매출원가를 계산하시오.
2. 결산수정분개를 나타내시오.

합계잔액시산표

(주)리젠　　　　　　　　제××기 : 20x1년 12월 31일 현재　　　　　　　　(단위 : 원)

차변금액		계정과목	대변금액	
잔 액	합 계		합 계	잔 액
900,000	900,000	상 품		
20,000,000	20,000,000	토 지		
		⋮		

풀이

1. 매출원가
   기초재고액 + 당기매입액 - 기말재고액 = 매출원가
   900,000원 - 200,000원 = 700,000원
2. 결산수정분개
   (차) 매출원가　　　　　　　　700,000　　　(대) 상 품　　　　　　　　700,000

---

② 재고자산의 평가

재고자산은 보통 '수량 × 가격'으로 나타내는데 기말 평가과정에서 장부상 금액과의 차이는 우선 수량에서 조정하고 다음으로 가격에서 조정한다. 수량에서 조절하는 것을 '감모'라 하고 가격에서 조정하는 것을 '평가'라 한다. 기업회계에서는 비정상적감모를 감모손실(영업외비용)로 처리하고, 정상감모손실은 매출원가로 처리한다. 또한 평가손실도 매출원가 계정에 가산하여야 한다.

예제 **재고자산평가손실과 감모손실**

다음은 (주)열림의 재고자산에 관한 자료이다. 감모된 수량 중 60개는 정상적인 것으로 밝혀졌다. 다음 자료를 바탕으로 재고자산과 관련된 회계처리를 하여라.

- 장부상 수량   500개
- 단위당 취득원가   200원
- 실제 수량   400개
- 단위당 순실현 가능가액 150원

풀이

(1) 재고자산감모손실
① 정상감모손실 = 60개 × 200원 = 12,000원
② 비정상감모손실 = 40개 × 200원 = 8,000원

(2) 재고자산평가손실
400개 × (200원 − 150원) = 20,000원

(3) 분 개
① 재고자산감모손실

(차) 매출원가	12,000	(대) 재고자산	20,000
재고자산감모손실	8,000		
(영업외비용)			

② 재고자산평가손실

(차) 재고자산평가손실	20,000	(대) 재고자산평가충당금	20,000
(매출원가)			

부분재무상태표

재고자산	80,000	
재고자산평가충당금	(20,000)	60,000

(3) 외화자산 · 부채

외화자산·부채에 대하여는 결산일에 화폐성 외화자산 또는 화폐성 외화부채를 환산하여 환율의 변동으로 인하여 발생하는 손익을 외화환산손익으로 처리한다. 환율의 변동이란 직전 회계연도 말 또는 외화표시채권·채무의 발생시점의 환율과 당해 회계연도 말 현재 환율의 차이를 의미한다. 이는 외환차익과는 달리 실제 환전에 따른 차익이 아닌 환산에 의한 이익이므로 미실현손익에 해당한다. 이 또한 반대의 경우에는 외화환산손실이 발생하며 영업외비용으로 분류한다.

예제   외화자산

다음은 (주)열림의 거래자료이다. 이에 따른 회계처리를 나타내시오.

20x1년 7월 1일	미국으로 $5,000의 상품을 외상으로 판매하였다.
20x2년 1월 10일	동 금액을 은행에서 현금으로 수취하였다.

〈환 율〉
20x1년 7월 1일   1,100원/$
20x1년 12월 31일   1,250원/$
20x2년 1월 10일   1,300원/$

풀이

20x1.7.1

(차) 외상매출금	5,500,000	(대) 매출액	5,500,000

20x1.12.31

(차) 외상매출금	750,000 *	(대) 외화환산이익	750,000

* $5,000 × (1,250원 − 1,100원) = 750,000원

20x2.1.10

(차) 현 금	6,500,000 *	(대) 외상매출금	6,250,000
		외환차익	250,000

* $5,000 × 1,300원 = 6,500,000원

외화부채

다음은 (주)미래의 거래자료이다. 이에 따른 회계처리를 나타내시오.

20x1년 7월 1일	미국에 있는 은행으로부터 $5,000를 차입하다.
20x2년 1월 10일	동 차입금을 상환하다.

〈환율〉

20x1년 7월 1일	1,100원/$
20x1년 12월 31일	1,250원/$
20x2년 1월 10일	1,300원/$

풀이

20x1.7.1

(차) 현 금	5,500,000	(대) 단기차입금	5,500,000

20x1.12.31

(차) 외화환산손실	750,000 *	(대) 단기차입금	750,000

* $5,000 × (1,250원 − 1,100원) = 750,000원

20x2.1.10

(차) 단기차입금	6,250,000	(대) 현 금	6,500,000 *
외환차손	250,000		

* $5,000 × 1,300원 = 6,500,000원

(4) 유가증권

① 유가증권의 분류

유가증권의 분류	분류과목	
	유동자산(당좌자산)	비유동자산(투자자산)
지분증권(주식)	단기매매증권	매도가능증권
채무증권(채권)	단기매매증권	매도가능증권, 만기보유증권

여기서 만기보유증권은 채무증권에만 해당되는 것인데, 이 중 재무상태표일로부터 1년 이내 만기가 도래하는 것은 유동자산으로 분류한다.

② 유가증권의 평가방법

구 분		평가방법	평가손익
단기매매증권		공정가치법	당기손익(손익계산서)
매도가능증권	원 칙	공정가치법	기타포괄손익누계액 (재무상태표)
	예 외*	원가법	–
만기보유증권		(상각후취득)원가법	–

* 매도가능증권 중에서 시장성 없는 주식의 공정가치를 합리적으로 측정할 수 없는 주식

③ 단기매매증권

단기매매증권은 기말 현재의 공정가치를 재무상태표가액으로 하고 장부금액과의 차액을 단기매매증권평가손익의 과목으로 하여 손익계산서에 반영한다. 공정가치와 장부금액의 차액은 단기매매증권의 장부금액에서 직접 가감한다. 이때의 공정가치란 유가증권의 시장가격을 의미하며, 이는 재무상태표일 현재의 종가를 말한다.

> 단기매매증권평가손익 = 재무상태표일의 공정가치 − 평가전 장부금액

〈회계처리〉

㉠ 단기매매증권에 평가이익이 발생한 경우

(차) 단기매매증권	×××	(대) 단기매매증권평가이익 (영업외수익)	×××

㉡ 단기매매증권에 평가손실이 발생한 경우

(차) 단기매매증권평가손실 (영업외비용)	×××	(대) 단기매매증권	×××

④ 매도가능증권

시장성이 있는 매도가능증권은 공정가치법에 의하고 시장성이 없는 매도가능증권은 원가법에 의한다. 공정가치법에 의하는 경우 매도가능증권의 장부금액은 공정가치로 평가하여 동 금액으로 표시하며, 이때 발생한 평가손익은 기타포괄손익누계액으로 처리한다.

> 매도가능증권평가손익 = 재무상태표일의 공정가치 − 평가전 장부금액

〈회계처리〉

㉠ 매도가능증권에 평가이익이 발생한 경우

(차) 매도가능증권	×××	(대) 매도가능증권평가이익 (기타포괄손익누계액)	×××

㉡ 매도가능증권에 평가손실이 발생한 경우

(차) 매도가능증권평가손실 (기타포괄손익누계액)	×××	(대) 매도가능증권	×××

4 기타의 결산항목

(1) 감가상각

회사가 기중에 영업 활동을 통해 수익을 창출하려면 비용이 소요된다. 회사가 영업활동 중에 지출한 비용은 그 활동으로 인해 창출된 수익에 대응되므로 즉시 인식가능하지만 유형자산이나 무형자산은 과연 얼마만큼이 영업활동에 기여하였는지 측정하는 것이 불가능하다. 그러나 각 자산은 영구히 회사 안에 존재하는 것은 아니므로 감가상각을 통해 자산을 비용처리해야 한다.

구 분	결산수정분개				재무상태표 표시방법	
유형자산	(차) 감가상각비	×××	(대) 감가상각누계액	×××	유형자산 감가상각누계액 손상차손누계액	××× (×××) (×××) ×××
무형자산	(차) 무형자산상각비	×××	(대) 무형자산	×××	무형자산	×××

(2) 퇴직급여충당부채

퇴직급여충당부채는 회계연도 말 현재 전 임직원이 일시에 퇴직할 경우 지급하여야 할 퇴직금에 상당하는 금액(퇴직금추계액)으로 계상하도록 하고 있는데 당기말 퇴직금추계액에서 퇴직급여충당부채의 장부금액을 차감한 금액이다. 퇴직급여충당부채의 장부금액은 전기말 현재의 퇴직급여충당부채에서 당기에 실제로 지급한 퇴직금을 차감한 금액을 말한다.

> 당기 퇴직급여충당부채 = 당기말 퇴직금추계액 − 퇴직급여충당부채의 장부금액
> = 당기말 퇴직금추계액 − (전기말 퇴직금추계액 − 당기 퇴직금지급액)

예제 퇴직급여충당부채

일련의 회계처리를 나타내고 계정원장에 전기하시오.

- (주)미래의 20x1년 12월 31일 현재 퇴직금추계액은 15,000,000원이다.
- (주)미래는 20x2년 5월 1일에 퇴직금 6,000,000원을 지급하였다.
- 20x2년 말 현재 퇴직금추계액은 25,000,000원이다.

풀이

20x1.12.31

(차) 퇴직급여	15,000,000	(대) 퇴직급여충당부채	15,000,000

20x2.5.1

(차) 퇴직급여충당부채	6,000,000	(대) 현 금	6,000,000

```
20x2.12.31
(차) 퇴직급여                    16,000,000 *     (대) 퇴직급여충당부채              16,000,000
* 25,000,000원 − (15,000,000원 − 6,000,000원) = 16,000,000원
```

	퇴직급여충당부채		
당기지급	6,000,000	전기이월	15,000,000
		당기설정	16,000,000
		잔 액	25,000,000

(3) 현금및현금성자산

현금및현금성자산은 매우 중요한 자산이며 회사 자산 중 가장 도난과 분실의 위험이 크다. 따라서 매일 매일의 회사 시재액을 점검하여야 하며, 결산시점에서의 점검 절차도 매일 매일의 점검 절차와 같다. 현금출납부와 출납 증빙을 대조하여 모든 지출과 수입을 빠짐없이 기록하고 회사 내에 있는 현금과 대조한다. 만약 실사결과 차액이 발생하고 그 내역을 확인하기 어려운 경우에는 잡손실로 회계처리한다.

(차) 잡손실   ×××   (대) 현 금   ×××

(4) 예 금

은행의 기록인 예금 잔액증명서와 회사의 기록인 당좌거래원장은 서로 일치하지 않는 것이 대부분이다. 따라서 은행계정조정표를 작성하여 회사의 예금 잔액과 은행의 예금 잔액의 차이의 원인을 파악하여야 한다.

(5) 가지급금, 가수금, 전도금 등의 미결산 항목

경리 담당자는 결산시점에 이러한 임시계정에 대한 증빙을 요구하고 그 내용을 밝혀 내어 수익이나 비용 또는 대여금이나 차입금 등의 적절한 과목으로 대체하여야 한다.

(6) 유동성 대체

장기차입금 등 비유동부채에 해당하는 것으로서 다음 회계기간에 만기가 도래하는 것은 유동부채로 계정과목을 재분류해야 한다. 이는 최초 차입 시에는 만기가 1년 이상이어서 비유동부채에 해당하는 기간이 경과함에 따라 만기가 1년 이내로 도래하는 시점이 다가오는 것이다. 이때에는 결산 시에 장기차입금 등을 유동성장기부채라는 계정과목을 사용하여 유동부채로 계정과목을 재분류한다.

(차) 장기차입금   ×××   (대) 유동성장기부채   ×××
    (비유동부채)   (유동부채)

(7) 소모품비의 계상

소모품이란 업무에 활용하는 소액자산으로 일정기간 사용하면 다시 새로 구매하여 사용하여야 하는 소모성 비품을 말한다. 소모품은 복사기나 프린터의 토너, 공CD, 마우스 등과 같은 전산소모품이나, 볼펜, 용지, 계산기 등 일반적인 사무용품 등이 있으며, 모두 감가상각대상 자산이 아닌 소액비품들이다.

이에 대한 회계처리는 두 가지 방법이 있는데, 첫 번째는 지출시점에 전액 '소모품비'라는 비용으로 회계처리하였다가, 기말 결산 시 남아있는 소모품을 실사하여 다시 '소모품'이라는 자산으로 계상하는 방법이다. 두 번째는 지출시점에 전액 '소모품'이라는 자산으로 회계처리하였다가, 기말 결산 시 남아있는 소모품을 실사하여 그 잔액을 '소모품비'라는 비용으로 계상하는 방법이다. 예를 들어 6월 1일에 소모품 1,000,000원을 구매하였고, 기말 결산 시 남은 소모품을 확인한 결과 400,000원이었다고 할 때의 회계처리를 나타내면 다음과 같다.

① 지출시점에 소모품비로 처리하는 경우

   ㉠ 지출시점 6월 1일

(차) 소모품비	1,000,000	(대) 현 금	1,000,000
(판매관리비)			

   ㉡ 기말 결산시점 12월 31일

(차) 소모품	400,000	(대) 소모품비	400,000
(유동자산)			

② 지출시점에 소모품으로 처리하는 경우

   ㉠ 지출시점 6월 1일

(차) 소모품	1,000,000	(대) 현 금	1,000,000
(유동자산)			

   ㉡ 기말 결산시점 12월 31일

(차) 소모품비	600,000	(대) 소모품	600,000
(판매관리비)			

(8) 법인세 계상

① 원천징수

현재 법인의 소득 중에서 이자소득과 배당소득(집합투자기구로부터의 이익에 한함)은 지급받는 시점에 원천징수세액을 차감하고 지급받게 되어 있다. 본 원천징수세액은 향후 과세표준 신고 시 납부할 세액을 미리 납부한 것이므로 납부 시 선납세금이라는 자산 계정으로 회계처리한다. 본 원천징수세액은 향후 과세표준 신고 시 납부할 세액에서 기납부세액으로 공제된다. 이에 대한 회계처리를 나타내면 다음과 같다.

   ㉠ 원천징수되는 이자수익을 지급받는 경우

(차) 현 금	×××	(대) 이자수익	×××
선납세금	×××		

② 중간예납

법인세는 중간예납제도를 두고 있는데 사업연도 개시일로부터 6개월간을 중간예납기간으로 하여 중간예납기간 종료일로부터 2개월 이내에 중간예납세액을 납부하게 된다. 중간예납세액은 직전사업연도 법인세의 1/2 상당액을 납부하는 방법과 당해사업연도의 6개월간 실적으로 납부하는 방법 중 하나를 선택하여 계산할 수 있다. 일반적인 기업의 사업연도가 1월 1일에서 12월 31일까지이므로 8월 31일까지 납부하게 된다.

중간예납세액의 납부는 향후 과세표준 신고 시 납부할 세액을 미리 납부한 것이므로 납부 시 선납세금이라는 자산 계정으로 회계처리한다. 본 중간예납세액은 향후 과세표준 신고 시 납부할 세액에서 기납부세액으로 공제된다. 이에 대한 회계처리를 나타내면 다음과 같다.

㉠ 중간예납세액 납부 시

(차) 선납세금　　　　　　　　　×××　　　(대) 현 금　　　　　　　　　×××

③ 과세표준 확정신고

기업은 경영활동을 통해 벌어들인 이익에 대하여 법인세를 납부하여야 한다. 법인세는 일반적으로 사업연도 종료일로부터 3개월이 되는 날이 속하는 달의 말일까지 신고하고 납부하여야 한다. 일반적인 기업의 사업연도가 1월 1일 ~ 12월 31일까지이므로 대부분 다음 해 3월 31일까지 납부하게 된다.

구 분	중간예납	과세표준 신고
대상기간	1.1 ~ 6.30	1.1 ~ 12.31
신고기한	8월 31일까지	다음 연도 3월 31일까지 (중간예납세액은 공제됨)

회사는 기말 결산 시 손익계산서에 법인세 비용을 계상하여야 하며, 결산 기준일은 일반적으로 12월 31일지만 법인세 납부는 다음 해 3월이므로 미지급세금으로 회계처리한다. 이때 회계기간 중에 원천징수된 법인세와 납부한 중간예납세액은 납부세액에서 공제되므로 동 금액만큼을 제외한 부분만을 미지급세금으로 회계처리한다. 이에 대한 회계처리를 나타내면 다음과 같다.

(차) 법인세 등　　　　　　×××　　　(대) 선납세금　　　　　　　　×××
　　　　　　　　　　　　　　　　　　　　미지급세금　　　　　　　　×××

다음의 거래에 대하여 일자별로 회계처리하시오.

> 20x1.3.1   은행으로부터 정기예금의 이자 2,000,000원을 법인세 280,000원을 제외하고 보통
> 예금 계좌로 입금받았다.
> 20x1.8.31   중간예납세액으로 1,400,000원을 납부하다.
> 20x1.12.31   당기 법인세비용은 3,000,000원으로 예상된다.

풀이

20x1.3.1 원천징수 시

(차) 보통예금	1,720,000	(대) 이자수익	2,000,000
선납세금	280,000		

20x1.8.31 중간예납세액 납부 시

(차) 선납세금	1,400,000	(대) 현 금	1,400,000

20x1.12.31 법인세 계상 시

(차) 법인세 등	3,000,000	(대) 선납세금	1,680,000
		미지급세금	1,320,000

참고

20x2.3.31 법인세신고서상에서 납부세액은 다음과 같이 계산된다.

법인세 산출세액	3,000,000
기납부세액	(1,680,000)
차감납부할세액	1,320,000

결산의 다음과 같은 일련의 절차에 따라 진행된다. 본 절에서는 종합사례로서 한 기업의 결산을 수행하는 과정을 따라 설명하고자 한다.

① 결산의 예비절차(수정전 시산표의 작성)
② 결산수정분개
③ 장부의 마감
④ 재무제표 작성

1 결산의 예비절차

결산의 예비절차란 결산수정분개를 하기 전에 시산표를 작성하는 것이다. 회계기간 동안의 거래내용을 총계정원장에 전기하고 각 계정별 잔액을 시산표에 정리하여 이를 바탕으로 결산수정분개를 할 수 있도록 하는 것이다. 다음 예제를 통하여 수정전 시산표를 작성해 보자.

예제　**합계잔액시산표**

다음은 (주)리젠의 20x1년 1월 1일부터 20x1년 12월 31일까지 발생한 거래이다.

1월 1일	보통주 2,500주(주당 액면가 10,000원)를 액면가에 발행하여 사업을 개시하다.
1월 21일	본사 사옥을 10,000,000원에 구입하고 대금은 현금으로 지급하다.
1월 23일	업무용 소모품을 50,000원에 구입하고 대금은 현금으로 지급하다.
	((주)리젠은 소모품에 대해 지출시점에 자산으로 처리하는 방법을 적용한다)
1월 25일	대한은행과 당좌거래계약을 체결하고 5,000,000원을 당좌예입하다.
2월 3일	상품 2,000,000원을 매입하고 대금은 수표를 발행하여 지급하다.
2월 20일	상품을 5,000,000원에 외상으로 매출하다.
4월 1일	건물의 일부를 임대하여 주고 임대료 2,400,000원을 현금으로 받다.
4월 25일	외상매출금 중 2,000,000원을 현금으로 수취하다.
6월 1일	은행으로부터 6,000,000원을 차입하다(만기 20x3.5.31).
7월 3일	상품 2,500,000원을 외상으로 매입하다.
8월 1일	건물에 대한 보험료 1,200,000원을 현금으로 지급하다.
9월 1일	당좌예금에 대한 이자수익 200,000원을 현금으로 받다.
10월 21일	외상매입금 중 1,500,000원을 수표를 발행하여 지급하다.
12월 5일	광고선전비 50,000원을 현금으로 지급하다.

〈요구사항〉
1. 위의 거래를 분개하라.
2. 총계정원장에 전기하라.
3. 수정전 합계잔액시산표를 작성하라.

---

1. 위의 거래를 분개하라.

    1/1   보통주 2,500주(주당 액면가 10,000원)를 액면가에 발행하여 사업을 개시하다.

        (차) 현 금   25,000,000   (대) 자본금   25,000,000

    1/21   본사 사옥을 10,000,000원에 구입하고 대금은 현금으로 지급하다.

        (차) 건 물   10,000,000   (대) 현 금   10,000,000

    1/23   업무용 소모품을 50,000원에 구입하고 대금은 현금으로 지급하다.

        (차) 소모품   50,000   (대) 현 금   50,000

    1/25   대한은행과 당좌거래계약을 체결하고 5,000,000원을 당좌예입하다.

        (차) 당좌예금   5,000,000   (대) 현 금   5,000,000

    2/3   상품 2,000,000원을 매입하고 대금은 수표를 발행하여 지급하다.

        (차) 상 품   2,000,000   (대) 당좌예금   2,000,000

    2/20   상품을 5,000,000원에 외상으로 매출하다.

        (차) 외상매출금   5,000,000   (대) 매출액   5,000,000

    4/1   건물의 일부를 임대하여 주고 임대료 2,400,000원을 현금으로 받다.

        (차) 현 금   2,400,000   (대) 임대료   2,400,000

    4/25   외상매출금 중 2,000,000원을 현금으로 수취하다.

        (차) 현 금   2,000,000   (대) 외상매출금   2,000,000

    6/1   은행으로부터 6,000,000원을 차입하다(만기 20x3.5.31).

        (차) 현 금   6,000,000   (대) 장기차입금   6,000,000

    7/3   상품 2,500,000원을 외상으로 매입하다.

        (차) 상 품   2,500,000   (대) 외상매입금   2,500,000

    8/1   건물에 대한 보험료 1,200,000원을 현금으로 지급하다.

        (차) 보험료   1,200,000   (대) 현 금   1,200,000

    9/1   당좌예금에 대한 이자수익 200,000원을 현금으로 받다.

        (차) 현 금   200,000   (대) 이자수익   200,000

    10/21 외상매입금 중 1,500,000원을 수표를 발행하여 지급하다.

        (차) 외상매입금   1,500,000   (대) 당좌예금   1,500,000

    12/5   광고선전비 50,000원을 현금으로 지급하다.

        (차) 광고선전비   50,000   (대) 현 금   50,000

2. 총계정원장에 전기하라.

현 금

1/1	자본금	25,000,000	1/21	건 물	10,000,000
4/1	임대료	2,400,000	1/23	소모품	50,000
4/25	외상매출금	2,000,000	1/25	당좌예금	5,000,000
6/1	장기차입금	6,000,000	8/1	보험료	1,200,000
9/1	이자수익	200,000	12/5	광고선전비	50,000

자본금

			1/1	현 금	25,000,000

건 물

1/21	현 금	10,000,000			

소모품

1/23	현 금	50,000			

당좌예금

1/25	현 금	5,000,000	2/3	상 품	2,000,000
			10/21	외상매입금	1,500,000

외상매출금

2/20	매출액	5,000,000	4/25	현 금	2,000,000

상 품

2/3	당좌예금	2,000,000			
7/3	외상매입금	2,500,000			

매출액

			2/20	외상매출금	5,000,000

외상매입금

10/21	당좌예금	1,500,000	7/3	상 품	2,500,000

보험료

8/1	현 금	1,200,000			

광고선전비

12/5	현 금	50,000			

이자수익

			9/1	현 금	200,000

임대료

			4/1	현 금	2,400,000

장기차입금

			6/1	현 금	6,000,000

3. 수정전 합계잔액시산표를 작성하라.

합계잔액시산표

(주)리젠   20x1.12.31   (단위 : 원)

차 변		계정과목	대 변	
잔 액	합 계		합 계	잔 액
19,300,000	35,600,000	현 금	16,300,000	
1,500,000	5,000,000	당좌예금	3,500,000	
3,000,000	5,000,000	외상매출금	2,000,000	
4,500,000	4,500,000	상 품		
10,000,000	10,000,000	건 물		
50,000	50,000	소모품		
	1,500,000	외상매입금	2,500,000	1,000,000
		장기차입금	6,000,000	6,000,000
		자본금	25,000,000	25,000,000
		매출액	5,000,000	5,000,000
1,200,000	1,200,000	보험료		
50,000	50,000	광고선전비		
		이자수익	200,000	200,000
		임대료	2,400,000	2,400,000
39,600,000	62,900,000	합 계	62,900,000	39,600,000

2 기말결산 수정분개

(1) 수정전 시산표

앞에서 작성된 수정전 시산표와 다음의 결산정리사항을 참고로 하여 결산수정분개를 하여보자.

〈결산수정사항〉
① 기말 재고실사 결과 기말재고자산은 2,000,000원이었다.
② 8월 1일에 납부한 보험료는 1년치를 선납한 것이다.
③ 1월 21일에 매입한 건물은 내용연수가 10년 잔존가치는 1,000,000원이다.
④ 외상매출금 기말잔액의 1%에 대하여 대손충당금을 설정한다.
⑤ 기말에 남은 소모품은 30,000원이었다.
⑥ 4월 1일에 받은 임대료는 1년치를 미리 수령한 것이다.

(2) 수정분개와 수정후 시산표

위의 결산수정사항을 바탕으로 결산수정분개를 하면 다음과 같다.

① 기말 재고실사 결과 기말재고자산은 2,000,000원이었다.

(차) 매출원가	2,500,000*	(대) 상 품	2,500,000

　* 2,500,000원(매출원가) = 4,500,000원(판매가능상품) − 2,000,000원(기말재고)

② 8월 1일에 납부한 보험료는 1년치를 선납한 것이다.

(차) 선급비용	700,000*	(대) 보험료	700,000

　* 1,200,000원 × 7/12 = 700,000원

③ 1월 21일에 매입한 건물은 내용연수가 10년, 상각방법은 정액법이며, 잔존가치는 1,000,000원이다.

(차) 감가상각비	900,000*	(대) 감가상각누계액	900,000

　* (10,000,000원 − 1,000,000원) × 1/10 = 900,000원

④ 외상매출금 기말잔액의 1%에 대하여 대손충당금을 설정한다.

(차) 대손상각비	30,000	(대) 대손충당금	30,000*

　* 3,000,000원 × 1% = 30,000원

⑤ 기말에 남은 소모품은 30,000원이었다.

(차) 소모품비	20,000	(대) 소모품	20,000

⑥ 4월 1일에 받은 임대료는 1년치를 미리 수령한 것이다.

(차) 임대료	600,000	(대) 선수수익	600,000*

　* 2,400,000원 × 3/12 = 600,000원

위의 분개내용을 바탕으로 수정후 시산표를 작성하면 다음과 같다.

합계잔액시산표

(주)리젠   20x1.12.31   (단위 : 원)

차 변		계정과목	대 변	
잔 액	합 계		합 계	잔 액
19,300,000	35,600,000	현 금	16,300,000	
1,500,000	5,000,000	당좌예금	3,500,000	
3,000,000	5,000,000	외상매출금	2,000,000	
		대손충당금	30,000	30,000
700,000	700,000	선급비용		
2,000,000	4,500,000	상 품	2,500,000	
10,000,000	10,000,000	건 물		
		감가상각누계액	900,000	900,000
30,000	50,000	소모품	20,000	
	1,500,000	외상매입금	2,500,000	1,000,000
		선수수익	600,000	600,000
		장기차입금	6,000,000	6,000,000
		자본금	25,000,000	25,000,000
		매출액	5,000,000	5,000,000
2,500,000	2,500,000	매출원가		
500,000	1,200,000	보험료	700,000	
50,000	50,000	광고선전비		
900,000	900,000	감가상각비		
30,000	30,000	대손상각비		
20,000	20,000	소모품비		
		이자수익	200,000	200,000
	600,000	임대료	2,400,000	1,800,000
40,530,000	67,650,000	합 계	67,650,000	40,530,000

3 마 감

(1) 손익계산서 계정의 마감

손익계산서에 반영되는 수익과 비용 계정은 20x1년 1월 1일부터 20x1 12월 31일까지의 경영성과이므로 20x2년도의 손익에 영향을 미쳐서는 안 된다. 즉, 총계정원장의 매출 계정에는 20x2년 1월 1일 0의 금액부터 기록해 나갈 수 있어야 한다. 따라서 손익 계정은 마감을 통하여 집합손익이라는 임시계정에 모든 금액을 전기한다.

수익은 집합손익 계정 대변에, 비용은 집합손익 계정 차변에 대체분개를 하여 기입한다. 집합손익이란 한 회계기간 동안의 수익과 비용을 총합계하기 위해 만든 임시계정이다.

① 수익·비용 계정을 집합손익 계정에 대체한다.

〈수익 계정 대체분개〉
(차) 매출액 등   ×××   (대) 집합손익   ×××

〈비용 계정 대체분개〉
(차) 집합손익   ×××   (대) 매출원가 등   ×××

② 집합손익 계정에서 순손익을 계상하여 이익잉여금 계정에 대체한다. 순이익은 이익잉여금 계정 대변에, 순손실은 이익잉여금 계정 차변에 대체분개하여 기입한다.

〈순이익 대체분개〉
(차) 집합손익   ×××   (대) 이익잉여금   ×××

〈순손실 대체분개〉
(차) 이익잉여금   ×××   (대) 집합손익   ×××

이러한 절차를 거치고 나면 모든 손익 계정의 잔액은 0(zero)이 되고 회계기간의 종료와 함께 소멸하기 때문에 임시계정이라고도 한다. 위에서 행하였던 결산분개를 반영한 손익항목의 총계정원장을 기초로 하여 마감절차를 진행하면 다음과 같다.

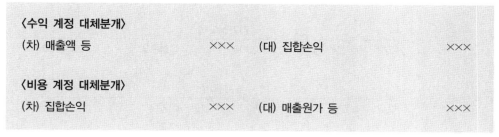

매출액				
12/31	집합손익	5,000,000	2/20	외상매출금	5,000,000

매출원가				
12/31	상 품	2,500,000	12/31	집합손익	2,500,000

보험료

8/1	현 금	1,200,000	12/31	선급비용	700,000
			12/31	집합손익	500,000

광고선전비

12/5	현 금	50,000	12/31	집합손익	50,000

대손상각비

12/31	대손충당금	30,000	12/31	집합손익	30,000

감가상각비

12/31	감가상각누계액	900,000	12/31	집합손익	900,000

소모품비

12/31	소모품	20,000	12/31	집합손익	20,000

이자수익

12/31	집합손익	200,000	9/1	현 금	200,000

임대료

12/31	선수수익	600,000	4/1	현 금	2,400,000
12/31	집합손익	1,800,000			

위는 결산 후 계정별원장을 마감한 것이다. 이는 본래 다음과 같은 집합손익 대체분개를 통하여 이루어진다.

〈수익 계정〉

(차) 매출액	5,000,000		(대) 집합손익		7,000,000
이자수익	200,000				
임대료	1,800,000				

〈비용 계정〉

(차) 집합손익	4,000,000		(대) 매출원가		2,500,000
			보험료		500,000
			광고선전비		50,000
			대손상각비		30,000
			감가상각비		900,000
			소모품비		20,000

이러한 결산마감 분개를 통하여 집합손익 계정에는 다음과 같이 기록되며, 각 손익 계정은 잔액이 0으로 남게 된다. 한편 집합손익 계정의 대차차액은 당기순이익으로 기록되어 재무상태표의 이익잉여금 계정으로 대체된다.

집합손익

12/31	매출원가	2,500,000	12/31	매출액	5,000,000
12/31	보험료	500,000	12/31	이자수익	200,000
12/31	광고선전비	50,000	12/31	임대료	1,800,000
12/31	대손상각비	30,000			
12/31	감가상각비	900,000			
12/31	소모품비	20,000			
12/31	당기순이익	3,000,000			

〈손익 계정의 마감〉

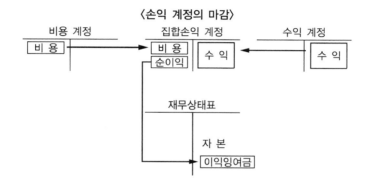

(2) 재무상태표 계정의 마감

재무상태표 계정은 손익계산서 계정과 달리 회계기간이 종료되는 시점의 잔액이 다음 회계기간의 기초잔액으로 시작된다. 즉, 현금의 경우 20x1년 12월 31일 현재 잔액이 19,300,000원이며 이는 20x2년 1월 1일의 기초 잔액으로 시작되게 된다. 따라서 재무상태표 계정은 매기 잔액이 연속적으로 다음 회계연도로 이월되므로 영구계정이다.

① 자산 계정

자산 계정은 차변 잔액이 되며 대변에 적색으로 '차기이월'로 기입하여 마감한다. 차기이월을 기입한 반대쪽에 다음 회계연도의 초에 '전기이월'이라 하고, 이월된 금액을 기입한다. 이것이 개시기입이다.

(차) 전기이월 　　　　　　　×××　　　(대) 차기이월 　　　　　　　×××

② 부채·자본 계정

부채·자본 계정은 대변 잔액이므로 차변에 적색으로 '차기이월'로 기입 마감한다. 이러한 절차를 마감기입이라 한다.

차기이월을 기입한 반대쪽에 다음 회계연도의 초에 '전기이월'이라 하고, 이월된 금액을 기입한다.

(차) 차기이월 　　　　　×××　　　(대) 전기이월 　　　　　×××

재무상태표 계정의 마감은 모든 계정이 동일하므로 자산의 현금 계정과 부채의 외상매입금 계정 두 가지의 경우만 사례로 살펴보자. 다음은 20x1년 12월 31일 현재 총계정원장의 일부이다. 이에 대하여 마감분개를 실시하면 다음과 같다.

현 금

1/1	자본금	25,000,000	1/21	건 물	10,000,000
4/1	임대료	2,400,000	1/23	소모품	50,000
4/25	외상매출금	2,000,000	1/25	당좌예금	5,000,000
6/1	장기차입금	6,000,000	8/1	보험료	1,200,000
9/1	이자수익	200,000	12/5	광고선전비	50,000
			12/31	차기이월	19,300,000

외상매입금

10/21	당좌예금	1,500,000	7/3	상 품	2,500,000
12/31	차기이월	1,000,000			

〈마감분개〉

(차) 전기이월 – 현금	19,300,000	(대) 차기이월 – 현금	19,300,000
차기이월 – 외상매입금	1,000,000	전기이월 – 외상매입금	1,000,000

이러한 마감분개를 하면 20x1년도 장부는 마감되며 다음과 같이 20x2년도 장부가 시작된다.

현 금

1/1	전기이월	19,300,000			

외상매입금

			1/1	전기이월	1,000,000

4 재무상태표의 작성

앞의 수정후 시산표를 기초로 하여 재무상태표와 손익계산서를 작성해 보고자 한다. 잔액시산표, 재무상태표, 손익계산서의 관계를 표로 나타내면 다음과 같다.

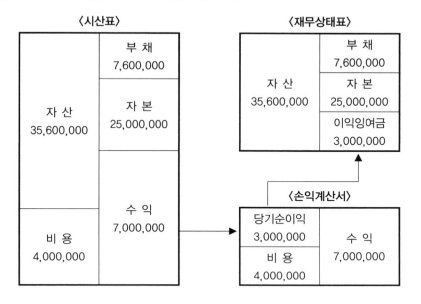

손익계산서

(주)리젠	20x1.1.1 ~ 20x1.12.31	(단위 : 원)
I. 매출액		5,000,000
II. 매출원가		2,500,000
III. 매출총이익		2,500,000
IV. 판매관리비		1,500,000
1. 보험료	500,000	
2. 광고선전비	50,000	
3. 대손상각비	30,000	
4. 감가상각비	900,000	
5. 소모품비	20,000	
V. 영업이익		1,000,000
VI. 영업외수익		2,000,000
1. 이자수익	200,000	
2. 임대료	1,800,000	
VII. 영업외비용		0
VIII. 당기순이익		3,000,000

재무상태표

(주)리젠   20x1.12.31   (단위 : 원)

유동자산			부 채	
당좌자산			유동부채	
현 금		19,300,000	외상매입금	1,000,000
당좌예금		1,500,000	선수수익	600,000
외상매출금	3,000,000		비유동부채	
대손충당금	(30,000)	2,970,000	장기차입금	6,000,000
선급비용		700,000		
재고자산				
상 품		2,000,000		
비유동자산			자 본	
투자자산			자본금	25,000,000
유형자산			이익잉여금	3,000,000
건 물	10,000,000			
감가상각누계액	(900,000)	9,100,000		
소모품		30,000		
자산 총계		35,600,000	부채와 자본 총계	35,600,000

CHAPTER 11 결 산

주관식 ▶ 연습문제

01 [결산사례]

다음 자료를 바탕으로 결산수정분개를 행하시오.

수정전 합계잔액시산표

(주)훈민   20x1년 12월 31일   (단위 : 원)

차 변		계정과목	대 변	
잔 액	합 계		합 계	잔 액
4,500,000	12,000,000	현 금	7,500,000	
3,540,000	5,000,000	당좌예금	1,460,000	
6,000,000	30,500,000	외상매출금	24,500,000	
8,000,000	8,000,000	상 품		
20,000,000	20,000,000	기계장치		
	13,000,000	외상매입금	15,000,000	2,000,000
	4,000,000	퇴직급여충당부채	7,000,000	3,000,000
		자본금	25,000,000	25,000,000
		매출액	11,950,000	11,950,000
900,000	900,000	보험료		
560,000	560,000	광고선전비		
		이자수익	50,000	50,000
		임대료	1,500,000	1,500,000
43,500,000	93,960,000	합 계	93,960,000	43,500,000

〈결산수정사항〉
(1) 기말 재고실사 결과 기말재고자산은 1,400,000원이었다.
(2) 9월 1일에 납부한 보험료는 1년치를 선납한 것이다.
(3) 1월 17일에 매입한 기계장치는 내용연수가 10년, 잔존가치는 500,000원이다. 정률법에 따라 감가상각하며 상각률은 0.451이다.
(4) 외상매출금 기말잔액의 1%에 대하여 대손충당금을 설정한다.
(5) 기말 현재 퇴직금추계액은 12,000,000원이다.
(6) 임대료는 7월 1일에 1년치를 선불로 받은 것이다.

풀이 (1) 기말 재고실사 결과 기말재고자산은 1,400,000원이었다.

(차) 매출원가   6,600,000 *   (대) 상 품   6,600,000

     * 8,000,000원 − 1,400,000원 = 6,600,000원

(2) 9월 1일에 납부한 보험료는 1년치를 선납한 것이다.

(차) 선급비용   600,000 *   (대) 보험료   600,000

     * 900,000원 × 8/12 = 600,000원

(3) 1월 17일에 매입한 기계장치는 내용연수가 10년, 잔존가치는 500,000원이다. 정률법에 따라 감가상각하며 상각률은 0.451이다.

(차) 감가상각비   9,020,000 *   (대) 감가상각누계액   9,020,000

     * 20,000,000원 × 0.451 = 9,020,000원

(4) 외상매출금 기말잔액의 1%에 대하여 대손충당금을 설정한다.

(차) 대손상각비   60,000   (대) 대손충당금   60,000 *

     * 6,000,000원 × 1% = 60,000원

(5) 기말 현재 퇴직금추계액은 12,000,000원이다.

(차) 퇴직급여   9,000,000   (대) 퇴직급여충당부채   9,000,000 *

     * 12,000,000원 − 3,000,000원 = 9,000,000원

(6) 임대료는 7월 1일에 1년치를 선불로 받은 것이다.

(차) 임대료   750,000   (대) 선수수익   750,000 *

     * 1,500,000원 × 6/12 = 750,000원

02 [결산사례]

다음 자료를 바탕으로 20x2년 결산수정분개, 수정후 시산표, 재무상태표와 손익계산서를 작성하시오.

수정전 합계잔액시산표

(주)정음   20x2년 12월 31일   (단위 : 원)

차 변		계정과목	대 변	
잔 액	합 계		합 계	잔 액
8,000,000	20,000,000	현 금	12,000,000	
15,200,000	20,400,000	당좌예금	5,200,000	
12,200,000	50,500,000	외상매출금	38,300,000	
		대손충당금	60,000	60,000
40,000,000	40,000,000	상 품		
20,000,000	20,000,000	기계장치		
		감가상각누계액	9,020,000	9,020,000
	28,960,000	외상매입금	30,000,000	1,040,000
	8,000,000	퇴직급여충당부채	12,000,000	4,000,000
		자본금	25,000,000	25,000,000
		매출액	60,000,000	60,000,000
1,200,000	1,200,000	보험료		
4,000,000	4,000,000	급 여		
		임대료	1,480,000	1,480,000
100,600,000	193,060,000	합 계	193,060,000	100,600,000

〈결산수정사항〉

(1) 기말 재고실사 결과 기말재고자산은 5,300,000원이었다.

(2) 9월 1일에 납부한 보험료는 1년치를 선납한 것이다.

(3) 전기에 매입한 기계장치는 내용연수가 10년 잔존가치는 500,000원이다. 정률법에 따라 감가상각하며 상각률은 0.451이다.

(4) 외상매출금 기말잔액의 2%에 대하여 대손충당금을 설정한다.

(5) 기말 현재 퇴직금추계액은 5,600,000원이다.

(6) 임대료는 7월 1일에 1년치를 선불로 받은 것이다.

풀이   1. 결산수정분개

(1) 기말 재고실사 결과 기말재고자산은 5,300,000원이었다.

    (차) 매출원가   34,700,000 *   (대) 상 품   34,700,000

      * 40,000,000원 − 5,300,000원 = 34,700,000원

(2) 9월 1일에 납부한 보험료는 1년치를 선납한 것이다.

    (차) 선급비용   800,000 *   (대) 보험료   800,000

      * 1,200,000원 × 8/12 = 800,000원

(3) 전기에 매입한 기계장치는 내용연수가 10년 잔존가치는 500,000원이다. 정률법에 따라 감가상각하며 상각률은 0.451이다.

    (차) 감가상각비   4,951,980 *   (대) 감가상각누계액   4,951,980

      * (20,000,000원 − 9,020,000원) × 0.451 = 4,951,980원

(4) 외상매출금 기말잔액의 2%에 대하여 대손충당금을 설정한다.

    (차) 대손상각비   184,000   (대) 대손충당금   184,000 *

      * (12,200,000원 × 2%) − 60,000원 = 184,000원

(5) 기말 현재 퇴직금추계액은 5,600,000원이다.

    (차) 퇴직급여   1,600,000 *   (대) 퇴직급여충당부채   1,600,000

      * 5,600,000원 − 4,000,000원 = 1,600,000원

(6) 임대료는 7월 1일에 1년치를 선불로 받은 것이다.

    (차) 임대료   740,000   (대) 선수수익   740,000 *

      * 1,480,000원 × 6/12 = 740,000

2. 수정후 시산표

수정후 합계잔액시산표

(주)정음   20x2년 12월 31일   (단위 : 원)

차 변		계정과목	대 변	
잔 액	합 계		합 계	잔 액
8,000,000	20,000,000	현 금	12,000,000	
15,200,000	20,400,000	당좌예금	5,200,000	
12,200,000	50,500,000	외상매출금	38,300,000	
		대손충당금	244,000	244,000
5,300,000	40,000,000	상 품	34,700,000	
800,000	800,000	선급비용		
20,000,000	20,000,000	기계장치		
		감가상각누계액	13,971,980	13,971,980
	28,960,000	외상매입금	30,000,000	1,040,000
		선수수익	740,000	740,000
	8,000,000	퇴직급여충당부채	13,600,000	5,600,000
		자본금	25,000,000	25,000,000
		매출액	60,000,000	60,000,000
34,700,000	34,700,000	매출원가		
400,000	1,200,000	보험료	800,000	
4,951,980	4,951,980	감가상각비		
184,000	184,000	대손상각비		
4,000,000	4,000,000	급 여		
1,600,000	1,600,000	퇴직급여		
	740,000	임대료	1,480,000	740,000
107,335,980	236,035,980	합 계	236,035,980	107,355,980

3. 재무상태표와 손익계산서

손익계산서

(주)정음	20x2.1.1 ~ 20x2.12.31		(단위 : 원)
Ⅰ. 매출액			60,000,000
Ⅱ. 매출원가			34,700,000
Ⅲ. 매출총이익			25,300,000
Ⅳ. 판매관리비			11,135,980
1. 보험료		400,000	
2. 감가상각비		4,951,980	
3. 대손상각비		184,000	
4. 급 여		4,000,000	
5. 퇴직급여		1,600,000	
Ⅴ. 영업이익			14,164,020
Ⅵ. 영업외수익			740,000
1. 임대료		740,000	
Ⅶ. 영업외비용			0
Ⅷ. 당기순이익			14,904,020

재무상태표

(주)정음		20x1.12.31			(단위 : 원)
유동자산			부 채		
당좌자산			유동부채		
현 금		8,000,000	외상매입금		1,040,000
당좌예금		15,200,000	선수수익		740,000
외상매출금	12,200,000		비유동부채		
대손충당금	(244,000)	11,956,000	퇴직급여충당부채		5,600,000
선급비용		800,000			
재고자산					
상 품		5,300,000			
비유동자산			자 본		
투자자산			자본금		25,000,000
유형자산			이익잉여금		14,904,020
기계장치	20,000,000				
감가상각누계액	(13,971,980)	6,028,020			
자산 총계		47,284,020	부채와 자본 총계		47,284,020

01 결산 시 당기분에 해당하는 이자수익의 미수분을 계상하는 것은 다음 중 어느 것인가?

① 수익의 예상　　　　　　　　　　② 수익의 이연
③ 비용의 예상　　　　　　　　　　④ 비용의 이연

해설　당기에 수익이 발생하였으나 현금의 수입이 이루어지지 않은 경우, 해당 수익 계정의 대변에 기입하여 당기의 수익에 가산함과 동시에, 자산에 속하는 미수수익 계정 차변에 기입하여 차기로 이월하는 것을 수익의 예상이라 한다.

정답 ①

02 다음 중 결산의 예비절차에 해당하는 것은?

① 분개장의 마감　　　　　　　　　② 재무상태표의 작성
③ 총계정원장의 마감　　　　　　　④ 시산표의 작성

해설　결산의 예비절차에는 시산표의 작성, 결산정리사항의 수정, 정산표의 작성 등이 해당되며, 분개장의 마감과 총계정원장의 마감은 본 절차, 손익계산서, 재무상태표의 작성은 보고서의 작성(결산 후 절차) 절차에 해당한다.

정답 ④

03 장부의 마감과정에서 집합손익 계정으로 대체할 수 없는 것은?

① 매출채권　　　　　　　　　　　② 기부금
③ 이자수익　　　　　　　　　　　④ 단기투자자산처분이익

해설　매출채권은 재무상태표 계정이다.

정답 ①

04 20x6년 8월 1일 화재보험료 1년분 480,000원을 현금으로 지급하고, 보험료 계정으로 처리하였다. 12월 31일 결산을 하는 경우 재무상태표에 표시될 선급보험료를 계산한 금액으로 옳은 것은?

① 40,000원　　　　　　　　　　② 200,000원
③ 280,000원　　　　　　　　　　④ 480,000원

해설　1년분 보험료가 480,000원이므로 1개월분이 40,000원이며, 선급분이 7개월이므로 280,000원이 선급보험료로 재무상태표에 표시된다.

정답 ③

05 다음 자료에 의한 결산조정 후 당기순이익은 얼마인가?

> • 결산조정 전 당기순이익   5,000,000원
> • 보험료 선급분   1,000,000원
> • 이자비용 미지급분   3,000,000원

① 2,000,000원   ② 3,000,000원

③ 4,000,000원   ④ 5,000,000원

해설   결산조정 후 당기순이익 = 결산조정 전 당기순이익 + 보험료 선급분 − 이자비용 미지급분
　　　　　　　　　　　　　= 5,000,000원 + 1,000,000원 − 3,000,000원 = 3,000,000원

정답 ②

06 다음 자료에 의한 12월 31일 결산정리분개로 옳은 것은?(단, 월할계산함)

> 9월 1일에 6개월분 임대료 600,000원을 현금으로 선수입하고 다음과 같이 분개하였다.
> (차) 현 금   600,000   (대) 임대료   600,000

① (차) 임대료   200,000   (대) 선수임대료   200,000

② (차) 임대료   400,000   (대) 선수임대료   400,000

③ (차) 미수임대료   200,000   (대) 임대료   200,000

④ (차) 미수임대료   400,000   (대) 임대료   400,000

해설   6개월분이 600,000원이므로 1개월분은 100,000원이며, 12월 31일(결산일) 현재 2개월이 경과하지 않았으므로 200,000원이 선수임대료이며, 이 금액을 임대료에서 차감하고, 선수임대료로 차기에 이월한다.

정답 ①

07 (주)A는 20x5년 말 재무상태표에 미지급급여가 30,000원, 20x6년 말 재무상태표에 미지급급여가 50,000원이고 손익계산서에 기입된 종업원급여가 100,000원이다. (주)A가 20x6년도에 지급한 종업원 급여는 얼마인가?

① 80,000원   ② 100,000원

③ 120,000원   ④ 130,000원

해설

	미지급급여		
현 금	80,000	1/1	30,000
12/31	50,000	급 여	100,000

정답 ①

08 (주)B는 20x7년 8월 1일 본사 사옥에 대한 1년분 화재보험료 2,400,000원을 지급하였다. (주)B는 보험료를 지급하면서 모두 비용으로 회계처리하였다. 결산일인 20x7년 12월 31일의 결산조정분개는?(단, (주)B의 회계기간은 1월 1일부터 12월 31일까지이다)

① (차) 선급보험료   1,400,000   (대) 보험료   1,400,000

② (차) 선급보험료   1,400,000   (대) 현 금   1,400,000

③ (차) 보험료   1,000,000   (대) 선급보험료   1,000,000

④ (차) 선급보험료   1,000,000   (대) 보험료   1,000,000

> **해설** 결산조정을 통해 현금주의 분개를 발생주의 분개로 조정한다. 따라서 보험료를 선급비용으로 조정분개를 한다.
>
> **정답** ①

09 (주)C는 20x7년 8월 1일 건물의 1년분 임대료 120,000원을 전액 현금으로 받고 수익 계정으로 회계처리하였다. 20x7년 12월 31일 재무상태표에 보고되는 선수임대료는?

① 10,000원

② 60,000원

③ 70,000원

④ 80,000원

> **해설** 1개월 임대료 : 120,000원 ÷ 12 = 10,000원, 임대료선수분 : 10,000원 × 7 = 70,000원
>
> **정답** ③

10 다음 자료에 의한 12월 31일 결산정리분개로 옳은 것은?

> 5월 1일   (주)○○은 업무용 건물을 1년간 사용할 것을 계약하고 6개월분 임차료 300,000원을 현금으로 지급하다.
> 12월 31일   임차료 미지급을 계상하다.

① (차) 임차료   100,000   (대) 미지급임차료   100,000

② (차) 임차료   200,000   (대) 미지급임차료   200,000

③ (차) 미지급임차료   100,000   (대) 임차료   100,000

④ (차) 미지급임차료   200,000   (대) 임차료   200,000

> **해설** 6개월분이 300,000원이므로 1개월분은 50,000원이며, 12월 31일(결산일) 현재 2개월분이 미지급분이므로 100,000원이 미지급임차료가 된다.
>
> **정답** ①

2025 시대에듀 왕초보 회계원리

개정7판1쇄 발행	2025년 01월 06일 (인쇄 2024년 08월 22일)
초 판 발 행	2018년 01월 05일 (인쇄 2017년 10월 30일)
발 행 인	박영일
책 임 편 집	이해욱
편 저	김태원
편 집 진 행	김준일 · 백한강 · 최수란
표지디자인	박종우
편집디자인	장성복 · 김기화
발 행 처	(주)시대고시기획
출 판 등 록	제10-1521호
주 소	서울시 마포구 큰우물로 75 [도화동 538 성지 B/D] 9F
전 화	1600-3600
팩 스	02-701-8823
홈 페 이 지	www.sdedu.co.kr
I S B N	979-11-383-7671-6 (13320)
정 가	18,000원